QINGSHAONIAN PINZHI PEIYANG
JI XINLIXUE TANJIU

青少年品质培养及心理学探究

沈在蓉 ◎著

中国书籍出版社
China Book Press

图书在版编目（CIP）数据

青少年品质培养及心理学探究 / 沈在蓉著. — 北京：中国书籍出版社，2024.5
ISBN 978-7-5068-9896-6

Ⅰ.①青… Ⅱ.①沈… Ⅲ.①青少年教育–品德教育–研究②青少年心理学–研究 Ⅳ.①D432.62②B844.2

中国国家版本馆CIP数据核字(2024)第108508号

青少年品质培养及心理学探究

沈在蓉　著

图书策划	尹　浩　李若冰
责任编辑	李　新
责任印制	孙马飞　马　芝
出版发行	中国书籍出版社
地　　址	北京市丰台区三路居路97号（邮编：100073）
电　　话	（010）52257143（总编室）（010）52257140（发行部）
电子邮箱	eo@chinabp.com.cn
经　　销	全国新华书店
印　　刷	廊坊市博林印务有限公司
开　　本	710毫米×1000毫米　1/16
字　　数	203千字
印　　张	16.25
版　　次	2024年8月第1版
印　　次	2024年8月第1次印刷
书　　号	ISBN 978-7-5068-9896-6
定　　价	78.00元

版权所有　翻印必究

前　言

　　青少年时期是个体发展的关键阶段，这一时期的品质培养和心理发展对个体的终身成长具有深远的影响。在这个阶段，青少年不仅在生理上迅速成熟，而且在心理、社会和情感层面也经历着复杂的变化。他们开始探索自我身份，形成价值观，建立人际关系，并学习如何面对生活中的挑战和压力。

　　心理学作为一门科学，为人们提供了深入理解和探究青少年心理发展的理论和工具。通过心理学的视角，可以更好地理解青少年在成长过程中可能遇到的问题。同时，心理学也提供了一系列的干预方法和策略，帮助青少年建立积极的自我观念，提高社会适应能力，培养健康的人际关系以及应对生活中的各种挑战。因此，心理学的研究和实践对于促进青少年的全面发展具有重要的意义。通过深入研究和实践，可以为青少年提供一个全面的支持系统，帮助他们健康成长，成为社会的有用之才。

　　基于此，本书以"青少年品质培养及心理学探究"为题，深入分析了青少年心理发展与品质塑造的内在联系，并通过一系列科学的研究方法，揭示了在青少年成长过程中培养良好品质的有效途径，为教育者、家长以及青少年自身提供了全面而深入的指导。青少年品质的培养不仅关乎个体的未来发展，也是社会文明进步的重要标志。本书在系统探讨青少年品质培养理论基础和实践策略的同时，特别强调了心理学在这一过程中的重要作用，并提出了一系列基于心理学原理的培养方法，旨在帮助青少年建立积极的自我观念，提高社会适应能力，以及培养健康的人际关系。

本书紧密结合理论与实践，不仅提供精炼的理论框架，更侧重于将这些理论应用于具体的教育和培养实践中，确保读者能够将理论知识转化为实际行动，具有很强的操作性和实践指导价值。本书在内容编排上注重逻辑性和连贯性，每一章节都围绕青少年品质培养的核心议题展开，逐步深入，层层递进，确保读者能够系统地理解青少年品质培养的各个方面。从品质培养的基本概念到具体的心理发展阶段，再到实际的培养策略，本书构建了一个清晰的学习路径，帮助读者逐步构建起对青少年品质培养的全面认识。

作者在本书的写作过程中，得到了许多专家、学者的帮助和指导，在此表示诚挚的谢意。由于作者水平有限，加之时间仓促，书中所涉及的内容难免有疏漏之处，希望各位读者多提宝贵的意见，以便进一步修改，使之更加完善。

目 录

第一章 青少年品质培养概论 ·· 1
    第一节 青少年时期的重要性 ·· 1
    第二节 品质培养对青少年发展的影响 ································ 5
    第三节 心理学在品质培养中的应用价值 ···························· 13

第二章 青少年意志品质及抗挫折能力的培养 ························ 21
    第一节 青少年意志培养的重要性 ···································· 21
    第二节 青少年意志培养的主要方法 ································ 29
    第三节 青少年意志中抗挫折能力的培养 ·························· 44

第三章 青少年精神品质的培养与路径探究 ···························· 69
    第一节 青少年爱国主义精神的培育 ································ 69
    第二节 青少年科学精神的培养及发展 ···························· 91
    第三节 青少年劳动精神的培育及路径探索 ···················· 112

第四章 青少年道德教育与品质的培养研究 ·························· 130
    第一节 青少年道德教育的基本认知 ······························ 130
    第二节 青少年道德自觉意识的培育 ······························ 153
    第三节 青少年道德荣誉感的培育 ·································· 173

第五章 青少年心理学及其发展·····190
第一节 青少年心理的基本特征·····190
第二节 青少年心理学的研究内容与方法·····192
第三节 青少年心理学的发展分析·····198

第六章 青少年心理的发展及完善·····205
第一节 青少年情绪情感的发展与调适·····205
第二节 青少年人际交往与关系的建立·····224
第三节 青少年自我意识的发展与完善·····235

参考文献·····248

第一章 青少年品质培养概论

第一节 青少年时期的重要性

青少年时期是一个人成长过程中至关重要的阶段。在这一时期，个体经历了从儿童到成人的过渡，身心各方面都发生了巨大的变化，为未来的生活和事业奠定了坚实的基础。

一、青少年时期在人生发展中的地位

青少年时期是人生发展中的一个关键时期，它承载着个体从儿童向成人转变的重要使命。在这个阶段，青少年不仅面临着生理上的快速发育，还经历着心理上的巨大变革。他们的自我意识逐渐增强，开始独立思考和决策，形成了自己的价值观和人生观。因此，青少年时期对于个体的性格塑造、人格完善以及未来的人生轨迹都具有深远的影响。具体来说，青少年时期在人生发展中的地位表现在以下方面：

（一）青少年时期是知识积累和技能提升的重要时期

青少年时期是个体知识积累和技能提升的重要时期。在这个阶段，青少年正处于身心发展的关键时期，他们的认知能力、学习能力、记忆力以及创造力都达到了巅峰状态。正是由于这些特质的

发展，使得青少年能够以更高效、更迅速的方式吸收新知识，并掌握各种实践技能，为未来的职业和生活奠定坚实的基础。

首先，青少年时期是知识积累的关键时期。在这个时期，青少年正处于学习的黄金期，他们的大脑对新知识的接受能力异常敏感。通过系统的学习，他们能够逐步掌握各种学科知识，建立起广泛而坚实的学习基础。这种知识的积累不仅丰富了他们的学识，还为他们未来的学业和职业发展打下了坚实的基础。

其次，青少年时期也是技能提升的重要时期。除了学科知识外，青少年还需要掌握各种实践技能，这些技能包括但不限于沟通能力、团队合作能力、问题解决能力等。在这个阶段，青少年的身心发展处于较为活跃的状态，他们更容易接受新的挑战和技能训练。通过参与各种实践活动，如社团活动、义工活动以及体育运动等，青少年能够培养自己的技能，提升自己的综合素质。

（二）青少年时期是心理成熟和情感发展的重要时期

青少年时期是个体心理成熟和情感发展的重要时期。在这一阶段，青少年开始意识到自身内在世界的存在，并开始思考人生的意义和价值。同时，他们也面临着来自社会和个人生活的各种挑战和困惑。通过应对这些挑战，青少年的心理逐渐成熟，情感也变得更加丰富和深刻。

首先，青少年时期是心理成熟的关键时期。在这个阶段，青少年开始对自己和周围世界产生更深层次的认识。他们逐渐意识到自己的优点和缺点，学会面对自己的情绪和心理状态。同时，青少年也开始反思人生的意义和目标，探索自己的生活价值和意义。通过面对种种挑战和困惑，青少年的心理得到了锻炼和成熟，逐渐形成了更加稳定和健康的心理结构。

其次，青少年时期也是情感发展的重要时期。在这个阶段，青少年的情感开始变得更加丰富和深刻。他们开始体验到更加复杂的情感，如友情、爱情、亲情等。通过与家人、朋友和同学的交往，青少年学会了如何理解他人的情感，表达自己的情感，并建立健康而稳定的人际关系。这种情感的丰富和深刻不仅丰富了青少年的内心世界，还为他们未来的人际交往和情感生活奠定了基础。

（三）青少年时期是社交能力和人际关系建立的重要时期

青少年时期是个体社交能力和人际关系建立的重要时期。在这段时间里，青少年开始积极与同龄人建立深厚的友谊，学习如何与他人相处和有效沟通的技巧。通过与不同背景、不同性格的人交往，他们逐渐形成了自己独特的社交风格和丰富的人际关系网络。

首先，青少年时期是社交能力培养的关键时期。在这个阶段，青少年开始学会在社交场合中自如地表达自己、倾听他人，并有效地解决各种社交问题。通过参与各种社交活动，如学校课堂、社团组织、社交聚会等，青少年有机会与不同背景、不同兴趣爱好的人进行交流和互动，从而提升自己的社交能力和交往技巧。

其次，青少年时期也是人际关系建立的重要时期。在这个阶段，青少年开始意识到人际关系对于个人成长和生活的重要性。他们努力与同龄人建立亲密的友谊，同时也学会与不同年龄段和背景的人进行交往。通过与他人的互动，青少年不仅建立了丰富多彩的人际关系网络，还培养了自己的合作意识、沟通能力和解决问题的能力。

二、青少年时期对个体成长的影响

（一）青少年时期是个体性格塑造的关键时期

青少年时期是个体性格塑造的关键时期，这一阶段对个体的成长产生着深远的影响。在这个时期，青少年经历着身心发展的重要转折，通过不断的探索和尝试，逐渐形成了自己独特的性格特点和行为方式。这些特点不仅在青少年时期显现出来，更会伴随着他们的一生，深刻地影响着他们的思维方式和行为模式。

首先，青少年时期的性格塑造是一个渐进的过程，它受到个体内在因素和外部环境的相互作用的影响。在这个阶段，个体面临着来自社会、家庭、同龄人等多方面的影响，他们逐渐学会了如何应对不同的情境和压力。例如，青少年可能会通过模仿父母或同龄人的行为来建立自己的行为模式，同时也会受到教育和社会文化的塑造。因此，青少年时期形成的性格特点是一个复杂而多元的综合体，既受到内在天赋的影响，又受到外部环境的塑造。

其次，青少年时期的性格塑造对个体的一生具有长远的影响。在这个阶段形成的性格特点和行为方式往往会持续影响个体的思维方式、情感态度以及社会互动方式。例如，一个在青少年时期习得积极向上的行为模式和解决问题的能力的个体，很可能在成年后保持着乐观和自信的态度，更好地应对生活中的挑战。相反，一个在青少年时期养成消极消沉习惯的个体，则可能在成年后面临着情绪问题和社交障碍。因此，青少年时期的性格塑造不仅影响个体当前的行为表现，更决定了他们未来的发展方向和生活质量。

（二）青少年时期是个体价值观形成的重要时期

青少年时期是个体价值观形成的重要时期，这一阶段对于个体的成长和发展具有深远的意义。在这个时期，青少年开始对社会、人生和道德等问题进行深入思考，逐渐形成了自己独特的价值观和人生观。这些价值观不仅是个体内在思想的反映，更是他们在未来生活和事业中做出正确决策和行动的指导。

首先，青少年时期是个体开始认识社会和人生本质的关键时期。在这个阶段，青少年开始对社会的结构、人际关系、职业选择等进行深入思考和探索，逐渐形成了对社会、人生和自我发展的理解和看法。例如，青少年可能通过阅读、学习、参与社会活动等方式，了解到社会的多样性和复杂性，从而形成了对公平、正义、自由等价值的认知和态度。这些认知和态度将成为他们价值观形成的重要基础，影响着他们未来的行为和选择。

其次，青少年时期是个体开始接受和被外部价值观影响的时期。在这个阶段，青少年面临着来自家庭、学校、社会等多方面的价值观影响，他们开始思考并选择哪些价值观适合自己。例如，家庭的教育方式、学校的教育理念以及社会的文化传统等都会对青少年的价值观形成产生影响。然而，青少年也会通过思考和反思，逐渐建立起自己的独立思想，选择并接受符合自己内心认同的价值观。因此，青少年时期是价值观形成的一个动态过程，既受到外部环境的塑造，又受到个体内在成长的影响。

第二节　品质培养对青少年发展的影响

一、青少年品质培养的认知

（一）青少年品质培养的内容

作为青少年成长过程中的重要环节，品质培养旨在通过教育和引导，帮助青少年形成一系列积极向上的个人特质和行为习惯，这些品质不仅关乎青少年的个人成长和未来发展，也对其家庭、学校和社会环境产生深远影响。因此，深入理解品质培养的内涵与构成，对于有效地进行青少年品质培养具有重要意义。

首先，道德品质是青少年品质培养的核心内容。诚信、尊重、责任感等道德品质是构成个体道德素质的基本要素。诚信是做人之根本，它要求青少年在日常生活中言行一致、信守承诺；尊重体现在对他人的权利和尊严的认同与维护，促进和谐的人际关系；责任感强调青少年要对自己的行为负责，对家庭、学校和社会承担责任。

通过培养这些道德品质，青少年能够形成正确的价值观和道德观，成为有道德、有良知、有担当的公民。

其次，学习品质是青少年品质培养的重要组成部分。好奇心、专注力、创新思维等学习品质是提升青少年学习能力和综合素质的关键。好奇心激发青少年对知识的渴望和探索精神，推动他们不断拓宽视野、深化理解；专注力是提高学习效率和学习效果的基础，帮助青少年在面对复杂任务时保持高度集中；创新思维鼓励青少年打破常规，勇于尝试新的方法和思路，培养他们的创造力和解决问题的能力。通过培养这些学习品质，青少年能够更好地适应未来社会的发展需求，实现个人价值和社会价值的统一。

再次，人际交往品质也是青少年品质培养不可或缺的一部分。合作精神、沟通能力、同理心等人际交往品质对于青少年建立良好的人际关系和融入社会至关重要。合作精神强调青少年在团队中与他人协作、共同完成任务的能力；沟通能力是指青少年能够清晰、准确地表达自己的观点和需求，同时也能够倾听和理解他人的意见；同理心要求青少年能够站在他人的角度思考问题，理解他人的感受和需求，培养共情能力。通过培养这些人际交往品质，青少年能够更好地与他人相处，建立和谐的人际关系，为未来的社会交往和职业发展奠定坚实基础。

最后，自我管理品质是青少年品质培养的重要一环。自律、情绪管理、时间管理等自我管理品质是青少年实现自我发展和成长的关键。自律要求青少年能够自觉遵守规则、约束自己的行为，形成良好的习惯；情绪管理是指青少年能够有效地管理自己的情绪，保持情绪的稳定和积极；时间管理强调青少年要合理安排时间，高效完成学习和生活任务。通过培养这些自我管理品质，青少年能够更好地掌控自己的生活和学习，实现个人潜能的充分发挥。

（二）青少年品质培养的重要性

对于正处于人生关键期的青少年来说，品质的培养如同播撒种子，是塑造未来人格、能力和社会角色的基石。

首先，品质培养对青少年个体的全面发展具有深远影响。在青少年时期，个体的身心发展迅速，是形成世界观、价值观和人生观的关键时期。通过培养诚信、尊重、责任感等道德品质，青少年能够建立起坚实的道德基础，成为有道德底线的公民。同时，学习品质的培养，如好奇心、专注力和创新思维，能够激发青少年的学习动力，提升他们的学习能力和综合素质，为未来的职业发展奠定坚实基础。此外，人际交往品质和自我管理品质的培养，有助于青少年建立良好的人际关系，提高情绪管理和时间管理能力，从而更好地适应社会生活。

其次，青少年品质培养对于社会的和谐稳定具有重要意义。青少年是社会的未来和希望，他们的品质和行为习惯将直接影响到社会的风貌和氛围。具有良好品质的青少年，能够尊重他人、遵守规则、积极参与社会活动，为社会的和谐稳定作出贡献。相反，缺乏品质培养的青少年可能会出现行为失范、价值观扭曲等问题，给社会带来不安定因素。因此，通过品质培养，可以引导青少年树立正确的价值观和行为准则，促进社会的和谐与进步。

最后，青少年品质培养对于国家的长远发展具有战略意义。一个国家的未来取决于其青少年的素质和能力。具有良好品质的青少年，将成为国家建设和发展的重要力量。他们具备创新精神、团队协作能力、社会责任感等优秀品质，能够为国家的发展提供源源不断的动力。因此，加强青少年品质培养，是提升国家竞争力、实现可持续发展的关键举措。

（三）青少年时期的特殊性及其与品质培养的关系

青少年时期的特殊性及其与品质培养的关系，是一个深刻而复杂的话题。这一时期，青少年经历了身心的巨大变化，面临着诸多挑战和机遇，同时也为品质培养提供了重要的窗口期和关键期。

青少年时期是身心发育的迅猛阶段。在这一时期，青少年的身体迅速成长，性特征逐渐显现，大脑也在进行结构和功能的重塑。这种身心的变化带来了青少年在认知、情感、社交等方面的特殊需求。他们开始更加关注自我，探索自我身份和价值，寻求独立和自主。同时，他们也面临着情绪波动、社交压力等挑战，需要更多的支持和引导。品质培养在这一时期显得尤为重要。通过有效的品质培养，可以帮助青少年建立起正确的价值观和道德观，形成积极的人格特质和行为习惯。例如，通过培养诚信、尊重、责任感等道德品质，青少年能够建立起良好的人际关系，增强社会适应能力。通过培养好奇心、专注力、创新思维等学习品质，能够激发青少年的学习动力，提升学业成绩和综合素质。通过培养合作精神、沟通能力、同理心等人际交往品质，青少年能够更好地融入集体，建立和谐的人际关系。通过培养自律、情绪管理、时间管理等自我管理品质，青少年能够更好地掌控自己的生活和学习，实现个人潜能的充分发挥。

青少年时期的特殊性为品质培养提供了机遇。在这一时期，青少年的大脑发育具有可塑性，他们更容易接受新的观念和行为模式。同时，青少年也渴望成长和进步，他们愿意尝试新的事物，接受挑战和锻炼。因此，通过有针对性的品质培养措施，可以有效地引导青少年形成积极的品质和行为习惯。

青少年时期的特殊性也为品质培养带来了挑战。由于青少年的身心发展尚未完全成熟，他们可能缺乏足够的自我认知和自我管理能力，容易受到外界不良因素的影响。青少年时期也是情绪波动较大的时期，他们可能会因为情绪波动而影响到品质培养的效果。因此，在进行品质培养时，需要充分考虑青少年的特殊性和需求，采用科学有效的方法和策略，确保品质培养的效果。

二、品质培养对青少年认知发展的影响

品质培养在青少年的成长过程中扮演着至关重要的角色，它不仅关乎青少年的道德素质，更对青少年的认知发展产生着深远影响。其中，提高学习能力与成绩表现、激发创新思维与创造力以及塑造积极的学习态度与习惯是品质培养对青少年认知发展的三大重要影响。

（一）提高学习能力与成绩表现

品质培养与知识吸收的关联密切。一个具备良好品质的青少年往往能够更好地集中注意力，以更加专注的态度投入到学习中。这种专注力不仅有助于他们更深入地理解知识，还能提升他们的记忆力和思维能力。良好的道德品质如诚信和责任感，也会促使他们在学习过程中保持真实、坦诚的态度，从而更加有效地吸收知识。

学习品质在学科学习中的应用同样重要。好奇心、探究精神等学习品质能够激发青少年对学科知识的兴趣和热情，使他们更加主动地投入到学习中。而良好的学习习惯和方法，如制订学习计划、合理安排时间等，则能够帮助他们更加高效地掌握知识，提高学习成绩。

（二）激发创新思维与创造力

品质培养对于激发青少年的创新思维和创造力具有显著作用。一个具备创新思维的青少年，往往能够打破常规，提出新颖的观点和解决问题的方法。而创造力则能够帮助他们将这些观点和方法付诸实践，创造出具有价值的成果。

通过品质培养，可以引导青少年学会从不同的角度看待问题，鼓励他们尝试新的思路和方法。同时，还可以通过提供丰富的实践

机会和资源，激发他们的创造力和创新精神。这样，青少年不仅能够在学习过程中获得更多的成就感和自信心，还能够为未来的职业发展和社会创新作出贡献。

（三）塑造积极的学习态度与习惯

学习品质对学习态度的影响深远。一个具备良好学习品质的青少年，往往能够以更加积极、乐观的态度面对学习中的挑战和困难。他们相信自己的能力和潜力，愿意付出努力去克服困难，从而取得更好的学习成果。

品质培养与学习动力之间的关系也密不可分。通过品质培养，可以帮助青少年建立起正确的学习观念和价值观，使他们认识到学习的重要性和意义。同时，还可以通过设置适当的学习目标和奖励机制，激发他们的学习动力和兴趣。这样，青少年就能够以更加积极、主动的态度投入到学习中，形成良好的学习习惯和行为模式。

三、品质培养对青少年情感发展的影响

品质培养在青少年的成长过程中，不仅对其认知发展产生深远影响，更对其情感发展起着至关重要的作用。良好的品质培养能够帮助青少年建立健康的情感基础，增强他们的自信与自尊，培养情感稳定性与情绪管理能力，以及建立健康的人际关系。

（一）增强自信与自尊

品质培养与自信心的建立密切相关。通过培养青少年的学习品质，如好奇心、专注力和创新思维，能够使他们在学习上取得更好的成绩，从而增强自信心。当他们在面对挑战和困难时，能够相信自己的能力和潜力，勇敢地迎接挑战，不畏失败。这种自信心的建立，有助于青少年在成长过程中更加自信地面对各种情境，迎接未来的挑战。

同时，品质培养也对青少年的自尊心有着显著的提升作用。通过培养道德品质，如诚信、尊重和责任感，使青少年在日常生活中展现出良好的品格和行为，得到他人的认可和尊重。这种被尊重和认同的感觉，能够进一步提升他们的自尊心，使他们在与人交往中更加自信、自尊。

（二）培养情感稳定性与情绪管理能力

品质培养对青少年的情感稳定性与情绪管理能力具有重要影响。自我管理品质的培养，如自律、情绪管理和时间管理，能够帮助青少年更好地掌控自己的情绪和行为。在面对压力和挫折时，他们能够保持冷静和理智，不被情绪所左右，从而避免做出冲动的决定。

情感教育与品质培养的结合也是培养情感稳定性与情绪管理能力的有效途径。通过情感教育，可以引导青少年了解自己的情绪、认识他人的情感，并学会用适当的方式表达自己的情感。这种教育方式与品质培养相辅相成，能够使青少年在情感上更加成熟、稳定，更好地应对生活中的各种情感挑战。

（三）建立健康的人际关系

品质培养对青少年建立健康的人际关系起着至关重要的作用。人际交往品质的培养，如合作精神、沟通能力和同理心，能够使青少年在与人交往中更加得心应手。他们能够更好地理解他人、尊重他人，与他人建立起良好的合作关系和友谊。

同时，品质培养也能够改善青少年与家庭、师生之间的关系。通过培养道德品质和学习品质，使青少年在日常生活中展现出良好的品格和行为，得到家人和教师的认可和支持。这种支持和认可能够进一步巩固青少年与家庭、师生之间的关系，建立起更加和谐、亲密的亲情和师生关系。

四、品质培养对青少年社会适应能力的影响

品质培养对于青少年的社会适应能力有着显著而深远的影响。一个具备良好品质的青少年，不仅能够更好地融入社会，还能够在社会中发挥自己的价值，为社会的发展作出贡献。

（一）提升社会责任感与公民意识

道德品质与社会责任感之间存在密切的联系。品质培养能够帮助青少年认识到作为社会成员的责任与义务，明白自己的行为和选择对社会的影响。通过参与各种社会实践活动和公民教育活动，青少年能够进一步加深对社会责任感的理解，培养起积极的公民意识。他们会更愿意参与社会公益事业，关心社会问题，并努力为社会的发展贡献自己的力量。

品质培养在公民教育中的应用也至关重要。公民教育不仅仅是传授知识和技能，更重要的是培养青少年的道德品质和社会责任感。通过品质培养，可以引导青少年树立正确的价值观，培养他们的公民素养和社会责任感，使他们成为具有社会责任感和公民意识的合格公民。

（二）增强团队合作与领导能力

在现代社会中，团队合作和领导能力已经成为个人成功和社会发展的重要因素。品质培养能够提升青少年的团队合作精神和领导能力，使他们更好地适应社会的需求。

合作精神在团队活动中发挥着至关重要的作用。通过参与团队活动，青少年能够学会与他人协作、分工合作，共同完成任务。这种合作精神的培养不仅有助于提升团队的整体效能，还能够培养青少年的集体荣誉感和归属感。

品质培养与领导力的培养也密不可分。一个具备良好品质的青少年，往往能够展现出较强的领导才能。通过品质培养，可以帮助

青少年建立起自信、果断、善于沟通等领导品质，提升他们的领导能力和影响力。这样，他们就能够更好地引领团队，发挥团队的优势，实现共同的目标。

（三）应对挑战与逆境的能力

生活中充满了各种挑战和逆境，如何应对这些挑战和逆境，考验着每个人的意志和能力。品质培养对于提升青少年应对挑战与逆境的能力具有重要的作用。

品质培养与抗挫折能力之间有着密切的关系。一个具备良好品质的青少年，往往能够更好地面对挫折和失败，保持积极的心态和行动。他们能够从失败中吸取教训，总结经验，不断提升自己的能力和水平。这种抗挫折能力的培养，有助于青少年在面对困难和挑战时保持冷静和坚定，勇往直前。

品质培养在应对压力与困难中也发挥着重要的作用。通过品质培养，可以帮助青少年建立起积极的心态和应对策略，使他们能够更好地应对生活中的各种压力和挑战。同时，还可以通过教育和引导，培养青少年的问题解决能力和创新能力，使他们在面对问题时能够找到有效的解决方案，实现自我突破和成长。

第三节　心理学在品质培养中的应用价值

一、心理学在青少年品质培养中的重要性

心理学在青少年品质培养中的重要性不容忽视。品质培养是青少年成长过程中的关键环节，它涉及个体性格的塑造、价值观的形

成以及行为模式的养成等方面。而心理学作为一门研究人类心理现象及其影响下的精神功能和行为活动的科学，为青少年品质培养提供了坚实的理论基础和有效的实践指导。

首先，心理学有助于深入了解青少年的心理发展特点和规律。青少年时期是个体心理发展的关键阶段，他们面临着身心的巨大变化，同时也在不断探索自我、认识世界。心理学通过研究青少年的认知、情感、社交等方面的发展，可以帮助教育者更好地把握青少年的心理需求和发展方向，为品质培养提供科学的依据。

其次，心理学为青少年品质培养提供了有效的策略和方法。品质培养不是一蹴而就的过程，需要长期的努力和持续的引导。心理学在情绪管理、社交技能、自我认知等方面都有深入的研究，可以为教育者提供针对性的品质培养策略。例如，通过情绪管理教育，帮助青少年建立积极的情绪态度和应对方式；通过社交技能教育，提升青少年的沟通能力和合作精神；通过自我认知教育，引导青少年更好地认识自己、发掘潜力。

再次，心理学有助于预防和解决青少年成长过程中的心理问题。青少年时期是心理问题的高发期，如抑郁、焦虑、自卑等。这些问题不仅影响青少年的身心健康，也阻碍了他们品质培养的进程。心理学通过心理测量和评估，可以及时发现青少年的心理问题，并提供相应的心理干预和辅导，帮助他们走出困境，重拾自信，继续品质培养的旅程。

最后，心理学在青少年品质培养中的重要作用还体现在其对教育理念的更新和推动上。传统的教育理念往往注重知识的传授和应试能力的提升，而忽视了青少年的心理需求和品质发展。而心理学的研究成果为教育理念的创新提供了有力的支持，推动了教育从以知识为本向以人为本的转变，更加注重青少年的全面发展和个性成长。

二、品质培养与心理健康的关系

在青少年的成长过程中,品质培养与心理健康之间存在着紧密而微妙的关系,这两者相互依存,相互促进,共同影响着青少年的全面发展。

首先,品质培养对青少年的心理健康具有显著的促进作用。良好的品质,如诚信、责任感、同情心等,是构建健康心理的重要基石。这些品质能够帮助青少年在面对挫折和困难时保持积极的心态,增强他们的心理韧性。品质培养还有助于提升青少年的自我认知,使他们更加清晰地认识自己的优点和不足,从而更好地调整心态,保持心理健康。

其次,心理健康在品质培养中发挥着基础作用。一个心理健康的青少年,其思维更加敏捷,情绪更加稳定,能够更好地应对生活中的各种挑战。这种良好的心理状态为其品质培养提供了有利的条件。在心理健康的基础上,青少年更容易形成积极的品质,如乐观、自信、勇敢等。同时,心理健康的青少年也更容易接受和内化品质培养的教育内容,从而进一步提升自己的品质水平。

值得注意的是,品质培养与心理健康之间的关系并不是单向的。它们相互影响,相互渗透,共同构建着青少年的内心世界。在品质培养的过程中,不仅要注重提升青少年的品质水平,还要关注他们的心理健康状况。只有当两者都得到充分的发展时,青少年才能真正地实现全面发展,成为社会的栋梁之才。

三、心理学理论基础及其在品质培养中的应用

心理学作为一门研究人类心理现象及其规律的科学,为青少年品质培养提供了丰富的理论基础和实践指导。在青少年成长的过程中,心理学的理论框架和方法论为品质培养提供了有力的支撑和依据。

（一）发展心理学

发展心理学关注个体从出生到死亡的整个生命历程中的心理发展变化。在青少年时期，发展心理学特别强调了这一时期的生理、心理和社会性发展特点。青少年正经历着身体的快速发育，同时也在认知、情感和社会交往等方面发生着显著的变化。这些特点决定了青少年在品质培养上需要关注的重点和方向。

根据发展心理学的理论，青少年时期的主要发展任务包括建立自我认同、形成独立自主的个性、培养社交能力和社会责任感等。这些任务的完成与品质培养息息相关。例如，通过引导青少年进行自我探索，帮助他们建立积极的自我认同，可以提升他们的自尊和自信；通过鼓励青少年参与社会实践和志愿服务，培养他们的社会责任感和公民意识，可以促进他们形成良好的道德品质。

（二）人格心理学

人格心理学主要研究个体的人格特质、动机、价值观和情绪等方面的问题。

根据人格心理学的研究，品质培养与人格塑造是相互关联的。一方面，品质培养可以促进青少年人格的健全发展。例如，通过培养青少年的诚信品质，可以塑造他们诚实、守信的人格特质；通过培养青少年的合作精神，可以促进他们形成良好的人际关系和团队协作能力。另一方面，青少年的人格特点也会影响他们对品质的理解和接受程度。因此，在品质培养过程中，需要充分考虑青少年的个性差异和人格特点，因材施教，提高品质培养的针对性和有效性。

（三）社会心理学

社会心理学研究个体在社会互动中的心理现象和行为规律。在青少年品质培养中，社会心理学的理论为我们揭示了品质培养与社会化过程之间的紧密联系。

社会化是个体在与社会的互动中逐渐获得并内化社会价值标准、行为规范和角色的过程。在青少年时期，个体的社会化过程尤为关键。通过家庭、学校、同伴等社会因素的影响，青少年逐渐形成了自己的价值观、道德观和行为习惯。这些社会化的成果与品质培养的目标是一致的。

社会心理学还强调了社会认同和群体动力在品质培养中的作用。青少年在成长过程中，会形成对不同群体的认同和归属感。这些群体认同会影响他们的行为选择和价值取向。因此，在品质培养中，可以利用群体动力，通过榜样示范、集体活动等方式，引导青少年形成积极的品质和行为习惯。

通过深入理解发展心理学、人格心理学和社会心理学的相关理论，可以更加科学地指导青少年品质培养的实践工作，促进他们的全面发展。同时，也需要不断关注心理学领域的最新研究成果和实践经验，不断完善和优化品质培养的方法和策略。

四、心理学在青少年品质培养中的具体应用

心理学在青少年品质培养中的应用是广泛而深入的，它不仅涉及理论层面的指导，更包括一系列具体的实践方法和策略。

（一）认知心理学在提升学习品质中的应用

认知心理学关注个体如何获取、存储、处理和应用信息，以及这些过程如何影响学习和问题解决。在提升青少年学习品质方面，认知心理学提供了许多有效的策略。

首先，记忆训练是认知心理学在学习品质培养中的一个重要应用。通过教授记忆技巧，如联想记忆、复述策略等，可以帮助青少年提高记忆能力，从而更好地掌握学科知识。此外，思维训练也是提升学习品质的关键。培养青少年的批判性思维、创新性思维和解决问题的能力，有助于他们在学习中更加主动和高效。

其次，学习策略的培养也是认知心理学在学习品质培养中的一项重要任务。通过教授青少年如何制订学习计划、管理学习时间、选择适合自己的学习方法等，可以帮助他们形成高效的学习习惯，提高学习效率。

（二）情绪心理学在情感品质培养中的应用

情绪心理学研究情绪的产生、表达、调节及其对个体行为和身心健康的影响。在情感品质培养方面，情绪心理学发挥着至关重要的作用。

首先，情绪识别与表达能力的培养是情感品质培养的基础。通过教授青少年如何正确识别自己的情绪，以及如何用恰当的方式表达自己的情感，可以帮助他们建立健康的情绪表达方式，避免情绪压抑或过度发泄。

其次，情绪调节能力的训练也是情感品质培养的重要内容。青少年面临着各种情绪挑战，如焦虑、抑郁等。通过教授他们有效的情绪调节策略，如深呼吸、冥想、积极心理暗示等，可以帮助他们更好地应对这些情绪问题，保持情绪的稳定和积极。

此外，积极情感的培养也是情感品质培养的重要目标。通过引导青少年关注生活中的积极方面，培养他们的乐观态度和感恩之心，可以增强他们的幸福感和满足感，促进他们的心理健康发展。

（三）行为心理学在行为习惯培养中的应用

行为心理学关注行为的发生、发展和改变，以及如何通过改变环境或给予奖励和惩罚来影响行为。在行为习惯培养方面，行为心理学提供了许多实用的方法。

首先，奖励与惩罚机制是行为塑造的重要手段。通过给予青少年适当的奖励或惩罚，可以强化他们的积极行为或消除不良行为。然而，需要注意的是，奖励和惩罚的使用应适度且合理，避免过度依赖或滥用。

其次，习惯养成的心理学原理也为我们提供了培养良好行为习惯的思路。根据习惯养成的规律，可以通过重复练习、提供榜样示范等方式，帮助青少年形成良好的行为习惯。同时，还可以利用环境暗示和提示等方法，提醒青少年保持良好的行为习惯。

此外，行为心理学还强调自我监控和自我管理在行为习惯培养中的重要性。通过培养青少年的自我意识和自我管理能力，他们可以更好地监控自己的行为并做出积极的改变。

通过运用认知心理学、情绪心理学和行为心理学的理论和方法，可以帮助青少年提升学习品质、培养情感品质和形成良好的行为习惯，为他们的全面发展奠定坚实的基础。

（四）心理咨询与辅导在品质培养中的实践

心理咨询与辅导作为心理学在青少年品质培养中的重要应用方式，对于解决青少年心理问题、促进其品质发展具有显著效果。以下将分别展开论述心理咨询在解决青少年心理问题中的应用，以及团体辅导与个别辅导在品质培养中的效果。

1. 心理咨询在解决青少年心理问题中的应用

心理咨询是心理学在青少年品质培养中的重要实践手段之一。面对青春期的种种困惑和挑战，青少年往往容易出现焦虑、抑郁、自卑等心理问题。心理咨询通过专业的技术手段，可以为青少年提供情感支持、认知调整和行为引导，帮助他们有效应对这些心理问题。

在心理咨询的过程中，咨询师首先会通过倾听、观察等方式，深入了解青少年的心理状况和问题所在。然后，根据青少年的具体情况，运用不同的心理学理论和方法，如认知行为疗法、人本主义疗法等，进行针对性的干预。这些干预旨在帮助青少年建立积极的自我认知、调整不合理的情绪反应、提高应对压力的能力，从而改善他们的心理状态。

通过心理咨询，青少年不仅可以解决当前的心理问题，还能够提升自我意识和自我管理能力，为未来的品质发展奠定良好的基础。同时，心理咨询还有助于促进青少年的心理健康，提高他们的生活质量和社会适应能力。

2. 团体辅导与个别辅导在品质培养中的效果

团体辅导和个别辅导是心理咨询与辅导在品质培养中的两种主要形式，它们在促进青少年品质发展方面各具特色，效果显著。

团体辅导是通过组织一定规模的青少年群体，以团体活动的形式进行心理辅导。在团体辅导中，青少年可以在轻松的氛围中与他人互动、分享经验、学习技能，从而提升自己的品质。团体辅导有助于培养青少年的团队合作精神、沟通能力、解决问题的能力等，同时还能够增强他们的归属感和自信心。

与团体辅导相比，个别辅导更加注重针对个体的差异性和特殊性进行心理辅导。在个别辅导中，咨询师会根据青少年的个性特点、成长经历和心理问题，制定个性化的辅导方案，进行一对一的辅导。个别辅导有助于深入了解青少年的内心世界，解决他们独特的心理问题，提升他们的自我认知和自我管理能力。

无论是团体辅导还是个别辅导，都能够有效地促进青少年的品质发展。团体辅导通过集体活动培养青少年的社会技能和人际交往能力，而个别辅导则通过个性化辅导解决青少年的独特问题，提升他们的自我意识和自我效能感。在实际应用中，可以根据青少年的具体需求和问题，灵活选择和应用这两种辅导形式，以达到最佳的辅导效果。

第二章 青少年意志品质及抗挫折能力的培养

第一节 青少年意志培养的重要性

在当今社会，青少年的成长和发展受到了前所未有的关注。作为国家的未来和社会的希望，青少年的全面发展不仅关系到个人的成长，也关系到整个社会的和谐与进步。在众多发展要素中，意志培养被广泛认为是青少年成长过程中的关键因素之一。意志作为个体行动的动力和方向的调节器，对青少年的学业成就、职业发展乃至未来的社会适应都有着不可忽视的影响。

一、意志的定义与内涵

意志作为人类心理活动的一个核心构成，在心理学的广泛研究中，意志被理解为个体为了达成特定目标而展现的一系列有意识的心理过程和行为表现。这一过程不仅包括对行为的启动和维持，还涵盖了在面对挑战和诱惑时的坚持和自制。意志的培养是一个多维度的过程，它要求个体在心理和行为层面上具备自我控制、自我激励和自我调节的能力。

自我控制是意志培养的基础，它涉及个体对冲动行为的抑制和对长期目标的追求。这种能力使得个体能够在面对即时满足的诱惑时，选择更符合长远利益的行为。自我激励则是推动个体朝着目标前进的内在动力，它激发个体的积极性和主动性，帮助他们在困难和挫折面前保持动力和信心。自我调节则是个体对自身行为和情绪状态的监控与调整，它使得个体能够根据目标的需要和环境的变化，灵活调整自己的行为策略。

在心理学的理论框架中，意志与动机、情感、认知等多个心理因素紧密相连。马斯洛的需求层次理论①将人的需求划分为五个层次，从基本的生理需求到最高的自我实现需求，强调了需求满足对个体行为的驱动作用。在这一理论视角下，意志可以被视为个体追求更高层次需求满足的内在动力。当个体的基本需求得到满足后，他们会产生更高层次的需求，如尊重需求和自我实现需求，这些需求的满足往往需要个体展现出坚定的意志和持续的努力。

班杜拉的自我效能理论②则从另一个角度强调了意志的重要性。自我效能是指个体对自己完成特定任务的能力的信念。这一信念影响着个体的选择、努力程度以及在面对困难时的坚持。高自我效能的个体往往相信自己有能力克服挑战，因此，在追求目标的过程中展现出更强的意志力。通过经验积累、替代性学习和言语劝说等途径，可以增强个体的自我效能感，从而促进其意志的发展。

意志的培养不仅对个体的心理健康和行为表现有着重要影响，还对其社会适应能力和道德发展具有深远的意义。一个具有坚定意

---

① 马斯洛的需求层次结构是心理学中的激励理论，包括人类需求的五级模型，通常被描绘成金字塔内的等级。从层次结构的底部向上，需求分别为生理（食物和衣服）、安全（工作保障）、社交需要（友谊）、尊重和自我实现。这种五阶段模式可分为不足需求和增长需求。前四个级别通常称为缺陷需求（D需求），而最高级别称为增长需求（B需求）。1943年马斯洛指出，人们需要动力实现某些需求，有些需求优先于其他需求。

② 社会学习理论的创始人班杜拉从社会学习的观点出发，在1977年提出了自我效能理论，用以解释在特殊情境下动机产生的原因。

志的个体，能够在面对社会压力和道德挑战时，坚守自己的原则和价值观，展现出良好的道德判断和行为选择。因此，意志的培养是个体全面发展的重要组成部分，对于促进青少年的健康成长和社会责任感的培养具有不可忽视的作用。

二、意志与人格发展的关系

在心理学领域，人格被视为个体行为和心理特征的稳定组合，它反映了一个人在不同情境中的一贯行为模式。人格的发展是一个复杂的过程，受到遗传、环境、文化和社会经验等多种因素的影响。意志作为人格的一个重要组成部分，对个体的人格发展具有深远的影响。"意志作为非智力因素，对青少年的学业和事业成败及生活幸福具有重要的影响。"[①]

（一）意志与自我实现

自我实现是人格发展的最高目标，它涉及个体潜能的充分发挥和自我价值的实现。意志在自我实现过程中的作用至关重要，因为实现自我价值往往需要长期的努力和不懈的追求。坚定的意志使个体能够在面对困难和挑战时不轻言放弃，持续地追求个人目标和梦想。通过意志的培养，个体可以更好地认识自己，发掘自己的潜能，实现自我超越。

（二）意志与情绪状态

情绪状态是人格的另一个重要方面，它影响着个体的心理福祉和行为表现。意志与情绪状态的关系表现在，坚定的意志可以帮助个体在面对挫折和困难时保持积极的情绪状态。通过意志的力量，个体可以更好地管理和调节自己的情绪，减少负面情绪的影响，增

[①] 唐寿东. 论当代青少年良好意志品质的培养 [J]. 江西青年职业学院学报，2012, 22（2）: 21-22.

强心理韧性。这种情绪调节能力是人格发展的重要组成部分，有助于个体在复杂多变的社会环境中保持稳定和适应。

（三）意志与社会适应

社会适应能力是个体在社会环境中有效生活和交往的能力。意志在社会适应中的作用体现在，坚定的意志可以帮助个体在面对社会挑战和压力时，保持积极的态度和行为。个体通过意志的努力，可以克服社交焦虑，提高人际交往能力，增强团队合作精神。意志的培养还可以促进个体在社会角色和责任中的积极参与，增强其社会责任感和公民意识。

（四）意志与道德品质

道德品质是人格的核心要素之一，它涉及个体的价值观、道德标准和行为准则。意志与道德品质的关系密切，因为坚定的意志有助于个体在面对道德抉择时，坚持正确的价值观和行为准则。例如，当个体面临诱惑或压力时，坚定的意志可以帮助他们抵制不道德的行为，维护自己的道德立场。意志的培养也有助于个体在日常生活中践行道德原则，形成良好的道德习惯。

三、意志在青少年成长中的作用

青少年时期是个体发展的关键阶段，这一时期的经验和学习对成年后的行为模式和心理特征有着深远的影响。在这一时期，意志的培养对于青少年的成长具有至关重要的作用。

（一）学业挑战与坚持努力

青少年时期是个体学业和心理发展的关键阶段，这一时期的学业挑战对青少年的意志培养具有深远的影响。学业挑战包括但不限于课程难度的增加、学习内容的广泛性、考试压力的增大以及对未来职业道路的规划等。在这一过程中，意志的作用显得尤为重要，因为它直接关系到青少年如何应对这些挑战，以及他们在学业上取得的成就。

意志坚强的青少年在面对学业挑战时，能够更加清晰地认识到自己的学习目标，并为之制订合理的学习计划。明确的目标为学习提供了方向和动力，有助于青少年集中精力、优化时间管理，并提高学习效率。合理的学习计划还能够帮助青少年合理分配学习任务，平衡课业与休闲时间，从而在保持学习热情的同时，避免过度疲劳和压力。

在学业挑战面前，意志不仅体现在对学习任务的坚持，还体现在解决问题的过程中。意志坚强的青少年在遇到困难和挫折时，不会轻易放弃，而是会积极寻求解决问题的方法。这种坚持不懈的态度有助于培养他们的批判性思维、创造性思维和问题解决能力。通过不断尝试和实践，青少年能够学会从失败中吸取教训，从挑战中获得成长，这对于他们未来的学术和职业生涯都是宝贵的财富。

另外，心理韧性是指个体在面对逆境、压力和挑战时，能够保持积极态度、迅速恢复和适应的能力。在学业挑战中，意志坚强的青少年往往展现出较高的心理韧性。他们能够有效地管理自己的情绪，保持乐观的心态，即使在遭遇失败时也能够维持自我价值感和自信心。这种心理韧性是青少年健康成长的重要保障，有助于他们在学业和生活中实现长期的成功和幸福。

（二）自信与自尊的建立

在心理学领域，自信和自尊被认为是个体心理健康和成功的基石。自信是指个体对自己能力和价值的信任，它影响着个体如何面对挑战和如何评估自己的能力。自尊则是个体对自己整体价值的评价，包括自我接纳和自我价值感。在青少年时期，自信和自尊的建立尤为重要，因为这一时期的个体正处于形成独立自我认同的关键阶段。

意志的培养对青少年自信的建立具有显著的促进作用。坚定的意志使青少年能够在面对学业、社交和个人发展的挑战时，展现出积极应对的态度。当青少年通过自己的努力克服困难，实现目标时，他们的自信心也会随之增强。成功的经验能够证实他们的能力，增强对未来挑战的应对信心。此外，坚定的意志还能够帮助青少年在遭遇失败时保持积极的态度，从挫折中吸取教训，不断努力提升自己。

另外，自尊的建立同样与意志的培养密切相关。当青少年通过坚持不懈的努力达成目标时，他们不仅能够感受到成就感，还能够认识到自己的价值和能力。这种对自我价值的积极认识有助于提升他们的自尊。同时，坚定的意志还能够帮助青少年在面对他人的评价和比较时，保持自我价值的稳定，避免自我价值受外界因素的负面影响。这种稳定的自尊有助于青少年形成积极的自我形象，增强他们在社交活动中的自信和效能感。

与此同时，自信和自尊在青少年的心理发展中相互作用，相互促进。自信的增强可以提升个体的自尊，使他们更加自信地面对生活中的各种挑战。反过来，高自尊的个体更有可能对自己的能力和价值持有积极的看法，从而在面对困难时展现出更强的自信。这种自信和自尊的正向循环有助于青少年在学业、社交和个人成长中取得更好的成绩。

为了促进青少年自信和自尊的建立，家长、教育者和社会应当采取一系列策略：①应当为青少年提供支持性的学习环境和成长空间，鼓励他们尝试新事物，挑战自我，体验成功；②应当通过正面的反馈和建设性的批评，帮助青少年认识和提升自己的能力；③应当培养青少年的同理心和社会责任感，帮助他们建立积极的人际关系，提升社交能力和自尊。

（三）社会竞争力的提升

在全球化和信息化日益加剧的当代社会，社会竞争力已成为个体在职场和生活中取得成功的关键因素。社会竞争力是一个多维概念，涵盖了专业技能、知识水平、心理素质、人际交往能力等多个方面。在这一背景下，意志的培养对于青少年提升社会竞争力具有至关重要的作用。

虽然专业技能和知识水平是社会竞争力的基础，但意志的培养在这一过程中同样不可或缺。坚定的意志能够激励青少年在学习和掌握新技能的过程中保持持续的努力和专注。面对学习中的困难和挑战，具有坚强意志的青少年更可能通过自我激励和自我调节，克服障碍，达到学习目标。意志的培养还能够帮助青少年在知识更新迅速的现代社会中保持学习的热情和动力，适应不断变化的职业要求。

另外，心理素质在社会竞争力中占据着举足轻重的地位。坚定的意志是心理素质的核心组成部分，它使青少年能够在面对竞争和压力时保持冷静和专注。在高压环境下，意志坚强的青少年能够更好地管理自己的情绪，维持积极的心态，从而有效地规划和执行任务。此外，良好的意志品质还有助于青少年在遭遇失败和挫折时快速恢复，保持对未来的乐观和信心，这对于长期的成功和适应性至关重要。

人际交往能力则是社会竞争力的另一个重要方面。在团队合作和社交互动中，意志的培养有助于青少年展现出领导力和责任感。坚定的意志使青少年能够在团队中承担起领导角色，引导团队克服困难，实现共同目标。同时，良好的意志品质也使青少年在与他人合作时更加耐心和坚持，能够听取不同的意见，寻求共识，促进团队的和谐与进步。

为了提升青少年的社会竞争力，家长、教育者和社会应当采取一系列策略来培养他们的意志：①应当为青少年提供充满挑战和竞争的环境，鼓励他们设定目标，追求卓越；②应当教育青少年如何面对失败和挫折，将这些经历视为成长和学习的机会；③还应当培养青少年的情绪管理能力和社交技巧，帮助他们在人际交往中保持自信和稳定；④应当通过榜样的力量和正面的反馈，激发青少年的内在动力，增强他们的自我效能感和责任感。

（四）道德发展与社会责任感的培养

在青少年的成长过程中，道德发展和社会责任感的培养是构建健全人格的基石。道德发展是指个体在心理和行为层面上对善恶的判断、道德规范的内化以及道德行为的选择。社会责任感则体现为个体对社会和他人福祉的关注和贡献。这两者的培养对于青少年成长为有道德的公民和社会成员至关重要。

意志在青少年的道德判断中扮演着重要角色。面对道德抉择时，坚定的意志能够帮助青少年抵制诱惑，坚持正确的道德准则。这种坚持不仅基于对行为后果的认知评估，也源于对个人价值观和道德标准的内在认同。通过意志的努力，青少年能够在面对道德困境时，作出符合社会期望和个人信念的决策。

道德行为是道德发展的外在表现，它涉及个体在实际情境中的行为选择和行动实施。坚定的意志对于青少年在道德行为上的坚持至关重要。在面对道德挑战时，意志坚强的青少年更有可能克服困难，坚持正义，展现出诚实、公正和同情等道德品质。这种坚持不仅有助于个体在特定情境中做出正确的行为选择，也有助于形成稳定的道德习惯和行为模式。

社会责任感则是个体对社会和他人福祉的关注和贡献，它要求个体超越个人利益，考虑更广泛的社会和公共利益。坚定的意志在培养青少年的社会责任感中发挥着关键作用。通过意志的努力，青少年能够认识到个人行为对社会的影响，积极参与社会服务和公益活动，展现出对社会责任的承担。这种承担不仅有助于个体获得社会认同和尊重，也有助于构建更加和谐和可持续的社会环境。

为了促进青少年的道德发展和社会责任感，家庭和学校需要采取一系列策略来培养他们的意志：①应当提供一个道德教育的环境，通过榜样的力量、道德讨论和社会实践活动，帮助青少年理解和内化道德规范；②应当鼓励青少年参与社会服务和志愿活动，通过实际行动体验社会责任和公共利益的重要性；③应当教育青少年如何面对道德困境和挑战，培养他们的批判性思维和道德判断能力；④应当通过正面的反馈和建设性的指导，增强青少年的自我效能感和责任感。

第二节　青少年意志培养的主要方法

一、积极主动：激发内在动力

积极主动是心理学和行为科学中的一个重要概念，它描述的是个体在面对生活和工作中的各种情境时，能够主动采取行动、积极寻求解决方案的态度和行为。这种态度不仅体现了个体对环境的适应能力，也是个体实现自我驱动和自我激励的重要表现。在个体发展的过程中，积极主动性被视为成功的关键因素之一，因为它能够激发个体的内在动力，推动他们克服困难，实现目标。

积极主动的重要性体现在多个方面：首先，它能够帮助个体建立起对挑战的积极应对机制，减少对外界压力的依赖和消极反应；其次，积极主动的态度有助于个体在面对选择时，能够基于长远的目标和价值观做出决策，而不是仅仅追求短期的满足；最后，积极主动还能够促进个体的社会适应性，因为它鼓励个体参与社会活动，与他人建立积极的互动关系。

（一）积极主动与意志力的关系

积极主动与意志力之间存在着密切的关系。意志力是指个体控制自己的行为、情感和思维，以实现特定目标的能力。积极主动的态度能够增强个体的意志力，因为它要求个体在面对困难和挑战时，能够自我激励，坚持到底。通过积极主动的行动，个体能够更好地管理自己的注意力和资源，抵制诱惑，保持对目标的专注和承诺。

反过来，强大的意志力也是积极主动性的重要支撑。当个体具备坚定的意志力时，他们更有可能在面对逆境时保持积极主动的态度，不轻易放弃。意志力的培养和强化，有助于个体在追求目标的过程中，展现出更大的主动性和创造性。因此，积极主动和意志力是相互促进、相互依赖的两个心理特质。

（二）培养积极主动的方法与实践

培养积极主动的方法多种多样，以下是一些实用的方法和实践策略：

第一，目标设定。鼓励个体设定清晰、具体的目标，并制订实现这些目标的行动计划。目标的设定应当符合SMART原则，即具体（Specific）、可衡量（Measurable）、可实现（Achievable）、相关性（Relevant）和时限性（Time-bound）。

第二，自我激励。教育个体如何通过积极的自我对话和内在激励来提升动力。这可能包括回顾过去的成功经验、设想未来成功的场景，或者通过奖励机制来增强动力。

第三，时间管理。教授个体有效的时间管理技巧，如优先级排序、任务分解和计划安排，以提高效率和自控能力。

第四，反思与自我评估。鼓励个体定期进行自我反思，评估自己的行为和决策是否符合积极主动的原则，以及是否有助于目标的实现。

第五，环境调整。帮助个体识别和调整可能阻碍积极主动性的环境因素，如消除干扰、寻找支持性的社会网络等。

第六，情绪调节。教授个体有效的情绪调节技巧，帮助他们在面对压力和挫折时，能够保持积极的情绪状态。

二、下定决心：跨越心理障碍

（一）决心的形成与转变四步法

决心是个体在面对重要决策时所表现出的一种坚定不移的心理状态，它通常伴随着对某一目标或行动路径的坚定承诺。决心的形成过程是一个复杂的心理活动，涉及认知评估、情感体验和意志努力等多个方面。

转变四步法包括四个阶段：①思考前阶段，个体可能尚未充分意识到需要改变，或者对改变的必要性持怀疑态度；②进入思考阶段后，个体开始权衡改变的利弊，对可能的结果进行认知评估；③准备阶段是个体制订计划并做好改变的准备，这时决心开始形成；④在行动阶段，个体开始执行计划，决心转化为具体的行动。

（二）决心与意志力的培养

决心与意志力之间存在密切的联系。意志力是指个体为了实现长期目标而抵抗短期诱惑的能力。决心是意志力的前提，没有坚定的决心，个体很难在面对困难和挑战时保持意志力。决心的培养有助于个体明确目标，增强动力，从而在实现目标的过程中展现出更强的意志力。

培养决心的方法包括设定具体可行的目标、寻求社会支持、进行自我激励和正面反馈等。通过这些方法，个体能够增强对目标的承诺，提高面对挑战时的心理韧性。同时，培养决心也需要注意避免过度压力和不切实际的期望，以免导致决心的动摇和意志力的消耗。

（三）设定目标期限以增强决心

为目标设定具体的期限是增强决心的有效策略。期限的设定能够为个体提供明确的时间框架，增加紧迫感，促进行动的采取。设定期限能够提高个体的自我效能感，增强对成功的预期，可以激发更强的决心和意志力。

在设定目标期限时，需要注意期限的合理性和可实现性。期限过短可能导致压力过大，影响执行效率；期限过长则可能导致动力不足，决心减弱。因此，个体需要根据自身情况和目标性质，制订合适的时间规划。

三、目标明确：具体化意志行动

目标设定是个体行动规划的起点，它为意志行动提供了方向和动力。有效的目标设定应当遵循一系列原则，以确保目标的可实现性和激励性。这些原则包括 SMART 原则，即目标应当是具体的、可衡量的、可实现的、相关的以及有时间限制的。具体性原则要求目标清晰明确，不含糊；可衡量性原则强调目标应当有明确的标准，以便于评估进度；可实现性原则强调确保目标在个体的能力范围和资源条件下是可行的；相关性原则是指目标应与个体的长远规划和核心价值观相一致；时间限制原则要求为目标设定明确的截止日期，以增强紧迫感和行动的动力。

目标设定的重要性在于，它不仅能够激发个体的内在动机，还能够提高个体的自我效能感和自我调节能力。明确的目标能够帮助个体集中注意力和资源，有效地规划行动步骤，减少无效和混乱的尝试。此外，目标设定还能够帮助个体更好地应对挑战和逆境，因为它们提供了一个清晰的方向和成功的标准。

（一）明确目标与意志力的关系

明确的目标与意志力之间存在着密切的关系。意志力是指个体为了实现长期目标而抵抗短期诱惑和干扰的能力。明确的目标能够为个体提供持续的动力和方向，从而增强其意志力。当个体对目标有清晰的认识时，他们更有可能在面对困难和挑战时保持坚定和专注。

此外，明确的目标还能够提高个体的自我监控能力，使他们能够更有效地评估自己的行为和进度，及时调整策略以适应变化。这种自我监控能力是意志力的一个重要组成部分，它涉及对行为的控制和对冲动的抑制。通过设定和追求明确的目标，个体能够在实践中锻炼和提升自己的意志力。

（二）制定具体、明确目标的策略

为了制定具体、明确的目标，个体可以采取以下策略：

第一，自我探索。个体首先需要进行自我探索，了解自己的兴趣、优势、价值观和长期愿景。这有助于个体设定与个人特质和愿望相符合的目标。

第二，目标分解。将长期目标分解为一系列短期目标和可操作的行动步骤。这种分解有助于个体集中注意力，逐步实现目标，同时减轻因目标遥远而产生的压力感。

第三，优先级排序。在多个目标中确定优先级，区分哪些目标更为紧迫和重要。这有助于个体合理分配时间和资源，确保关键目标的实现。

第四，资源评估。评估实现目标所需的资源和条件，包括时间、金钱、技能和社交网络等。这有助于个体制定现实的目标，并为实现目标做好准备。

第五，进度监控。定期检查目标进度，评估行动的有效性，并根据反馈调整目标或行动计划。这种监控有助于个体保持动力，及时解决问题。

第六，社会支持。寻求来自家人、朋友和同事的支持和鼓励。社会支持不仅能够提供额外的资源和建议，还能够增强个体的自信和决心。

四、权衡利弊：理性分析与决策

权衡利弊是一种决策过程中的基本分析方法，它要求个体在做出选择之前，对可能采取的行动方案进行全面的评估。这包括对每个方案可能带来的正面和负面后果进行系统的思考和比较。权衡利弊的过程不仅涉及对结果的预测，还包括对个人价值观、目标和情境因素的考量。

权衡利弊的意义在于，它能够帮助个体做出更加理性和明智的决策。通过这一过程，个体可以识别出哪些选择更符合自己的长期利益，哪些可能带来短期的满足但长期来看并不理想。此外，权衡利弊还能够增强个体的自我意识，促进自我反思和自我调整，从而在面对复杂决策时保持清晰的思路和坚定的决心。

（一）理性分析在意志力培养中的作用

理性分析是意志力培养中不可或缺的一部分。意志力是指个体为了实现长期目标而抵抗短期诱惑的能力。在培养意志力的过程中，理性分析能够帮助个体识别和抵制那些可能削弱意志力的诱惑和干扰。通过理性分析，个体可以更清楚地认识到短期行为与长期目标之间的冲突，从而有意识地选择那些更有利于获得长期成功的行为。

理性分析的作用还体现在它能够帮助个体建立起对目标的坚定承诺。当个体通过理性分析认识到某一目标的重要性和实现该目标的必要性时，他们更有可能坚持下去，即使在面对困难和挑战时也不会轻言放弃。理性分析还能够提高个体的自我效能感，增强他们对成功的信心和预期。

（二）制定短期与长期目标的权衡策略

在制定目标时，个体需要在短期和长期目标之间进行权衡。短期目标通常与即时的满足和成果相关，而长期目标则涉及更为持久和深远的影响。权衡短期与长期目标的策略需要个体综合考虑个人的需求、资源、能力和环境条件。

制定权衡策略的第一步是明确个人的整体目标和价值观。这有助于个体识别哪些长期目标是最重要的，以及哪些短期目标可能对这些长期目标产生支持或阻碍。第二步是评估每个目标的可行性和潜在后果。这包括考虑实现目标所需的时间、精力和资源，以及实现目标可能带来的正面和负面影响。第三步是根据评估结果，制订一个平衡短期和长期目标的行动计划。这个计划应当包含一系列具体的步骤和时间表，以及应对可能出现的障碍和挑战的策略。

五、改变自我：内在动机的激发

（一）自我形象与意志力的关系

自我形象是个体对自身特征、能力以及在社会中的角色和地位的认知和评价。它是个体自我概念的重要组成部分，对行为选择和动机激发具有深远的影响。自我形象与意志力之间的关系尤为密切，因为个体的自我认知直接影响他们设定目标、面对挑战以及坚持不懈的能力。

当个体拥有积极的自我形象时，他们更有可能相信自己具备实现目标所需的能力和资源。这种信念能够激发内在动机，增强个体在面对困难和挫折时的坚持和努力程度。相反，消极的自我形象可能导致个体怀疑自己的能力，降低他们追求目标的意愿和努力程度。因此，积极的自我形象是意志力培养的重要基础。

（二）情感因素在意志力培养中的作用

情感是个体对特定情境或对象的主观体验和反应，它在意志力的培养和维持中扮演着关键角色。情感因素，如愉悦、满足、自豪感以及归属感等，都能够作为内在动机的源泉，激励个体追求目标并克服挑战。

积极的情感体验能够增强个体的自我效能感和乐观态度，使他们在面对困难时保持积极和希望。此外，情感还与个体的价值观和目标紧密相关，它们能够引导个体的行为选择，并为持续的努力提供动力。例如，当个体体验到帮助他人带来的满足感时，他们可能会更愿意参与社会服务和志愿活动，从而培养更强的意志力。

（三）改变自我形象与把握生活的方法

为了激发内在动机并培养意志力，个体需要采取有效的方法来改变和提升自我形象，并更好地把握生活。以下是一些推荐的方法：

第一，自我反思。定期进行自我反思，识别自己的优点和不足，以及自己在不同情境中的表现。通过自我反思，个体可以更客观地认识自己，建立更真实的自我形象。

第二，目标设定与实现。设定具体、可实现的目标，并采取行动去实现它们。每次目标的实现都能够增强个体的自信心和自我效能感，从而提升自我形象。

第三，积极反馈。寻求他人的积极反馈，并学会从批评中吸取有用的信息。积极的反馈可以增强个体的成就感和价值感，而有效的批评则有助于个体改进和成长。

第四，技能提升。通过学习和实践来提升自己的技能和能力。随着技能的提升，个体的自我形象也会得到相应的增强。

第五，情感管理。学会识别和管理自己的情感，避免消极情绪的长期影响。同时，通过积极的活动和社交互动来增强积极情感的体验。

第六，健康生活。保持健康的生活习惯，如有规律的锻炼、健康的饮食和充足的睡眠。身体健康的状态能够提高个体的整体幸福感，从而正面影响自我形象。

六、注重精神：心理建设与自我暗示

（一）心理建设的重要性

心理建设是指个体通过积极的思维方式和行为习惯来塑造和维护自己的心理健康状态。这一过程对于个体的整体福祉、行为表现和生活满意度具有重要影响。心理建设的重要性在于它能够帮助个体建立和维持一种积极、乐观和坚韧的心态，从而更好地应对生活中的挑战和压力。

心理建设的核心在于自我认知的调整和情绪管理的能力。通过积极的自我认知，个体能够更准确地评估自己的能力和局限，从而设定合理的期望和目标。同时，有效的情绪管理能够帮助个体减少负面情绪的影响，增强积极情绪的体验，这对于提升个体的自我效能感和意志力至关重要。

（二）自我暗示与意志力的关系

自我暗示是一种通过重复积极信息来影响个体心理状态和行为表现的技巧。它是一种强有力的心理建设工具，因为它能够直接作用于个体的潜意识，改变其思维模式和行为习惯。自我暗示与意志力之间的关系密切，因为意志力是个体为了实现长期目标而抵抗短期诱惑和冲动的能力。

通过积极的自我暗示，个体能够在心中建立起一种坚定的信念和决心，这有助于他们在面对困难和挑战时保持坚定和专注。自我暗示还能够增强个体的自我控制能力，使他们能够更好地抵制诱惑，坚持自己的目标和计划。此外，自我暗示还能够提升个体的自信心和自我价值感,这对于激发内在动机和维持意志力具有重要作用。

(三)培养积极心态的方法

为了培养积极的心态和强化意志力,个体可以采取以下方法:

第一,正面自我对话。通过积极的自我对话来替换消极的思维,如将"我做不到"转变为"我会尝试并努力做到最好"。

第二,目标可视化。在心中清晰地想象自己实现目标的场景,感受成功带来的喜悦和成就感。

第三,感恩练习。每天花时间思考并记录令自己感动的事物,这有助于培养一种积极的生活态度和感恩的心态。

第四,正念冥想。通过冥想和呼吸练习来增强自己的意识和专注力,减少焦虑和压力。

第五,身体锻炼。定期进行身体锻炼,如跑步、瑜伽或健身,以提高体能和心理韧性。

第六,社交互动。与积极乐观的人建立联系,参与社会活动,从他人的正能量中获得激励。

第七,持续学习。通过学习新知识和技能来提升自己的自我效能感和对生活的掌控感。

七、磨炼意志:日常练习与挑战

(一)意志磨炼的必要性与方法

意志磨炼对于个体的成长和发展至关重要。意志力是个体为了实现长期目标而坚持不懈、克服困难的能力。在当代社会,个体面临着各种内在和外在的诱惑与挑战,这就需要强大的意志力来保持专注和动力。意志磨炼的必要性在于它能够帮助个体建立起坚定的目标意识,提高抵抗诱惑和应对逆境的能力。

意志磨炼的方法多种多样，但核心在于持续地实践和挑战。首先，个体可以通过设定具有挑战性的目标来测试和提升自己的意志力。这些目标应当是具体、可实现的，并且与个体的长期愿景相一致。其次，个体需要在日常生活中不断寻找机会进行自我挑战，如坚持完成一项困难的任务或克服一种不良习惯。此外，个体还可以通过反思和自我评估来监控自己的意志力表现，并根据反馈进行调整。

（二）日常生活中的意志锻炼

日常生活中充满了锻炼意志力的机会。通过有意识地在日常活动中应用意志磨炼的原则，个体可以在面对琐事和挑战时增强自己的意志力。例如，坚持每天早起、定期锻炼、遵守健康的饮食习惯等，都是锻炼意志力的有效方式。这些活动虽然看似平凡，但它们要求个体克服惰性、抵制诱惑，并坚持长期的行动。

此外，个体还可以通过参与社会服务、志愿活动或团队项目来锻炼自己的意志力。这些活动不仅能够提升个体的社会责任感，还能够在合作和交流中增强个体的自我控制和自我激励能力。通过这些日常实践，个体能够在面对更大的挑战时展现出更强的意志力和适应性。

（三）面对挑战时的应对策略

面对挑战时，个体需要采取有效的应对策略来维持和提升自己的意志力。

首先，个体应当保持积极的心态，将挑战视为成长和学习的机会。这种积极的心态有助于个体更好地应对压力，减少焦虑和恐惧。

其次，个体需要制订明确的行动计划，并坚持执行。在面对挑战时，明确的计划能够帮助个体集中注意力，避免分心和拖延。

同时，个体还需要学会调整自己的期望，避免因为过高的期望而感到挫败。

此外，个体还可以通过寻求社会支持和建立互助网络来增强自己的意志力。与他人分享自己的挑战和进展，不仅能够获得鼓励和建议，还能够增强个体的责任感和归属感。

八、坚持到底：克服诱惑与挑战

（一）坚持的重要性与方法

坚持到底是指个体在追求长期目标的过程中，即使面对困难和挑战，也能够持续不断地努力，不轻易放弃。这种品质对于个体实现目标、完成任务以及个人成长和发展都至关重要。坚持的重要性在于它能够帮助个体克服短期的诱惑，保持对长期目标的专注和承诺。

为了培养坚持到底的品质，个体可以采取多种方法。首先，明确目标的意义和价值是激发内在动机的关键。当个体理解并认同自己的目标时，他们更有可能在面对困难时坚持下去。其次，制订切实可行的计划和策略，将长期目标分解为短期目标和具体的行动步骤，有助于个体管理任务，减少压力感，并逐步实现目标。此外，定期回顾和评估进度，对自己的努力给予正面反馈，也是维持动力和坚持的重要因素。

（二）面对诱惑时的自我控制

面对诱惑时的自我控制是坚持到底的重要方面。诱惑可能来自外部环境，如社交媒体、消费广告等，也可能是内部的冲动和欲望。有效的自我控制能够帮助个体抵制诱惑，保持对目标的专注。

提高自我控制能力的方法包括：增强自我意识，识别和预测可能的诱惑情境；培养延迟满足的能力，学会暂时放弃短期的满足以换取长期的收益；以及运用替代策略，如转移注意力、改变环境或寻求支持，以减少诱惑的影响。通过正念练习和情绪调节技巧，个体可以更好地管理自己的情绪和冲动，从而提高自我控制的能力。

（三）克服挑战的策略与实践

克服挑战是坚持到底过程中不可避免的一环。挑战可能来自任务本身的难度，也可能来自外部环境的变化。为了有效地克服挑战，个体需要采取一系列的策略和实践。

首先，积极的心态和成长型思维模式对于克服挑战至关重要。当个体相信自己的能力可以通过努力和学习得到提升时，他们更有可能在面对困难时坚持下来。其次，灵活的问题解决策略和创新思维能够帮助个体找到克服挑战的新方法和途径。此外，建立支持网络和寻求他人的帮助也是重要的策略。通过与他人合作和交流，个体可以获得新的视角和资源，增强自己应对挑战的能力。

九、实事求是：合理设定目标

（一）目标设定的合理性分析

目标设定是个体规划和实现个人发展的基础。合理设定目标意味着个体在制定目标时必须考虑自身的实际情况，包括个人的能力、资源、环境限制以及目标与个人价值观的一致性。合理性分析要求个体进行自我评估，识别自己的长处和短板，以及可能影响目标实现的外部因素。

在进行目标设定的合理性分析时，个体需要确保目标既具有挑战性，又是可达成的。过高的目标可能导致挫败感和动力的丧失，而过低的目标则可能无法激发个体的潜能和动力。此外，目标应当是具体、可衡量的，以便个体能够跟踪进度并及时调整策略。合理的目标设定还应当具有一定的灵活性，以适应可能出现的变化和意外情况。

(二)实事求是与意志力的关系

实事求是的态度在意志力的培养和维持中起着至关重要的作用。实事求是意味着个体在设定目标和评估自己的行为时,能够保持客观和真实,不受过度乐观或悲观情绪的影响。这种态度有助于个体建立现实的期望,避免因目标设定不当而导致的挫败和失望。

实事求是与意志力的关系表现在,当个体能够实事求是地看待自己的能力和目标时,他们更有可能制订出符合自身实际情况的计划,从而在实现目标的过程中保持坚持和努力。实事求是的态度还能够增强个体的自我效能感,即对自己完成任务和达成目标的信心,这对于激发和维持意志力至关重要。

(三)分解目标与逐步实现的策略

为了提高目标实现的可能性,个体可以采取分解目标和逐步实现的策略。这种方法涉及将长期或大型目标分解为一系列较小、更易管理和实现的短期目标或任务。通过这种方式,个体可以在完成每个小目标时获得成就感和动力,从而激励自己继续前进。

分解目标的策略要求个体首先明确最终目标,然后识别实现该目标所需的关键步骤或子目标。个体需要为每个子目标设定明确的时间框架,并制订具体的行动计划。在实施过程中,个体应当定期评估自己的进度,并根据实际情况调整计划。此外,个体还可以通过设定里程碑和奖励机制来增强自己对目标的承诺和动力。

十、逐步培养:意志力的长期发展

(一)意志力的逐步形成过程

意志力并非一蹴而就的品质,而是需要经过长期培养和锻炼逐步形成的过程。这一过程涉及个体在面对各种挑战和诱惑时,逐渐学会控制自己的行为、情绪和思维,以坚持实现长期目标。意志力的形成是一个动态的发展过程，它受到个体的生活经历、社会环境、心理特质以及认知能力等多种因素的影响。

在意志力的逐步形成过程中，个体首先需要意识到自己的目标和动机，然后通过不断地实践和尝试，学会如何有效地管理自己的注意力和资源。这包括学会抵制诱惑、延迟满足、坚持习惯以及在面对困难时保持积极的心态。随着时间的推移，这些行为和策略将逐渐内化为个体的习惯和自动反应，形成稳定的意志力。

（二）挫折与失败的正面意义

在意志力的长期发展过程中，挫折和失败是不可避免的。然而，这些经历并非全然消极，它们实际上具有重要的正面意义。挫折和失败可以作为个体学习和成长的机会，帮助他们识别自己的不足，调整目标和策略，以及增强心理韧性。

面对挫折和失败时，个体可以通过反思和分析来理解失败的原因，从而获得宝贵的经验和教训。这种积极的反思过程有助于个体在未来的挑战中避免相同的错误，提高解决问题的能力。此外，挫折和失败还能够激发个体的内在动机，促使他们更加努力地追求目标，从而增强他们的意志力。

（三）找出斗志涣散的原因与对策

在意志力的培养过程中，个体有时会感到斗志涣散，缺乏前进的动力。找出导致斗志涣散的原因并采取有效的对策是维持意志力发展的关键。斗志涣散的原因可能包括目标不明确、缺乏足够的支持、过度的压力、失败的经历或对自我能力的怀疑等。

为了应对斗志涣散，个体可以采取这些对策：首先，重新审视和明确自己的目标，确保它们既具有挑战性，又是可实现的；其次，寻求来自家人、朋友或同事的支持和鼓励，以增强自信和动力；再次，合理规划时间和任务，避免过度的压力和疲劳；此外，学会从失败中吸取教训,而不是将其视为自我价值的否定;最后,通过积极的自我暗示和正面的自我对话来提升自我效能感和动力。

第三节 青少年意志中抗挫折能力的培养

青少年时期是一个极具挑战性的阶段,身心上的巨大变化常常让青少年陷入各种心理障碍之中。这些障碍不仅对个体的心理健康造成严重影响,还可能导致严重后果。学术界通常将这些心理障碍总称为"青春期综合征"或"挫折综合征",这表明了其在青少年发展中的普遍性和重要性。青少年作为国家未来的重要组成部分,其心理健康与国家富强息息相关。因此,培养青少年的抗挫折能力至关重要。

挫折是生命中不可避免的一部分,因为人生的道路并非一帆风顺。摔倒、失败、挫折,这些都是人生中常见的经历,然而,正是通过这些挫折,个体才能够成长与进步。青少年在面对挫折时,需要学会以乐观的态度去面对,用勇气去克服。只有通过挫折的洗礼,他们才能够真正地成熟起来,拥有应对各种困难的能力,为国家的繁荣昌盛作出贡献。

一、挫折的概念及其形成原因

挫折作为一个在日常生活中广泛存在的概念,往往被人们理解为挫败、阻碍或失意的状态。从心理学的角度来看,挫折是个体在追求目标过程中遇到障碍或干扰,导致个体动机无法实现,产生一种需求不能满足的情绪状态。挫折并非一种孤立的事件,而是一个涉及个体与环境相互作用的心理过程。

第二章　青少年意志品质及抗挫折能力的培养 ◎

青少年时期作为一个身心发展迅速、认知能力不断增强的阶段，青少年常常面临着对自我身份的探索、社会角色的适应以及未来规划的困惑等多重挑战。这种身份认同和社会角色的不确定性，往往成为青少年面临的挫折的重要源头之一。在这个阶段，青少年的心理防御机制尚未完全成熟，无法有效应对外界的挑战和压力，因此在面对挫折时，他们往往会感到焦虑、失落甚至绝望。

一方面，从环境因素的角度来看，挫折的形成往往受到外界环境的影响。自然环境的因素，如疾病、老化和死亡等不可抗拒的现实，以及天灾人祸等突发事件，都可能给个体带来心理上的挫折。尤其是社会环境的因素，如不良的人际关系、不公平的对待、才能无法得到施展等，更是对青少年心理健康构成直接的威胁。社会环境的竞争激烈、压力巨大，社交媒体的普及也给青少年带来了更多的心理压力，使他们更容易陷入挫折的困境之中。

另一方面，挫折的形成还与个体的主观因素密切相关。个体的生理条件、心理素质以及对自我需求的认知都会影响其对挫折的反应。例如，个体对自己身体素质或能力的不满，以及对未来的过高期望，都可能导致挫折感的产生。此外，青少年的个性尚未完全成熟，他们往往对事情的看法较为偏激，耐力不足，缺乏足够的社会经验和实践基础，这使得他们更容易受到挫折的影响。

二、青少年受挫后产生的反应

青少年在遭受挫折后，往往表现出多种心理和行为反应。这些反应的种类和程度受到个体心理素质、社会环境等多种因素的影响，然而归纳总结起来，大体上可以分为焦虑、敏感、攻击、冷漠、退化、幻想和固执等主要类型。

第一，焦虑。青少年在面对挫折时，由于心理素质尚未成熟，往往表现出恐惧、担心和急躁的情绪。他们可能会变得烦躁不安，甚至厌学、情绪波动大，这与其平时的行为截然不同。这种焦虑情绪可能会影响其日常生活和学习，需要及时干预和引导。

第二，敏感。面对挫折，青少年往往缺乏安全感，过度敏感，将周围的人和事视为潜在威胁。他们可能会怀疑他人的动机，处于一种戒备状态，甚至疑神疑鬼，容易陷入消极情绪中。

第三，攻击性反应。他们可能会表现出愤怒、不满和敌意，将这些情绪直接释放在造成挫折的人或物上。这种攻击性的行为可能表现为言语上的争吵、冲突，甚至是身体上的打架等，这种情况下往往需要及时的情绪管理和冲突解决。

第四，冷漠。有些青少年在受挫后表现出极端的冷漠态度，不愿表达自己的情感和愤怒，而是选择压抑自己的情绪，被动地接受挫折带来的影响。他们可能表现出对事情的漠不关心，对解决问题缺乏积极性，这种消极的态度可能会影响到其自身的心理健康和发展。

第五，退化。青少年在受挫后可能表现出与其年龄和身份不相符的幼稚行为，表现出优柔寡断、无理取闹、盲目追随他人等行为。这种退化行为可能会影响其自身的成长和发展，需要及时地引导和干预。

第六，幻想。面对无法解决的挫折，一些青少年可能会陷入幻想中，认为自己有能力解决问题。然而，这种幻想往往是不现实的，无法解决问题，反而会加剧其心理困扰。还有一些青少年可能采取自我催眠的方式，试图逃避现实，将失败与挫折从潜意识中排除，这种行为可能会阻碍其对问题的正确认知和解决。

第七，固执也是一种常见的反应方式。青少年在受挫后可能会执拗地坚持原有的做法，尽管这种做法已经被证明是无效的。这种固执可能是由于对其他解决方法的抵触心理，缺乏灵活性和变通性，容易导致问题的恶性循环，阻碍其自身的成长和发展。

三、抗挫折能力培育的必要性

（一）自身成长的教育需求

青春期是个体发展中的关键时期，伴随着各种身心方面的问题，对于青少年而言，尤其是那些刚刚进入这一阶段的个体，其身心发展呈现出独特的特点。首先，青少年的自我意识在青春期有着显著的发展，他们追求独立性，但由于社会经验的不足，往往表现出一定程度的依赖性。这一特点导致他们在面对挑战和困难时，既希望独立解决问题，又缺乏必要的能力和经验，从而陷入矛盾之中。其次，青少年的内心世界和情感体验变得日益复杂和丰富，但他们常常不愿意与他人分享这些体验，这种封闭性使得他们在遇到问题和挫折时难以及时获得外界的帮助和支持，导致情感上的消极体验。最后，青少年的思想敏感且易冲动，他们愿意尝试新事物，但也容易受到外界影响，缺乏稳定性和深思熟虑。

在面对挫折时，青少年往往表现出多样化的心理反应。大多数青少年在遭遇挫折时会表现出意志消沉、自暴自弃、无所适从的态度。这种消极的心态可能会使他们在学习和生活中进一步陷入困境，甚至影响到他们的身心健康。少数青少年可能具备一定的抗挫折意识，但由于缺乏正确的心理调适方法和应对策略，仍然难以有效应对挑战。因此，对于青少年而言，加强挫折教育，提升其抗挫折能力，显得尤为关键。

挫折教育的实施需要多方面的共同努力。

首先，学校和家庭应当共同营造一个积极、健康的成长环境，为青少年提供必要的支持和指导。学校可以通过开设心理健康教育课程、建立心理咨询服务机制等措施，帮助学生认识挫折，学会应对挫折，增强其心理韧性。家庭则应当重视培养孩子的独立自主能力，鼓励他们积极面对挑战，培养解决问题的能力。

其次，社会各界应当关注和支持青少年的心理健康，建立和完善心理援助体系，为他们提供必要的心理支持和帮助。政府部门可以增加对心理健康工作的投入，提高心理咨询服务的覆盖面和质量，为青少年提供更全面的心理健康保障。同时，社会组织和志愿者也可以开展多种形式的心理支持活动，为青少年提供情感上的支持和安慰，帮助他们渡过难关。

（二）新时代社会发展的必然要求

随着社会的不断发展和竞争的日益激烈，青少年作为国家未来的中坚力量，其身心素质的培养对于国家的长远发展至关重要。青少年不仅需要掌握扎实的基础知识，更需要具备良好的心理品质，尤其是正确的挫折认知和抗挫折能力。

首先，随着社会的进步和竞争的加剧，青少年面临的挑战和压力也在不断增加。在这样的背景下，他们往往会面临各种挫折和困难，如学业压力、人际关系问题等。如果缺乏正确的挫折认知和抗挫折能力，他们很容易陷入消极情绪中，影响学业和身心健康。因此，培养青少年的抗挫折能力是当前教育工作中的一项迫切任务。

其次，抗挫折能力的培养不仅关乎个人的发展，也关系到国家的未来。青年一代的成长与发展直接影响着国家的前途和民族的希望。如果青少年缺乏抗挫折能力，将难以适应社会的变化和竞争的挑战，从而影响国家的整体竞争力和发展速度。因此，培养青少年的抗挫折能力对于实现国家长治久安、经济持续发展具有重要意义。

最后，当前社会的发展要求青少年具备更加全面的素质和能力。除了学习知识外，青少年还需要具备良好的心理品质和社会适应能力。抗挫折能力作为非智力素质之一，对于青少年的全面发展至关重要。只有通过全面培养，青少年才能在日后的学习和工作中胜任各种挑战，成为对社会有用、对国家有益的栋梁之材。

(三)个人全面发展的需要

在新时代背景下,青少年生活在一个社会快速发展的环境中,这既为他们带来了前所未有的挑战,也提供了丰富的机遇。然而,与此同时,青少年也面临着许多困惑和压力。随着当前社会对人才需求的重大转变,人们开始重视个体全面发展的新理念。这种理念强调,除了注重学生的学科知识水平,还应更加关注其综合素质的培养。个人的全面发展不仅包括掌握丰富的知识,还涉及具备面对挑战和逆境的能力。因此,在青少年的成长过程中,他们需要经历适度的挫折和磨炼,这对于丰富他们的人生经验、提升抗挫折能力具有重要意义。

抗挫折能力的培养是青少年全面发展的关键组成部分。具备良好的抗挫折能力可以帮助青少年更好地适应社会的变化和压力,增强他们面对挑战时的信心和勇气。相反,如果青少年的抗挫折能力不足,可能会导致他们在遭遇挫折时产生消极情绪,甚至可能导致不良行为的发生,这对他们的健康成长和身心发展都会产生负面影响。

因此,抗挫折能力的培养对于青少年的身心健康和全面发展极为重要。学校和家庭应携手合作,提供良好的教育环境和心理支持,帮助青少年树立正确的人生观和价值观,培养他们面对挑战时的积极态度和适应能力。同时,社会各界也应加强对青少年心理健康的关注,建立和完善心理咨询服务体系,为他们提供必要的支持和帮助,以促进他们的全面发展和健康成长。

四、青少年抗挫折能力的培育对策

(一)自身方面

1. 把握挫折的普遍性,对挫折有合理认知

挫折是生活中不可避免的一部分,对于青少年而言,其普遍性尤其值得深入探讨。心理专家指出,青少年在面对挫折时,其负性情绪并非直接由挫折事件本身所引起,而是由于对待挫折事件的认知、看法与态度。因此,对挫折有合理认知并培养积极的挫折观对于青少年的心理健康至关重要。

(1)挫折的客观性需要被充分认识。挫折作为客观存在,不受个体主观意志的影响而改变。在现实生活中,许多挫折都是无法避免的,比如需求得不到满足、与他人交往中产生的冲突等。因此,合理认识挫折的普遍性是正确对待挫折的前提条件。

(2)挫折具有双重性质,对此也需要充分认识。挫折既可能对青少年产生积极影响,也可能产生消极影响。在面对挫折时,我们应当意识到它不仅是阻碍前进的障碍,更是激励我们奋进的动力。因此,正确的心态和态度对于化解挫折至关重要。

(3)挫折的普遍性需要被深刻认识。无论是在生活还是学习中,挫折都是无处不在的。人际关系、家庭关系、个人需求与社会规则的矛盾,以及学业成绩的波动等,都可能成为青少年面临的挑战和挫折。因此,青少年需要树立正确的挫折观,理性分析挫折的原因,并寻找解决问题的有效方法。

大多数人在遭遇挫折时会经历紧张和痛苦的心理状态,青少年也不例外。从心理学的角度分析,这种心理状态是一种正常的自我保护机制。然而,如果这种紧张的心理状态长时间持续,就可能导致心理问题的出现,甚至可能引发极端行为。因此,如何有效地调节自己在受挫时的心理状态至关重要。

积极心理学提供了一些解决此问题的方法。这些方法主要包括积极情绪体验、积极人格特质和积极组织系统等方面。例如,希望、乐观、勇气、宽恕、责任感和忍耐等积极品质对于青少年有效应对挫折至关重要。个体在面对挫折时,其认知执行功能水平与所具备的积极心理状态呈现较高的正相关关系。因此,培养积极品质对于青少年有效解决问题、促进心理健康和个人成长具有重要意义。

2. 形成正确的归因风格，培养积极情绪

青少年抗挫折能力低的现象通常根源于其归因风格的偏差。归因控制点理论核心观点是将生活中的事情结果归因于个人是否能够控制的因素。如果个人认为事情的结果是由自身无法控制的外部因素造成的，他们就会感到挫折；相反，如果认为是自己的努力程度决定了事情的结果，他们则更有可能表现出积极的情绪。在此背景下，对挫折的不合理归因可能导致消极情绪的产生，这一点在青少年身上尤为明显。

青少年正处于青春期，这是一个敏感和叛逆的阶段。在面对外貌或成绩被同学取笑时，他们往往会表现出一副不在意的态度，但内心却可能会感到受伤和不满。这种挫折常常被错误地归因为其他人对自己的刻意讽刺导致了消极的情绪体验。例如，他们可能会感到别人看不起自己，从而滋生出报复心理或对自己产生否定性认知。

然而，积极心理学所提倡的乐观、宽容和忍耐等品质，为青少年提供了一种正确处理挫折的思路。通过发掘自身的积极品质，青少年可以更好地应对生活中的挑战。首先，他们应该以乐观的心态去面对挫折，理性地解释事情发生的原因，避免过度消极地归因于他人的意图。其次，对于他人的过失，他们应该保持宽容的态度，不要过度执着于小事，以免因此而伤害自己或他人。最后，他们应该学会忍耐，不要因一时的困难而选择极端的行为，而是应该坚持并寻求解决问题的方法。

因此，培养正确的归因风格对于青少年的抗挫折能力至关重要。通过正确的自我疏导和积极的情绪管理，青少年可以更好地应对生活中的挑战，提高抗挫折的能力，实现自身的健康发展。教育部门和家庭应该共同努力，为青少年提供良好的成长环境和情感支持，帮助他们树立正确的归因观念，增强自我调节和应对挫折的能力。这样才能更好地培养出积极向上、适应能力强的新时代青少年，为国家的繁荣和进步作出贡献。

3. 培养积极的应对方式，完善自身人格

挫折应对方式作为个体抗挫折能力的重要指标，对于青少年的心理健康和人格发展具有重要影响。个体在面对挫折时采取的应对方式可以分为积极和消极两种，而这种选择往往与个体的人格特征密切相关。在心理学中，人格被认为是个体行为、情绪和认知方式的集合，是稳定而独特的个体心理特征，既受遗传因素影响，也受后天生活经验塑造。

积极人格是积极心理学的重要概念之一，其核心在于对幸福的追求和积极体验的深入。赛里格曼的习得性无助理论为积极人格理论提供了重要基础。该理论认为，个体对现实情境的无能为力感会导致消极的心态和行为，而乐观型的个体往往会以积极的态度去应对挫折。归因风格是人格特征的重要组成部分之一，它涉及个体对事件结果的解释方式。乐观型的归因风格倾向于将成功归因于自身努力，将失败归因于外部因素，而悲观型的个体则相反。这种解释风格不仅影响个体的情绪和行为，还对个体的人格发展产生深远影响。

面对挫折，培养积极的应对方式是完善青少年人格的重要途径。首先，青少年应该对挫折有正确而客观的认知和解释。消极情绪在遭遇挫折时出现是正常的，但过度抱怨和自怨自艾只会加剧消极情绪，这是悲观的应对方式。相反，青少年应该保持乐观的态度，相信自己的努力会带来改变，并坚持不懈地解决问题。其次，青少年应该选择积极的归因风格，将成功归因于自身努力，将失败归因于外部因素。这种乐观的解释方式不仅有利于青少年的心理健康，还能促进他们的学习和成长。

因此，面对挫折，青少年应该努力培养积极的应对方式，从而完善自身人格。只有通过正确的认知和解释方式，青少年才能积极应对挫折，保持乐观的心态，实现个人的健康发展。教育部门和家庭应该共同努力，为青少年提供良好的心理健康环境和支持，帮助他们树立正确的人生观和价值观，促进青少年的全面发展。

4. 建立积极的人际关系，适当寻求社会支持

建立积极的人际关系对于青少年的身心健康和抗挫折能力的培养至关重要。从积极心理学的角度来看，良好的人际关系有助于个体不断增进积极体验，从而促进个人的健康成长和积极人格的形成。

建立积极的人际关系需要个体主动给予爱与关怀，而不仅仅是期待他人的关注。通过在与他人交往中主动展现关爱之心，个体可以促进彼此之间的积极情绪体验，逐渐建立起良好的人际互动模式，从而有利于个人的心理健康和人格发展。

乐于交往是培养积极人际关系的重要因素。青少年往往处于敏感与孤独的时期，渴望得到他人的理解与关注，但又常常无法主动打开心扉。因此，他们需要培养乐于与他人交往的态度，善于表达内心的想法和情感。只有通过积极地与同伴们进行交流和互动，才能逐渐消除心理上的孤独感和焦虑感，形成积极向上的人格特征，有效地应对生活中的挑战和困难。

此外，宽容与理解是建立积极人际关系的重要条件。在与他人交往的过程中，个体应该学会宽容和包容，不计较小节，不轻易怀恨。特别是在青少年时期，很多矛盾和冲突都源于彼此之间的误会和不理解。因此，个体需要学会以宽容和理解的态度对待他人，尊重彼此的差异，促进良好的人际关系，有利于自身的心理健康和人格发展。

在解决自身遇到的挫折时，个体不仅需要依靠自身的力量，还需要适时寻求外部的社会支持。社会支持对于提升青少年的抗挫折能力至关重要，个体的心理健康与社会支持之间存在较高的正相关。因此，在面对挫折和困难时，个体应该勇于向他人寻求帮助，善于利用已有的支持资源。通过倾诉和分享，个体可以获得他人的理解和支持，减轻心理压力，增强自信心，从而更好地应对挑战，实现自身的成长和发展。

（二）家庭方面

1. 改进教育的方式，营造积极乐观的家庭环境

家庭教育方式对学生的抗挫折能力和心理健康发展具有显著影响。在家庭教育实践中，民主型、溺爱型和专制型是三种主要的家庭教养模式，它们在塑造孩子的心理品质和抗挫折能力方面发挥着各自不同的作用。

在民主型家庭教育中，父母与孩子之间建立起一种平等、理性且充满爱的关系。孩子在自主决策的过程中得到父母的积极支持和适当引导，这有助于他们形成积极、乐观的心态和健康、均衡的人格发展。处于这种家庭氛围中的孩子，往往能够更加理智地面对挫折，通过与父母的有效交流和指导，学会从失败中吸取教训，不断实现自我成长和进步。

相较之下，溺爱型和专制型家庭教育方式可能对孩子的心理健康产生不利影响。在溺爱型家庭中，孩子可能过度依赖父母的关爱和支持，缺乏必要的自主性和独立思考能力。当遭遇挫折时，这些孩子可能会产生较为强烈的消极情绪，甚至可能发展出自我怀疑和自卑感。相反，在专制型家庭中，孩子可能感受到自由和尊重的缺乏，这限制了他们的独立性和自信心的发展，导致他们在面对挫折时应对能力不足，容易产生逃避和抵触的心态，进而影响其身心健康的全面发展。

因此，改进家庭教育的方式方法，营造一个积极、乐观的家庭环境显得尤为重要。首先，父母应当致力于建立一种民主、平等的家庭教育模式，尊重孩子的个性和意见，赋予他们自主决策的权利和相应的责任，以此培养其独立思考和解决问题的能力。其次，父母应当重视培养孩子的自信心，及时给予他们正面的肯定和鼓励，帮助他们建立正确的自我认知和自我评价体系，从而增强他们面对挑战和困难的勇气和信心。此外，父母还应当引导孩子正确认识挫折，教

授他们如何在失败中吸取教训，树立正确的人生观和价值观，培养积极的心态和有效的应对能力。通过这些措施，可以促进青少年在面对生活中的逆境时展现出更强的适应性和韧性，为其未来的成长奠定坚实的基础。

2. 构建积极的亲子关系，建立合理期望

构建积极的亲子关系并建立合理的期望是提升青少年抗挫折能力的重要途径。积极的亲子关系建立在双向的尊重和理解基础之上，父母在此关系中扮演着孩子值得信赖的倾诉对象的角色，为他们提供必要的支持和理解。在这种亲子关系中，青少年能够自由地表达内心的想法和感受，而父母则能够在孩子遭遇困难时提供及时的帮助和引导，共同面对并克服挑战。

为了构建积极的亲子关系，父母需要尊重青少年的隐私和独立性，避免无端干涉其个人空间和权利。例如，在青少年记录个人日记或面临困境时，父母应尊重他们的选择和决策，避免过度干涉或侵犯隐私。同时，父母也应主动与青少年进行沟通，营造一个开放和包容的家庭氛围，让青少年感受到自己在家庭中的价值和被理解的温暖。

此外，确立合理的期望也是构建积极亲子关系的关键组成部分。父母应根据青少年的个性、兴趣和成长阶段设定适宜的成长目标，避免不切实际地追求完美或将个人未实现的愿望强加于孩子。合理的期望有助于减轻青少年的心理压力，同时帮助他们建立正确的人生观和价值观，增强面对挫折的勇气和信心。

在制定目标的过程中，父母应与青少年进行充分的沟通和协商，尊重他们的意见和选择，共同制定符合青少年个性特点和兴趣爱好的成长目标。通过这种方式，青少年在实现目标的过程中将展现出更高的主动性和积极性，对未来充满信心和希望。这样的亲子互动不仅有助于青少年在遇到挫折时保持坚韧和乐观，而且对于他们的整体心理健康和个人成长都具有长远的积极影响。

3. 转变评价标准，重视积极挫折观的培养

转变对子女的评价标准，重视子女积极挫折观的培养，对于促进青少年的健康成长和提升其抗挫折能力具有重要意义。传统上，父母往往将对子女的评价重心放在学习成绩上，而忽视了其他非智力品质的培养。然而，在现代社会，仅依赖学习成绩来衡量子女的价值已经不再适宜。因此，父母应当转变评价标准，采取多元化的评价体系，充分发挥孩子的潜力，促进其全面发展。

（1）父母应当在青少年的休闲时间给予他们更多的自主发展空间，避免过度安排各类补习班和额外学习任务。相反，应当根据青少年的兴趣和个性特点进行个性化的培养，让他们体验到学习之外的多元生活。通过组织周末的户外活动、野餐等，让青少年与大自然接触，锻炼他们的自主能力和解决问题的能力。在面对困难时，父母不应立即代为解决问题，而是应提供适当的建议和引导，让青少年自己尝试克服困难，从而培养他们的自信心和抗挫折能力。

（2）父母应当发现并重视青少年的天赋和兴趣爱好，充分发挥其创造性。对于青少年感兴趣的领域，父母应当给予积极的支持和鼓励，而不是立即制止或忽视。通过与青少年共同商量并制订合理的计划，让他们在自己感兴趣的领域中得到成长和满足，体验到积极的成就感。在确保学业不受影响的同时，鼓励青少年培养自己的兴趣爱好，这样在面对学业挑战时，他们会更有动力和信心去解决问题。

（3）父母应当在与青少年的交流中，重视对其积极挫折观的培养。让青少年意识到学习成绩并非衡量成功的唯一标准，失败和挫折是成长过程中不可避免的一部分。父母可以通过鼓励青少年接受挑战、从失败中学习等方式，引导他们建立积极的挫折观，认识到挫折是成长过程中的正常现象，而不是不可逾越的障碍。这样的教育理念有助于青少年树立正确的人生观和价值观，增强面对挑战的勇气和信心，为其未来的社会适应和个人发展打下坚实的基础。

4. 注重家庭中父母的榜样示范作用

家庭中父母的榜样作用对于青少年的成长和发展至关重要。家庭是青少年最初接触并学习社会行为规范的环境，父母作为他们最亲近的人，其言行举止对青少年的行为习惯和心理发展产生直接影响。尤其在面对挫折时，父母的态度和行为模式往往成为青少年学习的榜样，进而影响他们未来的挫折应对能力和心理健康。

（1）父母在面对挫折时的反应对青少年具有示范作用。如果父母能够以理性和乐观的态度面对挫折，青少年也将学会如何从容应对困难和挑战。父母应当在遭遇困难时展现出冷静和积极寻求解决方案的态度，并将这种解决问题的方法和态度传递给青少年。通过这种方式，青少年能够从小学习如何正面对待挫折，培养积极的挫折观，并提升自身的抗挫折能力。

（2）父母在家庭中的榜样作用不仅体现在个人行为上，还体现在与家庭成员之间的互动中。当父母在家庭生活中展现出积极、乐观、宽容等品质时，青少年会受到这种积极能量的正面影响，学会以积极的态度面对生活中的各种困难和挑战。父母应在与青少年的交流中传递积极向上的信息，鼓励他们勇敢面对挫折，相信自己的能力，从而克服困难。

（3）父母应在家庭中营造良好的沟通氛围，鼓励青少年在遭遇挫折时与他们分享自己的感受和困惑。通过倾听青少年的心声，父母能够更深入地理解他们的内心世界，并提供及时的支持和鼓励。父母可以通过分享自己的挫折经历和应对策略，向青少年传递积极的生活态度和解决问题的方法，帮助他们建立正确的挫折观和应对策略。这种积极的家庭教育方式，能够有效地促进青少年的全面发展，为他们未来的社会适应和个人成长打下坚实的基础。

（三）学校方面

1. 建设积极的校园文化

校园文化作为一种群体文化，时刻影响着学生们的发展，特别是初中生的身心发展。积极的校园文化建设是充分发挥学校作用进而提升初中生的抗挫折能力，积极的校园文化包括积极的班级文化、积极的教师文化、积极的校园氛围等方面。

（1）积极的班级文化对青少年的成长和发展具有重要意义，其影响因素涉及班级的领导核心与管理制度、班级口号或班训的制定以及班级活动的组织开展等方面。

首先，班级的领导核心与管理制度对于塑造积极的班级文化至关重要。在一个积极向上的班级中，领导核心应当是通过民主选举产生的，具有代表性和权威性，能够代表全体青少年的利益并有效地管理班级事务。而管理制度则应当是民主公平的，能够促进青少年的参与和合作，培养他们的团队意识和责任感。这样的领导核心和管理制度不仅可以规范班级行为，还能够营造出一种积极向上、和谐稳定的班级氛围，激发青少年的学习热情和积极性。

其次，制定具有特色的班级口号或班训是构建积极班级文化的重要方式之一。班级口号或班训应当具有鲜明的班级特色，能够概括出班级的核心价值观和行为准则，引导青少年树立正确的人生观和价值观，激励他们为班级的荣誉和发展而努力奋斗。通过共同制定和遵守班级口号或班训，可以增强班级凝聚力，形成集体认同感，进而使青少年更加积极地投入到班级的各项活动和任务中。

最后，积极的班级文化还需要通过丰富多彩的班级活动来加以落实和强化。班级干部应当组织策划具有班级特色的课外活动，如团队建设、文艺表演、志愿者活动等，让青少年在参与活动的过程中感受到班级的温暖和力量。这些活动不仅可以增进青少年之间的友谊和互助精神，还能够培养他们的领导能力、团队合作精神和自我管理能力。尤其是在面对挫折和困难时，青少年能够得到班级集体的支持和鼓励，增强他们战胜困难的信心和勇气。

（2）教师在积极校园文化建设中扮演着至关重要的角色。教师的言行举止直接影响着青少年的态度和行为，因此教师的积极态度对于塑造良好的校园氛围具有决定性的影响。在学校环境中，教师应始终保持乐观、积极的态度，成为青少年的榜样和引领者。

首先，教师需注意将个人生活中的消极情绪隔离于课堂之外。即便在面对个人或职业上的困难和挑战时，教师也应保持镇定和乐观，避免将个人情绪带入教学过程和与青少年的互动中。由于青少年倾向于模仿教师的行为和态度，如果教师表现出消极情绪，可能会使青少年感到沮丧和挫败，进而影响他们的学习动力和情绪状态。

其次，教师在与青少年的互动中应尽量避免使用消极词汇，而应多采用积极的语言和鼓励性的表达。例如，教师可以在课堂上经常展现微笑，并用鼓励性的语言激励青少年，让他们感受到教师的支持和关爱。在评价青少年的回答和表现时，教师也应注重用语，避免过于严厉或负面的评价，而是提供积极的反馈和建设性的建议，以激发青少年的学习兴趣和积极性。

通过教师的积极影响，青少年将逐渐形成乐观、积极的态度，并在面对挫折和困难时能够保持冷静和乐观的心态。他们将学会从挫折中寻找成长的机会，从失败中吸取教训，从而不断实现个人成长和进步。因此，教师在积极校园文化建设中的作用不仅能够提升青少年的学习兴趣和学业成绩，还能够促进他们的全面发展和健康成长。教育工作者应当认识到自己在塑造校园文化中的关键作用，并致力于通过自己的行为和教学实践，为青少年营造一个积极、健康、支持性的学习环境。

（3）校园文化的塑造应将青少年置于核心位置，以其为主体，通过营造积极向上的校园氛围，促进青少年身心健康的全面发展。

在这样的校园文化下,青少年将更容易保持积极乐观的态度,更愿意积极参与学校活动和社会实践。

首先,学校应致力于维护良好的学习氛围,坚决抵制任何形式的暴力行为和不良习惯的滋生。特别是针对青少年这一特殊发展阶段,他们常常面临着叛逆情绪和探索欲望,但同时也是知识吸收和价值观形成的关键时期。因此,学校必须成为塑造青少年积极行为习惯、培养健康心理的重要场所。针对校园中可能出现的不良现象,学校管理者应采取有效措施加以预防和管理,确保校园环境的安全和有序。

其次,校园文化氛围建设必须紧密围绕社会主义精神文明建设这一主题,强调社会主义核心价值观的引领和传承。校园应成为社会主义核心价值观的重要传播和实践阵地,学校方面应积极组织开展相关教育活动,引导青少年树立正确的世界观、价值观和人生观。爱国主义、集体主义等优秀传统美德的传承与弘扬是校园文化建设的重要内容,通过丰富多彩的爱国主义教育和集体主义实践活动,激发青少年的爱国热情和集体荣誉感,使他们在成长过程中树立正确的社会责任感和使命感。

此外,学校也应注重教育科学文化建设,为青少年提供更广阔的知识视野和更丰富的学习体验。在课外活动方面,学校可以举办各类文娱活动、科技竞赛、学术研讨等,拓展青少年的兴趣爱好,促进他们的全面发展。这些丰富多彩的活动不仅能够培养青少年的创新能力和实践能力,还能够增强他们的社交能力和团队协作精神,为其未来的成长和发展奠定坚实的基础。

2. 培养积极的挫折观

在青少年教育阶段,学生的学习成绩往往被学校和教师所优先考虑,而心理健康教育的重视程度则相对不足。尽管一些学校可能已经开设了相关课程,但这些教育往往只是浅尝辄止,未能深入实施挫折教育。在以成绩为导向的校园文化中,青少年可能会误以为只要学习成绩优秀,其他方面的能力也必然出色。然而,当他们真正遭遇挫折时,才会意识到在其他方面的能力有所欠缺。因此,将挫折教育纳入学校课程体系并给予突出地位是至关重要的。这种教育应针对青少年容易产生挫折的方面和原因,进行有针对性的指导。青少年需要了解挫折产生的原因,并学习应对不良情绪的有效方法,以培养积极的心态。

学校教育不应仅仅关注智力发展,还应持续关注学生的心理健康,认真开展心理咨询服务,逐步改变青少年对心理咨询的误解。应让青少年明白,寻求心理支持并不是因为存在心理问题,而是在面对挫折或困难时积极寻求帮助的体现。

针对青少年的身心发展特点,学校应开设相关的抗挫折能力培养课程,并采用班会、广播、讲座等多种形式,构建具体的培养方案。当青少年遭遇挫折时,需要及时调整消极心态,客观对待挫折,并以积极的心态去面对。在进行挫折教育时,应引导青少年全面而辩证地看待挫折,让他们系统地掌握有关挫折的知识,提升抗挫折能力。学校应加强与家长的沟通与合作,引导家长重视孩子抗挫折能力的培养,实现学校和家庭的有机结合,共同促进青少年的抗挫折能力提升。

通过这些措施,学校能够有效地帮助青少年建立起面对挫折的正确态度和应对策略,为他们未来的学习和生活打下坚实的基础。同时,这也有助于培养青少年的心理韧性和适应能力,使他们能够在面对生活中的各种挑战时,展现出更强的适应性和韧性。

3. 采取针对性措施

学校在进行挫折教育时,应重点关注并培养那些抗挫折能力较弱的青少年学生群体。青少年抗挫折能力的发展不平衡,因此在开展挫折教育时,必须采取有针对性的措施。

针对抗挫折能力较弱的青少年学生群体,学校可以组织各类团体活动,如情绪管理小组、人际关系小组等。这些活动让青少年亲身参与，通过实践体验和感悟，逐步培养积极健康的人生态度。在团体活动中，组织者应尽可能创造积极的经历，发掘青少年的潜在积极品质，从而增强他们的自信心和自尊心。通过这样的活动，青少年可以逐渐建立起克服挫折的信心和能力。

此外，学校还可以组织家长、教师和青少年共同参与的挫折情境模拟活动。这类活动可以让所有参与者了解在学习和生活中可能出现的挫折，并共同探讨有效的应对策略。在活动中，应鼓励青少年积极表达自己的意见和感受，避免对他们的行为进行简单的对错评价。组织者应逐步引导青少年学会如何合理地应对挫折情境，使他们在活动中体验到积极的情绪反馈，并提高抗挫折能力。

4. 积极开展实践活动

学校不仅仅是传授知识的场所，更是以培养学生综合素质为目的的地方，因此学校应适当地开展有利于学生形成积极健康心态的活动，进而提高抗挫折能力。

（1）提供宣泄消极情绪的场所。提供宣泄消极情绪的场所对于青少年的心理健康至关重要。在青少年时期，学业负担沉重，加之教师和家长的严格管教，以及青少年正处于心理和生理变化的关键时期，这些因素综合作用使得青少年更容易与外界产生矛盾，从而产生心理压力和消极情绪。挫折情境的经历常常会导致青少年心理压力的增加，若不及时得到适当疏导或发泄，可能会对其身心健康造成不利影响。因此，为青少年提供适当的宣泄消极情绪的场所对于维护其心理健康具有重要意义。

在国际上，一些机构通过设置情绪发泄室为员工提供了宣泄不良情绪的专门场所。员工可以在宣泄室中通过各种方式尽情宣泄自己的不满情绪，释放压力。这种方式因其能够有效地缓解消极情绪，维护员工的心理健康而受到许多员工的欢迎。学校可以借鉴这一做法，为怀有不良情绪的青少年提供类似的宣泄空间，让他们可以安全地将自身的不满情绪释放出来。除了情绪发泄室之外，学校还可以通过其他方式来帮助青少年宣泄消极情绪,如鼓励他们通过写日记、参与艺术创作、与教师或同学进行交流等方式来表达自己的感受。这些方式可以帮助青少年释放内心的不良情绪,减轻心理压力,维护其心理健康。

需要注意的是,宣泄不良情绪必须选择适当的场合和方式。若选择的方式不当,可能不仅无法缓解消极情绪,还会引发其他更大的问题和困扰。因此,学校在提供宣泄消极情绪的场所时,应引导青少年选择合适的宣泄方式,并加强对他们的心理健康教育,使他们能够正确地理解和应对自己的情绪。学校应教授青少年有效的情绪管理技巧,提高他们应对挫折的能力,从而更好地适应学习和生活上的压力,保持身心健康。

(2)组织学生开展有关挫折的班会。组织青少年开展有关挫折的班会是促进其心理健康成长的重要举措。在这类班会中,青少年有机会分享自己在生活中遇到的挫折经历,这有助于他们认识到挫折是成长过程中不可避免的一部分,但同时也是可以通过努力克服的。通过彼此之间的分享和交流,青少年可以意识到自己并不孤独,其他同学同样会面临类似的困难和挑战,这种共鸣能够为他们带来更深层次的理解和支持。

当一些青少年在面对挫折感到无助时,教师的角色变得尤为关键。教师可以引导青少年深入分析问题,探讨挫折背后的原因,并共同寻找解决问题的方法和策略。这种集体讨论的过程有助于激发青少年的思考和创造力,让他们认识到挫折并非不可逾越的障碍,而是可以通过持续努力和合理应对策略来战胜的。

在班会期间,教师还可以引入古今中外著名人物在面对挫折时取得成功的案例来激励青少年。通过这些富有启发性的案例,青少年可以了解到即使在面对巨大困难和挑战时,那些坚持不懈、积极应对的人也能够最终实现目标和成功。这些积极的榜样和故事能够有效地激励青少年树立正确的人生观和价值观，增强他们面对和战胜困难的信心和勇气。

（3）积极开展实践活动。积极开展实践活动是培养青少年综合素养和适应能力的重要途径。通过参与各种实践活动，青少年可以在实际生活中积累经验，提升解决问题的能力，培养勇气和坚韧不拔的精神，从而更好地适应未来的社会生活。

夏令营是一种常见的实践活动形式，学校可以在周末或假期期间组织青少年参加。在夏令营中，青少年将面临各种各样的挑战和困难，如户外探险、团队合作、自理能力等。这些活动不仅能够锻炼青少年的身体素质和生存技能，还可以培养他们的团队意识和合作精神。特别是对于独生子女，参加夏令营可以让他们体验到不同的生活方式，学会独立处理问题，增强适应能力。

除了夏令营，学校还可以开展其他形式的实践活动，如社会实践、科技创新、志愿服务等。通过参与这些活动，青少年可以亲身感受社会的多样性和复杂性，增强社会责任感和公民意识，培养解决实际问题的能力和创新精神。同时，这些实践活动也能够丰富青少年的课余生活，激发他们的学习兴趣，促进个性发展和全面成长。

在实践活动中，学校和教师应当注重引导青少年进行反思和总结，帮助他们从经验中提炼知识和技能，形成可持续发展的学习能力。此外，学校应确保所有实践活动都在安全的环境下进行，并提供必要的指导和支持，确保青少年能够在健康和安全的环境中成长。

（四）社会方面

1. 构建积极的社会氛围

构建积极的社会氛围对于青少年的身心健康和全面发展至关重要。在当今科技信息高度发达的社会背景下，信息的传递速度和渠道前所未有的广泛和快捷。尽管这为青少年提供了获取知识、了解世界的便利途径，但同时也带来了许多负面影响，对他们的心理和行为产生了不良影响。因此，建立积极的社会文化氛围成为当务之急。

（1）积极的社会氛围对于青少年抗挫折能力的培养至关重要。在信息快速传播的时代，青少年主要通过手机、网络等渠道获取信息。然而，这些渠道不仅提供了有益的知识，也容易让负面信息涌入他们的视野，影响其价值观和行为习惯。因此，国家应当加强对负面信息传播渠道的管理，从源头上减少不良信息的传播，保护青少年的身心健康。同时，主流媒体也应当加大正能量、积极信息的传播力度，弘扬中华民族的优秀传统和价值观念，为青少年创造一个良好的成长环境。

（2）学校和家庭也应积极参与到构建积极社会氛围的过程中来。学校可以通过开展丰富多彩的教育活动，培养学生正确的价值观和健康的生活方式，引导他们树立正确的世界观、人生观和价值观。此外，学校还应当加强对学生的心理健康教育，教导他们正确应对挫折和困难，提升其心理素质和应对能力。家庭作为孩子成长的重要环境之一，也应该关注孩子的心理健康，与学校密切合作，共同为孩子的成长提供良好的保护和指导。

（3）社会各界也应当共同努力，为青少年营造一个积极健康的社会环境。非政府组织、社区、媒体和企业等都可以在各自的领域内发挥作用，通过举办公益活动、提供志愿服务机会、开展青少年教育项目等方式，促进青少年的全面发展。通过这些努力，可以增强青少年的社会责任感，培养他们成为有理想、有道德、有文化、有纪律的新一代公民。

2. 构建抗挫折教育的立体网络

构建抗挫折教育的立体网络是为了全面提升青少年抗挫折能力而采取的一项重要举措。这一网络的构建需要社会、学校和家庭之间的紧密协调与合作，共同致力于青少年抗挫折能力的培养。

在社会层面上，社区可以定期邀请抗挫折教育专家和成功人士来举办讲座。这些讲座旨在为社区居民提供抗挫折教育的知识和技巧，帮助他们更有效地应对生活中的挫折与困难。通过这种方式，社区居民可以直接从专家那里获取宝贵的建议，并在日常生活中应用这些策略以提升自己的抗挫折能力。

在学校层面上，学校可以定期组织针对抗挫折教育的活动，邀请学生家长参与。这种形式的活动可以加强学校、家庭和学生之间的联系，使家长更加了解孩子在学校面临的挑战和困难，从而提供更为有效的支持和帮助。

在家庭层面上，社区组织者可以鼓励家庭整体参与抗挫折教育相关的讲座和活动。这样的参与不仅能够增进家长对抗挫折教育的理解，还能够加深他们对孩子个性和需求的认识，促进亲子关系的进一步发展。通过家庭的积极参与，家长能够更好地支持孩子的成长，为他们抗挫折能力的培养提供坚实的基础。

抗挫折教育立体网络的构建需要社会各界的共同努力与配合。只有通过各方的积极参与和合作，才能为青少年提供全方位的抗挫折教育，帮助他们在面对生活中的挑战时保持积极乐观的态度，增强自身的抗挫折能力，实现更好的个人成长与发展。通过这种多维度的教育网络，青少年能够在一个支持性的环境中学习如何有效地应对挫折，这将对他们的未来产生深远的积极影响。

3. 加大积极挫折观的宣传力度

加大对青少年积极挫折观培养的宣传力度是一项重要而复杂的任务，其有效性主要依赖于新闻媒体的宣传和社会大众的积极参与。

（1）新闻媒体是推动青少年积极挫折观培养的关键力量之一。通过手机、电视、互联网等媒介，对抗挫折能力培养的重要性和方法进行广泛宣传，可以让社会大众更加深入地了解挫折教育的意义和方法。新闻媒体可以借助各种形式的报道和节目，向公众传递积极的抗挫折观念，提高社会对于抗挫折教育的认知和重视程度。

（2）加大对宣传的经费投入是确保宣传效果的重要保障。通过增加资金投入，可以实现宣传形式的多样化和宣传内容的深入。例如，可以举办专题讲座、宣传活动、制作宣传广告等，以吸引更多的关注和参与。同时，投入经费还可以保障宣传工作的持续性和稳定性，确保宣传内容得到长期、广泛的传播。

（3）宣传工作要注重实效，并建立有效的反馈机制。通过问卷调查、网络调研等方式，及时了解宣传活动的效果和影响，以便及时调整宣传策略和改进宣传内容。建立起良好的反馈机制可以使宣传工作更加科学、精准，更好地满足社会公众的需求和期待。

（4）宣传工作还应关注青少年的特点和需求，采用他们喜闻乐见的方式进行宣传，如利用社交媒体、网络游戏、动漫等平台，使挫折教育更加贴近青少年的生活，提高宣传的吸引力和感染力。同时，宣传内容应注重实用性和操作性，提供具体的抗挫折策略和方法，使青少年能够在实际生活中运用所学知识，提升自身的抗挫折能力。

4. 提供锻炼能力的机会

为提高青少年的抗挫折能力，提供锻炼能力的机会是至关重要的。虽然学校中的挫折教育理论知识为青少年提供了基础，但实践活动是巩固理论知识、提高实际能力的重要途径。因此，社会各界的相关部门应积极行动，为青少年提供各种锻炼能力的机会。

（1）组织夏令营活动是提高青少年锻炼能力的一种有效途径。夏令营活动不仅能够让青少年远离学校书本的压力，还能让他们接触到更广阔的社会环境，学会与不同背景的人群交往、解决实际问题以及合作共事。在夏令营中，青少年需要面对各种挑战和困难，通过这些经历，他们能够提高自身的抗挫折能力，培养积极乐观的心态，更好地适应未来的挑战。

（2）在学期开学之际进行军训是另一种提供锻炼机会的方式。军训不仅可以磨炼青少年的体魄和意志，更重要的是培养他们的纪律性、团队合作精神以及应对压力的能力。通过军训，青少年可以学会坚持不懈、克服困难，这些品质都是抗挫折能力的重要组成部分。

（3）参加各种公益活动也是提高青少年抗挫折能力的有效途径。通过参与公益活动，青少年可以了解到社会上存在的各种问题和困难，从而增强他们的社会责任感和同情心。同时，在解决公益问题的过程中，青少年需要付出努力并克服各种挑战，这有助于他们培养乐观向上的心态和应对挫折的能力。

通过这些多样化的实践活动，青少年不仅能够在理论知识的基础上获得实践经验，还能够在面对挑战和困难时展现出更强的适应性和韧性。教育者、家长和社会各界应当共同努力，为青少年创造更多的实践机会，让他们在实践中学习和成长，培养成为具有创新精神和社会责任感的现代公民。

第三章 青少年精神品质的培养与路径探究

第一节 青少年爱国主义精神的培育

一、爱国主义教育的背景与核心

（一）爱国主义教育的时代背景

"爱国主义是中华民族的民族心、民族魂，是中华民族最重要的精神财富，是中国人民和中华民族维护民族独立和民族尊严的强大精神动力。"[①] 爱国主义教育作为一种深刻的教育实践活动，旨在培育个体的爱国情感、强化国家的意志，并引导其实践报国之行。它是塑造公民思想品质的关键环节，是提升民族精神与凝聚力的重要途径，对于推动国家繁荣与发展具有不可或缺的作用。在深层次上，爱国主义教育不仅是对个体情感的熏陶，更是对公民道德、政治原则和法律规范的全面塑造。它要求人们在个人与祖国之间建立

[①] 毛希妍，姚铮. 一场爱国主义教育法的主题探究之旅[J]. 时事（初中），2023（3）：22.

起一种深厚的情感纽带，以实现对家园、民族和文化的归属感、认同感、尊严感与荣誉感的统一。

作为一种系统工程，爱国主义教育需要综合运用多种方法和手段，以确保其教育效果的最大化。这包括但不限于课堂教育、社会实践、文化活动等多种形式，旨在全方位、多角度地激发个体的爱国热情，并引导其将这份情感转化为实际行动。同时，爱国主义教育也需要借助各种阵地和载体，如博物馆、纪念馆、爱国主义教育基地等，以提供更加直观、生动的教育体验。

在当代社会，随着全球化的深入发展，爱国主义教育面临着新的挑战和机遇。人们需要不断创新教育方式方法，以适应时代发展的需要，同时也要注重培养个体的国际视野和跨文化交流能力，以更好地推动国家的开放与发展。

1. 中国特色社会主义

中国特色社会主义标志着中国的发展站在了新的历史起点上，呈现出崭新的国家面貌和日益凸显的国际地位。这一时代的开启，不仅是对改革开放四十余年辉煌成就的肯定，更是对未来发展的深远谋划和展望。

中国在经济、政治、文化、社会、生态等多个领域均取得了显著进步。经济总量稳居世界前列，科技创新能力持续增强，人民生活水平稳步提升，国际影响力显著扩大。这一系列成就不仅提升了中国的综合国力，也为中国在全球治理体系中发挥更加积极的作用提供了坚实基础。

中国特色社会主义也赋予了中国更多的国际责任和使命感。作为世界第二大经济体和重要的国际力量，中国积极参与全球治理体系改革，推动构建人类命运共同体，为全球和平与发展贡献中国智慧和中国方案。在这一过程中，爱国主义教育成为凝聚民族力量、激发爱国热情、推动国家发展的重要精神力量。

爱国主义教育具有更加丰富的内涵和更加紧迫的任务。通过深入挖掘中国历史、文化、民族精神等丰富资源，爱国主义教育有助于引导人们树立正确的国家观、民族观、历史观，增强民族自信心和自豪感。面对全球化、信息化、网络化的新形势，爱国主义教育也需要不断创新方式方法，提高针对性和实效性，以更好地适应时代发展的要求。

爱国主义教育对于维护国家统一和稳定具有不可替代的作用。中国是一个多民族、多文化、多宗教的国家，维护国家统一和民族团结是国家的核心利益。通过加强爱国主义教育，可以增强各族人民对国家的认同感和归属感，巩固和发展最广泛的爱国统一战线，为国家的长治久安提供坚实保障。爱国主义教育也是推动国家繁荣与发展的重要动力。中国正面临着转型升级、创新驱动、绿色发展等多重任务。通过培养具有爱国情怀、创新精神和实践能力的新一代人才，爱国主义教育可以为国家的现代化建设提供有力的人才支撑和智力保障。

爱国主义教育在塑造民族精神、传承中华文化、弘扬社会主义核心价值观等方面也发挥着重要作用。通过传承和弘扬中华优秀传统文化，爱国主义教育有助于增强民族文化的自信心和影响力，为国家的文化软实力建设提供重要支撑。通过培育和践行社会主义核心价值观，爱国主义教育可以引导人们树立正确的道德观念和行为规范，推动社会风气的向善向上。

2. 世界处于大变局中

当今世界正处于一个前所未有的大变局之中，国际体系和力量对比正在经历深刻而复杂的调整。全球化的浪潮不断涌动，国际合作与竞争交织成一幅复杂的画卷，各国之间的联系日益紧密，彼此依存度不断提升。然而，在这一进程中，不稳定性和不确定性因素也在不断增加，对全球和平与发展构成了严峻挑战。

在这样的国际背景下，爱国主义教育的重要性愈发凸显。作为一个拥有悠久历史和灿烂文化的国家，中国的命运与世界紧密相连。面对复杂多变的国际形势，人们必须坚定不移地捍卫国家主权和领土完整，维护国家的安全与稳定。这不仅是国家的根本利益所在，也是每一个公民的责任与担当。

爱国主义教育也要求人们秉持和平发展、合作共赢的理念，积极参与国际事务，推动构建人类命运共同体。通过增进与各国的友好合作，人们可以共同应对全球挑战，实现共同发展繁荣。这既是爱国主义精神的体现，也是对人类文明的贡献。

中国特色社会主义为爱国主义教育的开展提供了重要契机。在新的历史条件下，人们需要将爱国主义教育融入时代特点，加强对中华优秀传统文化的传承和弘扬。通过培养民族自信心和自豪感，可以激发全民族的爱国热情，凝聚起推动国家发展的强大力量。同时，也要注重培养公民的国际视野和全球意识，使他们能够更好地适应全球化时代的挑战和机遇。

面对世界百年未有之大变局，爱国主义教育具有不可替代的重要作用。通过加强爱国主义教育，可以激发全民族的爱国热情，增强国家凝聚力，共同应对全球挑战，推动构建人类命运共同体。

（二）爱国主义教育的核心要义

1. 坚持以人民为中心

坚持以人民为中心是习近平新时代中国特色社会主义思想的核心理念之一，它深刻揭示了人民在历史进程中的主体地位和决定性力量。作为历史的创造者，人民不仅塑造了璀璨的文明，更是决定党和国家前途命运的根本力量。党的根基深深扎根于人民之中，党的力量源自人民的信赖和支持，人民是党执政的最大底气。因此，人们必须始终把人民放在心中最高位置，坚持一切为了人民、一切依靠人民，充分发挥广大人民群众的积极性、主动性和创造性。

坚持以人民为中心的根本立场，是对中国共产党一贯倡导和践行的爱国主义思想的深刻体现。这一立场不仅坚持了群众史观和群众路线，更将人民利益置于至高无上的地位。它饱含着真挚的人民情怀，彰显了党的理想信念、性质宗旨和初心使命。通过坚持以人民为中心，展现了党性和人民性的高度统一，确立了中国共产党的人民观。

坚持以人民为中心不仅是爱国主义的出发点和落脚点，更是推动社会进步和发展的重要动力。它要求在制定政策、推动改革、发展经济、改善民生等各个方面，都要以人民的需求和利益为出发点和落脚点，确保发展成果更多更公平地惠及全体人民。同时，还要不断激发广大人民群众的创造活力，让他们成为推动社会进步的主体力量。

2. 坚持爱国、爱党、爱社会主义相统一

坚持以人民为中心不仅是爱国主义的本质要求，更是推动国家发展和社会进步的核心动力。这一理念不仅体现了中国共产党的根本宗旨，也反映了社会主义制度的优越性，对于塑造爱国主义思想具有深远的理论意义和实践价值。坚持以人民为中心，意味着国家的发展和社会的进步必须始终以人民的需求和利益为出发点和落脚点。

（1）从经济发展的角度看，坚持以人民为中心要求推动经济高质量发展，满足人民日益增长的美好生活需要。这包括深化供给侧结构性改革，优化经济结构，提高创新能力，实现经济持续健康发展。

（2）从政治建设的角度看，坚持以人民为中心要求加强民主法治建设，保障人民当家作主的权利。这包括完善人民代表大会制度，发展协商民主，推进全面依法治国，确保人民权益得到充分保障。

（3）从文化发展的角度看，坚持以人民为中心要求推动社会主义文化繁荣兴盛，满足人民精神文化需求。这包括加强社会主义核心价值观建设，弘扬中华优秀传统文化，发展文化产业，提高国家文化软实力。

（4）从社会建设的角度看，坚持以人民为中心要求加强社会保障体系建设，改善民生，增进人民福祉。这包括提高教育、医疗、就业、住房等公共服务水平，加强社会治理创新，促进社会公平正义。

坚持以人民为中心的爱国主义思想，不仅是对传统爱国主义精神的继承和发展，更是对国家发展和社会进步规律的深刻把握。它要求人们在实践中不断推动国家治理体系和治理能力现代化，实现经济社会全面进步和人的全面发展。同时，它也要求人们坚持国家主权和民族尊严，积极参与全球治理，推动构建人类命运共同体。

3. 为实现中国梦提供精神支柱和动力

爱国主义作为中华民族精神的核心，始终贯穿于国家的历史长河中，是引领民族前进、激发民族活力的不竭动力。在实现中华民族伟大复兴中国梦的征程中，爱国主义更是发挥着举足轻重的作用，为这一伟大梦想提供了共同的精神支柱和强大的精神动力。

在民族精神的构建中，爱国主义不仅是基本范畴和核心概念，更是支撑整个民族精神大厦的基石。它犹如一根无形的纽带，将中华民族紧密团结在一起，形成坚不可摧的力量。这种力量，既体现在对民族独立和尊严的坚守上，也体现在对民族复兴的执着追求中。

爱国主义的时代主题随着历史的变迁而不断演进。在当今时代，爱国主义的主题已经转化为实现中华民族伟大复兴的中国梦。这一梦想，是全体中华儿女的共同追求，也是爱国主义的具体体现。因此，爱国主义的根本任务，就是要为这一梦想提供强大的精神支撑和动力源泉。

对于实现中国梦来说，正确的认识、科学的理论和伟大的精神是至关重要的。爱国主义作为一种伟大的精神力量，正是这样一种能够推动实践发展的正确认识。它激励着中华儿女在民族复兴的道路上勇往直前，不畏艰难险阻，不断创造新的辉煌。

在实现中国梦的过程中，人们面临着光明前景与重大挑战并存的局面。这就要求人们更加深入地挖掘和弘扬爱国主义精神，使其成为推动民族复兴的强大动力。同时，人们还要不断丰富和发展爱国主义的时代内涵，使其与实现中华民族伟大复兴的中国梦紧密相连，成为引领民族前进的鲜明旗帜。

二、爱国主义教育的理论体系

（一）爱国主义教育的目标

1. 爱国主义价值目标——坚定信念

在爱国主义教育的框架下，培养青少年坚定的理想信念被认为是一项重要任务。理想信念作为个体行为的根本动力和指引，在塑造青少年的思想观念和行为表现上具有显著的影响。其重要性在于，只有青少年形成了坚定的理想信念，才能在不同的环境中坚守原则，不受外界因素的干扰。因此，爱国主义教育旨在引导青少年接受正确的理论教育，并在实践中践行所学理念，从而培养其坚定的爱国主义信念。

正确的理论引导是培养青少年理想信念的首要任务。这包括向青少年传授爱国主义的核心观念，如国家的繁荣昌盛、人民的安居乐业、民族的团结进步等。通过正确理论的灌输，青少年能够清晰辨析真假思想，避免受到错误思想的侵蚀。这种理论教育不仅是对知识的传授，更是对理想信念的塑造，旨在让青少年坚守正确的价值观念，勇敢地追求自己的理想。

爱国主义教育还需要营造积极的学习环境，为青少年提供真实、全面、客观的爱国主义知识。这种知识涵盖了爱国主义的历史、英雄人物、精神内涵等方面，以及国家的现状、挑战和未来发展的展望。通过学习这些知识，青少年能够深刻认识到国家的重要性和责任，进而树立起对国家的归属感和责任感。这种全面的知识教育不仅能够加深青少年对爱国主义的理解，更能够激发其内心深处的爱国情感，从而巩固其理想信念的基础。

实践参与是培养青少年理想信念的另一重要途径。爱国主义不仅是停留在口头上的表态，更需要通过实际行动来体现。参与社会公益活动、关心国家大事、积极参与创新创业等，这些实践活动能够让青少年亲身感受到爱国主义的力量和价值。通过实践，青少年能够加深对爱国主义的认识和理解，进而更加坚定自己的理想信念，愿意为国家的繁荣与进步贡献自己的力量。

在家庭和学校的共同努力下，青少年的理想信念得以进一步巩固和培养。家庭是青少年成长的第一课堂，父母的正确引导和榜样作用对于培养青少年的爱国主义信念至关重要。学校则是青少年知识的来源和学习的场所，学校应该为青少年提供良好的教育资源和学术氛围，加强对爱国主义教育的引导和培养。通过家庭和学校的共同努力，青少年的理想信念能够得到有效的培养和强化，从而在未来的发展道路上成为有担当、有责任、有爱国情怀的新人。

2. 爱国主义情感目标——精神力量

在青少年成长的过程中，爱国主义情感目标的形成是一个深受中华优秀传统文化影响的过程。这种情感目标是一种深沉的情感和信仰，它扎根于对国家、民族和祖国的热爱之中。青少年通过学习和了解中华民族的历史与文化，逐渐形成了对民族发展的认同和对祖国的责任感，进而内化为一种强大的精神力量。

传统文化的传承与发展对于青少年爱国主义情感目标的培养具有重要意义。通过了解中华民族历史上的伟大成就，青少年不仅能够感受到民族发展的辉煌与壮丽，更能从中汲取到民族奋斗的精神力量。了解先贤的智慧和中国古代科技、文化、艺术的瑰宝，能够激发青少年对民族传承的责任感和使命感。因此，爱国主义情感目标的形成离不开对历史文化的学习与传承。

除了对传统文化的学习，社会实践也是培养青少年爱国主义情感目标的重要途径。通过参与公益活动、社区服务、乡村振兴等实践活动，青少年能够亲身感受到祖国的繁荣与进步，增强对国家的认同和归属感。这种亲身经历不仅能够让青少年深刻理解祖国的现状和发展，更能够激发他们内心深处的爱国情感，使其不仅仅是口头上的誓言，而且是内心深处的一种信念和动力。

在爱国主义情感目标的培养过程中，学校扮演着重要的角色。学校应该系统化地对学生进行爱国主义知识教育，包括民族历史、优秀传统文化、国家政策等内容的传授。同时，学校还应该为学生安排与爱国主义教育相关的实践活动，通过参观纪念馆、走访历史名胜等方式，帮助学生更加深入地了解祖国的历史与文化，增强他们的爱国情感。

此外，学校还可以组织一些爱国主义主题的讲座、座谈会，邀请优秀人物分享他们的爱国故事和经验，激发学生的情感共鸣，进一步强化他们的爱国情感。通过理论与实践相结合，学生对爱国主义的认知会越来越深刻，从而形成一种内化的精神力量，激励他们为祖国的繁荣与进步而努力奋斗。

爱国主义情感目标的培养是一个长期而复杂的过程，需要学校、家庭以及社会的共同努力。通过传统文化的传承、社会实践的参与以及学校教育的引导，青少年可以逐渐形成深厚的爱国情感，将其内化为一种精神力量，激励他们为中华民族的伟大复兴而奋斗。

3. 爱国主义践行目标——自觉志向

在爱国主义教育的框架下，自觉志向被视为学生践行爱国主义的关键一环。这一理念指的是学生在爱国主义教育中培养的报国之志和献身祖国的意愿。仅仅了解爱国主义的概念和精神内涵是不够的，关键在于将这些理念内化为内在的动力，并将其转化为实际行动中的坚定信念。自觉志向在培养青少年爱国主义情感和行为方面发挥着重要作用，其重要性主要体现在以下方面：

（1）自觉志向有助于学生形成报国之志。学生在自觉志向的引导下，不仅对国家怀有深厚的感情，更重要的是，他们对国家的未来和发展充满信心和决心，愿意为国家的繁荣富强而努力奋斗。这种内在的志向使得他们能够在面对各种困难和挑战时坚定不移地投身于国家建设的事业之中。

（2）自觉志向能够激发学生的奉献精神。通过自觉志向的引导，学生会自觉地投身到为祖国服务的行列中，不计个人得失，而是以奉献精神为先，为国家和人民的利益着想。这种精神不仅体现了个体的高度社会责任感，也有助于构建和谐团结的社会氛围。

（3）自觉志向有助于强化学生的责任担当。在自觉志向的引导下，学生认识到自己肩负着祖国的未来和发展，将国家富强作为己任，自觉承担起为国家建设和发展贡献力量的责任。这种责任意识不仅是对个体的要求，更是对整个社会的需求，促进了社会的稳定和进步。

为了促进学生更好地践行爱国主义，学校应积极开展与爱国有关的实践活动。这些活动可以帮助学生深入了解国家的历史、文化和发展现状，增强他们的家国情怀，从而增强对国家的热爱。同时，参与各种实践活动也能让学生亲身感受到爱国主义的实际意义，从而增强自觉志向。此外，开展实践活动有助于让学生了解历代爱国英雄和先辈的事迹，激励他们传承和发扬优秀的爱国主义传统。实践活动通常需要团队合作，通过参与这些活动，学生可以培养团队协作意识，为国家建设贡献自己的一份力量。

爱国主义的自觉志向是学生践行爱国主义教育的重要一环。学校应该积极组织与爱国主义有关的实践活动，引导学生将学习到的爱国主义精神转化为实际行动，为祖国的繁荣富强贡献自己的力量。

（二）爱国主义教育的原则

1. 坚持与学生实际相结合的原则

坚持与学生实际相结合的原则在进行爱国主义教育时具有重要意义。这一原则强调了教育内容和方式与学生的实际生活紧密结合，以促进爱国主义教育的深入和有效实施。

（1）考虑学生的思想特点。学生作为处于人生发展关键阶段的群体，具有思维开阔、渴望知识的特点，但也容易受到外界观念的影响。因此，教师在进行爱国主义教育时，必须注重培养他们正确的价值观和国家观念，让他们认识到爱国主义是中华民族传统美德的重要体现，以及爱国主义对于个人成长和国家繁荣的重要性。通过引导学生审视自身的价值观念，并深入探讨爱国主义的内涵，可以增强他们对爱国主义的认同和理解。

（2）关注学生的生活特点。学生生活在多元化、信息化的社会中，面临着各种选择和挑战。因此，教师在进行爱国主义教育时，应该结合学生的生活现实，让他们认识到国家的发展与个人的前途息息相关，爱国主义情怀是推动个人成长和社会进步的重要力量。通过与学生讨论国家发展的重要议题、组织参观国家发展成就等活动，可以增强学生对国家发展的关注和理解，进而激发他们的爱国热情。

（3）适应学生的学习特点。学生正处于学业发展的阶段，对于知识的渴望和接受能力较强。因此，在进行爱国主义教育时，可以通过多种途径，如历史故事、国家荣誉、先进模范等，向学生传递爱国主义的核心价值观，激发他们的民族自豪感和责任感。通过生动有趣的教学方式和丰富多样的教学内容，可以提高学生的学习积极性和参与度，使他们更好地理解和接受爱国主义教育。

（4）设计不同的学习目标。学生的成长过程会有不同的阶段和特征。因此，教师在进行爱国主义教育时，应为不同阶段的学生设计不同的学习目标，有针对性地进行思想教育，满足学生在不同阶段的思想发展需求，帮助他们树立正确的世界观、人生观和价值观。通过细致的教学计划和个性化的辅导服务，可以更好地满足学生的学习需求，提高他们的学习效果和满意度。

（5）渗透到学生成长的各个方面。爱国主义教育不能仅停留在课堂上，更应该渗透到学生的方方面面。可以通过开展丰富多彩的校园活动、社会实践等形式，让学生亲身参与到爱国主义实践中，增强他们的爱国情感和社会责任感。通过在学生日常生活中贯彻爱国主义的核心价值观，可以使爱国主义成为学生自觉遵循的行为准则，为培养爱国主义精神奠定坚实的基础。

2. 坚持爱党爱国爱社会主义统一原则

（1）爱党。在爱党教育的深度推进中，学校肩负着向学生全面展示中国共产党历史使命与重要作用的重要职责。学生需深入理解党的历史脉络，从中领悟其不懈奋斗、为人民利益而战的伟大精神。党的光辉历程，无论是艰苦卓绝的革命岁月，还是波澜壮阔的建设与改革时期，都凸显了党在国家发展进程中的核心地位与卓越贡献。

通过系统学习党的光辉历史、先进理念以及科学的路线方针政策，学生能够深刻认识到中国共产党作为中国特色社会主义事业的坚强领导核心，其正确领导对于国家繁荣稳定与人民幸福生活的决定性作用。这种认识不仅是对党的历史地位的尊重，更是对未来发展的坚定信心。

爱党教育必须注重培育学生对党的信仰与忠诚。这要求学生深入理解和认同党的核心价值观、信仰体系及基本原则，自觉维护党的组织纪律，履行党员义务。学生应深刻理解中国共产党为人民服务的根本宗旨，明确党的一切工作都是为实现共产主义伟大理想、推动社会主义现代化建设、促进社会公平正义和人民幸福安康而努力。

通过这样的爱党教育，学生不仅能够形成对党的全面、深刻的认识，更能将个人的成长与发展紧密融入党和国家的事业之中，成为中国特色社会主义事业的合格建设者和可靠接班人。

（2）爱国。爱国情感在学生教育中扮演着重要角色，它不仅是一种情感体验，更是一种思想意识和行为准则。学生通过学习中国的历史、文化和传统，能够深入了解国家的发展演变过程，以及民族的奋斗历程。在这一过程中，他们应当领悟到国家的繁荣昌盛与个人幸福安康密不可分的关系。爱国并不仅限于口头表达，更需要学生将个人的成长与国家的进步相结合，积极为国家的发展贡献力量。

此外，爱国教育还应强调民族自豪感和认同感。学生应该了解中华民族博大精深的历史文化传承以及民族精神的内涵。通过参与文化活动、参观纪念馆和历史遗址等形式，学校可以激发学生的爱国情感和民族自尊心。这些活动不仅有助于学生对国家的认同和归属感，也能够加强他们对中华民族复兴意义的理解与认同，从而培养出更为深厚的爱国情怀。

（3）爱社会主义。在爱社会主义的教育实践中，学生需深刻理解社会主义理论的精髓和社会主义制度的优越性。社会主义作为人类社会发展的先进阶段，其理论体系丰富而深邃，涵盖了经济、政治、文化等多个方面。学校应通过多元化的教育方式，如课堂教学、社会实践、专题讲座等，引导学生系统学习社会主义的基本原则和价值观，认识到社会主义不仅是国家发展的科学指南，更是推动社会全面进步的重要力量。

学生还需深入了解社会主义的发展历程，特别是中国特色社会主义建设的伟大实践。从社会主义制度的确立，到改革开放的深入推进，再到伟大征程，中国社会主义建设取得了举世瞩目的成就。这些成就不仅体现在国家经济实力的显著增强，更体现在人民生活水平的持续提高和社会文明程度的不断提升。通过学习这些历史与现实，学生能够更加直观地感受到社会主义制度的优越性，增强对社会主义的认同感和归属感。

爱社会主义教育不仅要停留在理论层面，更要注重培养学生的社会责任感和参与感。学校应鼓励学生积极参与社会主义建设的实践活动，如志愿服务、社会实践等，让他们在实践中感受社会主义的温暖和力量。同时，学生也应认识到，作为社会主义事业的建设者和接班人，他们肩负着推动社会进步、实现民族复兴的重任。因此，每个学生都应积极投身到社会主义建设的伟大实践中，为国家的繁荣富强贡献自己的力量。

爱党爱国爱社会主义高度统一原则的教育，是培养学生社会主义核心价值观、民族精神和家国情怀的关键环节。通过深入学习党的历史、国家的发展成就以及社会主义的理论和制度，学生能够在心灵深处树立起对党、对国家、对社会主义的深厚情感。这种情感将激励他们在未来的学习和工作中，积极践行社会主义核心价值观，为实现中华民族伟大复兴的中国梦贡献青春力量。

3. 坚持立足中国又面向世界的原则

在全球化日益加深的当今时代，各国之间的联系日益紧密，形成了一个休戚与共的命运共同体。在这一时代背景下，坚持立足中国又面向世界的原则，对于学校进行爱国主义教育具有极其重要的意义。这一原则旨在引导学生既深刻理解中国的历史传统与现实发展，又积极拥抱世界的多元文明与思想，从而培养出既具有深厚爱国情怀，又具备全球视野和开放心态的青年。

立足中国，意味着爱国主义教育必须紧密结合中国的实际情况，深入剖析中国的历史、文化、社会制度和发展道路。学校应当充分利用具有红色精神的资源，通过课堂教学、实践活动等多种形式，让学生深刻领会中国革命历史的艰辛与伟大，感受中华民族自强不息、艰苦奋斗的精神风貌。这种教育方式不仅能够增强学生对祖国的热爱和归属感，还能激发他们为中华民族的伟大复兴而努力奋斗的豪情壮志。

面向世界，则要求学校在进行爱国主义教育时，注重培养学生的国际视野和跨文化交流能力。在全球化的大背景下，任何国家都不可能孤立发展，必须与其他国家进行广泛的交流与合作。因此，学校应当引导学生了解世界各国的历史、文化、社会制度和发展状况，使他们能够辩证地看待不同文明之间的差异与共性，以开放包容的心态对待其他国家和文化。同时，学校还应当鼓励学生积极参与国际交流与合作，通过亲身体验和深入交流，增进对世界的认识和理解。

坚持立足中国又面向世界的原则，还需要注重培养学生的创新精神和实践能力。在全球化的浪潮中，创新已经成为推动社会进步的重要动力。学校应当通过创新教育方式和方法，激发学生的创新思维和创造力，培养他们的创新精神和实践能力。学校还应当引导学生将所学知识应用于实践之中，通过解决实际问题来提升自己的能力和素质。

坚持立足中国又面向世界的原则是学校进行爱国主义教育的重要途径。这一原则不仅能够培养出既具有深厚爱国情怀又具备全球视野的青年，还能够推动中国与世界各国的交流与合作，为构建人类命运共同体作出积极贡献。因此，学校应当深入贯彻这一原则，不断创新教育方式和方法，为培养中国青年提供有力支持。

随着全球化的深入发展和国际竞争的日益激烈，坚持立足中国又面向世界的原则将显得尤为重要。学校应当进一步加强与国际教育机构的交流与合作，引进国外先进的教育理念和教学资源，提升爱国主义教育的质量和水平。同时，学校还应当注重培养学生的跨文化沟通能力和国际竞争力，使他们能够在全球化的舞台上更好地展现中国青年的风采和实力。

（三）爱国主义教育的价值

1. 养成民族自信

历史是民族自信的根基。通过学习国家的历史，人们能够领略到民族的辉煌与光荣，理解民族在漫长岁月中积累的智慧与经验。这种历史认知不仅增强了民族自尊心，更让人们深刻认识到，民族的今天是在历史的基础上不断积累、发展和创新的结果。

文化是民族自信的灵魂。国家的文化传承凝聚了民族的智慧与情感，是民族身份的重要标识。通过学习文化，人们能够感受到民族的独特魅力，理解民族的价值观念与精神追求。这种文化自觉不仅有助于提升民族自豪感，更能够激发人们为传承和弘扬民族文化而努力的热情。

社会制度和发展成就是民族自信的现实支撑。国家的社会制度为民族的繁荣与发展提供了有力保障，而发展成就则是民族实力与进步的生动体现。通过学习社会制度和发展成就，人们能够深刻认识到国家的优势与潜力，增强对国家的认同感与归属感。

在全球化的背景下，民族自信成为国家发展的重要精神力量。拥有坚定的民族自信，国家在国际舞台上能够展现出更加自信、坚定的姿态，有效应对各种挑战与机遇。同时，民族自信也能够提升国家的国际形象，吸引更多的国际关注与合作，推动国家的繁荣与进步。因此，养成民族自信是爱国主义教育的重要任务。通过系统的教育过程，让个体全面、深入地了解国家的历史、文化、社会制度及发展成就，从而构筑起坚实的民族自信，为国家的长远发展提供有力的精神支撑。

2. 强化国家意识

爱国主义教育的一个重要效果是增强人们的国家意识。这种国家意识并非仅限于对国家现状和发展方向的认知，更重要的是个人利益与国家利益之间密切联系的认识。通过深入了解国家的长远发展规划和重大战略，人们能够形成共同的目标和愿景，从而激发对国家的归属感和责任感。这种国家意识使个人能够超越短期个人利益，以国家长远利益为重，愿意为国家的繁荣与发展做出积极贡献。这种国家意识对于推动国家整体实力和竞争力的提升具有重要意义，因为它凝聚了全社会的力量，推动各个领域的发展和进步。

国家意识还有助于凝聚全社会的共识，促进社会各界的团结协作。当人们认识到自己与国家的命运紧密相连时，他们更容易产生共同认知和共识，愿意为国家的利益而团结一致。这种共同的国家意识在处理国内重大议题和应对全球事务时显得尤为重要。只有通过共同的努力和团结合作，才能有效应对各种挑战和问题，实现国家的长期繁荣与发展。

3. 增强社会责任感

爱国主义教育的核心在于唤起公民对社会和国家的责任感。在这一框架下，每个公民都应深刻理解，国家的繁荣昌盛是建立在每一个个体实实在在的奋斗与贡献之上。通过投身志愿服务活动和社会公益事业，公民能够直接体验到自身行为对社会产生的积极影响，进而在内心深处形成正确的价值观和行为导向。

社会责任感作为一种深沉的使命感和担当精神，使公民意识到自己的角色并非孤立的个体，而是国家和社会大家庭中不可或缺的一员。在日常生活中，这种责任感驱使着人们积极履行社会义务，关心他人的福祉，关注社会的和谐稳定，从而为社会的发展作出实实在在的贡献。这种责任感的具体体现，包括但不限于遵守法律法规、维护社会公德，以及积极参与各类社会公益活动。

弘扬社会责任感对于社会的凝聚力和稳定性具有不可估量的作用。当每一个公民都能自觉承担起自己的社会责任，社会将自然形成一个和谐有序、充满活力的共同体。此外，社会责任感还能够激发出人们的创新潜能和社会创造力，推动社会不断向前发展，实现更高水平的进步。

4. 推动国家繁荣富强

爱国主义教育作为国家精神建设的重要一环，能够深度激发公民的爱国热情与责任意识，进而催生出为国家繁荣富强贡献智慧和力量的强大动力。这种情感和意识的传承，不仅为国家的长远发展注入了深厚的文化底蕴，更为社会资源的合理配置和有效利用提供了坚实的精神支撑。

在日常生活中，公民的爱国热情和责任意识得以充分展现。他们密切关注国家经济发展的脉搏，积极参与国家重大决策的探讨，全力支持国家科技创新的推进，并踊跃投身于国际事务的交流与合作。这些看似平凡却充满力量的行为，共同构筑起推动国家整体实力和提升竞争力的坚实基石。

全球化竞争日趋激烈,国家繁荣富强的道路充满了挑战与机遇。正是在这样的背景下,每一个公民的爱国情感和责任意识显得尤为珍贵。只有当每个人都能够怀揣着对国家的深厚情感,以高度的责任感投身于国家建设的伟大事业中,国家才能在国际舞台上展现出更加坚定的立场和更加有力的声音,从而更好地维护国家的利益和尊严。因此,推动国家繁荣富强,不仅需要国家的宏观规划和战略布局,更需要每一个公民在日常生活中的积极参与和不懈努力。只有当爱国情感和责任意识成为全社会的共同追求和行动准则时,国家才能真正实现持续、健康、稳定的发展,迈向更加辉煌的未来。

5. 传承和发扬爱国主义传统

爱国主义传统的传承和发扬是爱国主义教育中的重要内容。这一传统的内涵包括历代先贤为国家民族利益而英勇奋斗的英雄精神、深厚的爱国爱民之情以及对国家命运负责的担当精神。通过学习和传承这些传统,人们不仅能够汲取前辈们的智慧和力量,更能够从历史中汲取经验教训,使其成为自己坚定信念和追求卓越的动力。这种传承和发扬不仅可以激励人们在面对困难和挑战时保持坚定和勇敢,还能够在国家发展中发挥重要作用。

历代英雄先贤的事迹和精神为人们树立了崇高的道德楷模,激励着他们在实现国家繁荣富强的伟大事业中不畏艰难,勇往直前。这种崇高的精神激励着人们不断追求进步,为国家的发展贡献自己的力量。同时,传承优秀的爱国主义传统也有助于塑造全社会的价值观,促进社会和谐稳定。通过弘扬这些传统,可以营造出爱国奉献的社会氛围,让更多的人热爱祖国、为国家的发展贡献自己的力量,共同推动国家向着更加美好的未来迈进。

（四）爱国主义教育的机制

1. 宣传机制

宣传机制在爱国主义教育中的重要作用不言而喻，它是国家意识形态领域工作的关键一环。作为一种战略性的传播活动，爱国主义教育宣传必须充分发挥新旧媒体、报纸杂志等多渠道的优势，聚焦爱国主义主题，创新宣传手法，以确保宣传内容既贴近实际，又充满活力，能够吸引并感染广大受众。

在媒体融合发展的时代背景下，将爱国主义主题融入其中，通过联动宣传的策略，能够显著增强爱国主义教育的效果。通过讲述那些感人至深的爱国故事，能够有效传播主流价值观，激发公众的爱国情感。特别是在网络时代，随着网民数量的激增以及网络平台的不断更新换代，爱国主义教育必须充分利用微平台等新媒体工具，不仅要在课堂上通过新媒体进行教学和播放相关视频，更要引导学生主动查找相关资料，通过自主学习和思考，深化对爱国主义的理解。面对复杂多变的舆情环境，需要借助主流意识形态对公众进行合理引领，确保他们能够通过有效的渠道合理表达诉求，并自觉与不良思潮进行斗争。这也是爱国主义教育所面临的挑战和机遇。

创作和生产优秀的文艺作品也是宣传机制中不可或缺的一环。将爱国主义作为文艺创作的永恒主题，通过多样化的表现形式，如主旋律电影、文学作品、影视创作、词曲创作等，能够深刻反映现实，传承和弘扬中国精神。这些文艺作品以鲜明的特色为时代绘画、立传、树德，成为爱国主义宣传的有力载体。通过深入挖掘和创新传播这些作品，人们能够唱响爱国主义的正气之歌，进一步激发公众的爱国热情，推动国家意识形态领域的健康发展。

2. 保障机制

（1）构建规章制度及法律保障机制。规章制度作为社会行为的准则，承载着特定的价值追求和理念导向，为爱国主义教育提供了坚实的制度基础。在推进爱国主义教育的过程中，必须明确要求建立健全相关规章制度，确保其在团体章程、学生守则等各个层面得到充分体现，从而发挥其引导、规范和约束作用。

价值因素在爱国主义教育中的有效发挥，离不开制度的支撑和保障。制度是爱国主义教育得以顺利进行和深化的重要保障，它能够在全社会范围内形成共同的价值追求和行为规范。因此，构建完善的规章制度体系，对于推动爱国主义教育向纵深发展具有重要意义。

法律保障机制在爱国主义教育中也发挥着不可替代的作用。通过深入学习文物保护法、宪法等相关法规，将法治文化活动融入爱国主义教育之中，实现普法与爱国主义教育的有机结合。法律面前人人平等，对于任何损害国家尊严、侮辱先烈名誉、破坏爱国主义教育场所设施以及美化侵略行为与战争的行为，都应依法予以严肃处理。这不仅体现了法律的权威性和公正性，也进一步强化了爱国主义教育的严肃性和重要性。

（2）构建组织机构保障机制。学校作为培养国家未来栋梁的摇篮，必须承担起构建这一机制的重要使命。

第一，明确组织机构的设立。这一机构应由学校多个相关部门共同组成，形成一个统一领导、分工协作的工作体系。通过统筹规划和组织实施相关教育活动，该机构能够确保爱国主义教育的有序开展。具体而言，制订具体的教育计划、安排多样化的主题教育活动、组织讲座和研讨会、推动社会实践等，都是该机构的重要职责。通过这些措施，可以形成全方位、多层次的爱国主义教育体系，从而更有效地强化学生的国家意识、社会责任感和爱国情怀。

第二，协调学校各个单位之间的关系。爱国主义教育不应是某个学院或部门的独角戏，而应成为全校上下共同的事业。教务处、学生工作处、科研部门等各个单位都应积极参与其中，发挥各自的优势和作用。

第三，合理利用学校现有的组织格局。学生社团、学生会等学生组织是爱国主义教育的重要阵地，应充分发挥其作用。学校可以引导学生社团和学生会组织策划相关活动，通过举办讲座、展览、比赛等形式，让学生在参与中感受爱国主义的魅力。同时，学校领导和教职员工也应发挥模范带头作用，通过自身的言行示范，传递爱国主义精神，激发学生的爱国情怀。

第四，协调教育资源、建立评估机制。学校应充分利用各类教育资源，将爱国主义教育融入教学和科研的全过程。通过结合专业知识进行爱国主义教育，可以使学生更加深入地理解国家的发展历程和现状，增强他们的民族自豪感和使命感。同时，建立科学的评估机制也是必要的，定期对爱国主义教育的效果进行评估，及时发现问题并进行改进，以确保教育效果的持续性和有效性。

（3）构建物资条件保障机制。爱国主义教育的深入开展，不仅关乎学生爱国情怀的培养，更是对国家意识和社会责任感的强化，这对于培养具有担当精神的公民至关重要。物资条件保障机制，旨在通过提供充足的物质资源，为爱国主义教育提供有力支撑。这包括但不限于教学设施的完善、教育资源的整合以及实践活动的物资配备。完善的教学设施能够为学生提供更加直观、生动的学习体验，教育资源的整合则能够丰富教育内容，使教育更具深度和广度。而实践活动的物资配备，更是确保学生能够亲身参与、深入体验的重要途径。构建物资条件保障机制需要学校、政府以及社会各界的共同努力和配合。学校应加大对爱国主义教育的投入，优化教育资源配置；政府应出台相关政策，为爱国主义教育提供必要的物资保障；社会各界也应积极参与，为爱国主义教育贡献自己的力量。

3. 话语重塑机制

随着社会经济的发展，我国进入新的发展阶段，意识形态领域出现了新的变化，其中爱国主义教育作为重要形式之一受到关注。为了提升爱国主义教育的效果，创新话语体系显得尤为重要。同时，经济全球化加深了各国之间的联系，不同的价值观和社会思潮呈现出多样化趋势，这对传统意识形态和爱国主义教育提出了挑战。在各种多元化思潮的影响下，重塑爱国主义教育的话语体系需要坚守底线、创新形式、完善内容，以引导爱国主义思想，并凝聚精神文化。

为了创建和创新爱国主义教育的话语体系，需从当前世界和中国存在的问题出发，挖掘意识形态传播的特点，吸收传统文化中的时代精神，并对传播方式和内容进行创新。在解决爱国主义教育面临的问题时，可以借助人民喜爱的活动形式，构建具有中国特色的爱国主义教育模式。在满足社会和学生需求的基础上，重塑爱国主义教育的话语体系，构建具有中国特色的话语体系，使其与时代特征相符合，并凸显其功能。只有如此，才能更好地对大学生进行爱国主义教育，引导他们树立正确的国家观念，增强民族凝聚力，为国家的繁荣和发展贡献力量。

4. 社会资源整合机制

社会中的各种教育资源都有丰富多彩的爱国主义教育内容，只有有效地整合这些资源，才能让这方面的教育发挥更好的功效。

红色景点、展览馆、博物馆和烈士陵园等爱国主义教育基地都是很有效的、最直接的爱国主义教育资源，这些资源能让教育对象感受爱国之心和爱国的故事，从而形成爱国的情感。爱国主义教育基地的优势非常多，是学生学习爱国主义的主要场所，学生通过人工智能、声光电等技术能得到更直观的感受。爱国主义教育基地经常使用展馆讲解的方式，会邀请有较高知名度的历史学家、革命前辈到该基地讲解自己的亲身经历，让教育对象深切感受到革命历史，从而实现爱国主义教育的目的。

民间公益组织机构作为一种社会资源，也为学生接受爱国主义教育提供了宝贵机遇。学生参与各种非政府组织的爱国主义活动，能够有效地实践爱国主义的理念。爱国主义不仅能推动社会与国家的发展，还对学生的成长产生着重要影响。为此，人们需要整合各种社会资源，打造多元的实践载体，形成有力的教育合力，充分发挥学生爱国主义教育的作用。只有这样，才能使大学生在实践中真正领悟爱国主义的内涵，培养他们对国家的热爱与责任感，为社会的进步与发展贡献自己的力量。

第二节　青少年科学精神的培养及发展

一、青少年科学精神的类别及其教学策略

（一）青少年探究精神及其教学策略

探究是科学研究的手段，也是青少年学习科学的主要方式。在教学中培养学生对周围事物充满好奇、想探个究竟、发现并提出问题、积极寻求对问题的解答和对现象的解释的探究精神，可以从设计问题情境、预设生成空间、创设探究条件、养成反思习惯四个方面来进行。

1. 设计问题情境

设计问题情境，即教师创设与探究主题密切相关的问题情境，引发学生在具体的现象或活动中发现问题并提出问题，激发学生探究的内驱力，逐步培养学生的探究精神。设计问题情境的要点如下：

（1）情境的真实性至关重要。依据建构主义学习理论，真实的情境能够紧密贴合学生的生活体验，有效激活其已有的知识经验，使问题对于学生而言具备解决的价值和现实意义。这不仅有助于提升学生的参与度和兴趣，更能促进其知识的迁移与应用。

（2）问题情境必须与探究主题紧密相连。设计问题情境的根本目的在于引导学生发现与探究目标紧密相关的问题，从而激发其主动探究的意愿。若情境与探究主题脱节，则可能导致问题的偏移，浪费学生的宝贵探究时间。

（3）问题情境需具体明确。青少年在逻辑推理能力的发展过程中，往往依赖于具体的形象支持。因此，具体的问题情境有助于学生更好地理解问题，形成明确的探究动机，从而更加有效地展开探究活动。

（4）问题的难易程度应精准把控，确保落在学生的最近发展区内。当问题的难度适中，既能挑战学生的认知水平，又不至于过于困难或简单时，学生的探究兴趣和内在驱动力将达到最大。因此，在设计问题情境时，应充分考虑学生的现有认知水平和潜在发展能力，确保问题的难易程度恰到好处。

2. 预设生成空间

预设生成空间，即教师以学情设计教学，充分预计学生在教学过程中可能产生的问题，为学生提供生成问题的机会，并以此推进教学。根据学生生成的问题，组织并引导学生进行更为深入的探究，以维持学生不断探究的兴趣。预设生成空间的要点如下：

（1）教师需要准确把握学生的已有认知，通过营造宽松的氛围，鼓励学生真实表达他们的理解和疑惑。在单元主题学习之前，为学生提供充分的提问机会，从而揭示其思维路径和认知局限。

（2）教师应引导学生对提出的问题进行系统的分类和整理。通过区分当前可解决与待解决的问题，不仅有助于教学目标的明确，更能保护学生的好奇心，激发其进一步探索的欲望。

（3）为学生提供足够的思考空间和探究时间至关重要。教学活动的安排应避免过于密集，时间的预设需富有弹性，以便学生有足够的自由度去探索、思考和发现。

（4）教师所使用的探究器材需具备结构性，即这些器材能够帮助学生通过探究解决实际问题、验证事实并形成科学概念。这不仅有助于学生将理论知识与实际操作相结合，更能培养其解决实际问题的能力。

（5）对于学生课外的长期探究活动，教师应给予适当的指导和支持。例如，提供或协助学生设计观察记录表，指导学生如何有效记录观察现象、变化过程及产生的问题，从而培养学生的科学记录习惯和深度探究能力。

3. 创设探究条件

创设探究条件是指，教师精心选择活动器材，为学生开展活动提供物质支持，帮助学生赢得探究时空，获得探究发现。让学生在品尝成功喜悦的基础上，体验探究的乐趣，逐步形成乐于探究的精神。创设探究条件引发学生探究的要点如下：

（1）教师应根据教学目标选择结构性材料，这些材料需与探究的科学概念紧密相连，以便学生在操作这些器材的过程中，能够获取有效的探究结果。这不仅有助于实现教学目标，还能提升学生的实践操作能力。

（2）教师在选择活动器材时，应充分考虑学生的能力水平。青少年的探究能力尚处于发展阶段，因此教师应选择安全、简单且易于操作的器材，确保学生能够在教师的指导下顺利完成探究任务。

（3）为了激发学生的探究兴趣，教师应选择具有多样性和不同探究途径的活动器材。这有助于学生充分而深入地开展探究活动，并为他们的生成性探究创造有利条件。

（4）教师在选择活动器材时，还应结合学校和学生的实际情况。教师应充分利用身边的材料，帮助学生更好地理解科学概念，提高他们的学习效率。

（5）为了培养学生的环保意识，教师应尽可能利用废旧材料作为探究活动的器材。这不仅能降低教学成本，还能让学生认识到废物利用的重要性。

（6）教师需根据教学的实际情况对实验器材进行改进。在关注学生在活动中遇到的困难、实验效果和准确性的基础上，教师应及时对器材进行调整和优化，以提高实验效率，确保探究活动的顺利进行。

4. 加强反思环节

科学探究活动是一个始终伴随着理性思维的过程，因此探究活动之后的反思也是一种对探究过程中探究者的认识、行为、心理感受的理性思考。它能够有助于学生进一步理解探究的结果，从而形成更为深入的探究；能够有助于学生总结经验或教训，提高探究技能，形成正确的科学态度与科学精神；能够有助于学生深入体验探究成果带来的探究乐趣。加强反思环节的要点如下：

（1）教师应积极引导学生进行全面反思，使学生在反思中实现真正的进步。为此，教师必须高度重视活动小结与课堂总结的环节，通过组织学生对活动收获的总结，利用提问的方式，引导学生深入回顾整个探究过程。这一反思应涵盖对认知的改变、技能的习得、过程与方法的提升以及态度的转变等多个维度，确保学生能够从多个角度审视自己的学习成果。

（2）反思成败原因对于学生在反思中进一步探究具有重要意义。教师需以同等的重视程度，收集学生在活动中的成败案例，鼓励学生无论结果如何，都要认真记录探究过程和结果。在此基础上，教师应引导学生通过多次、多角度的比较，深入分析成败原因，形成新的认识。教师还可以引导学生运用探究得到的结论，进一步反思成败的根源，从而深化对问题的理解，提升探究能力。

（二）青少年求真精神及其教学策略

求真是科学研究的目的、出发点和归宿，也是科学研究中必须坚持的一种精神。怎样在教学中培养学生以事实为依据，勇于承认认识上的错误，乐于修正错误，不畏困难，孜孜以求的求真精神可以从榜样教育入手。

1. 以"榜样教育"培养求真精神

榜样教育是指教师结合教学内容,介绍科学家在探索发现相关知识的过程中,为追求自然界客观存在的真理,所发生的具体事例或认识历程。用榜样的力量教育学生,使之产生科学探究需要尊重事实,进而形成为追求真实而不怕挫折、勇于承认认识上的错误的求真精神。榜样教育的课堂实施要点如下:

(1)在课堂实施榜样教育时,教师应以教学内容为基础,巧妙融入相关元素。具体而言,可以设计一系列重现人类探究历史的活动,通过引入杰出科学家的典型事例和科学史中的重大事件,让学生在探究的过程中感受到科学求真的精神。这样的设计不仅能够丰富教学内容,还能有效提升学生的学习兴趣和参与度。

(2)榜样教育应避免简单的说教方式,而应注重深入地分析和讨论。教师应组织学生探讨历史事件中科学家的具体行为及其背后的原因,分析这些行为所产生的效应,以及如果不这样做可能会导致的后果。通过这样的分析,学生能够更加深入地理解求真精神的内涵和意义,从而产生深刻的感悟,形成自己的价值观或信念。

(3)榜样教育还应紧密结合学生的行为表现,适时进行教育引导。教师在课堂活动中应敏锐观察学生的表现,针对学生的实际情况,提供实践体验、讨论交流、思辨反思的机会。通过让学生在过程中亲身感悟求真对于科学探究的价值,引导他们将求真精神转化为具体的行为,从而逐渐养成良好的科学探究习惯和精神风貌。

2. 教学中增加青少年的亲力亲为

亲身经历探究过程是学生认识客观真理的有效途径。虽然青少年学习的是人类已经发现并且积累的科学知识,但是让学生亲身经历某些探究过程,可以促使学生体验探究的乐趣,产生积极的探究动机,像科学家那样不断地追求事实的真相,从而能动地获得对客观真理的认识。因此，培养学生的求真精神，教师要重视学生的亲身经历，尽可能为每一位学生提供参与探究活动的机会。让每位学生在动手、动脑、交流的探究过程中，感悟求真的内涵与意义，并逐步培养科学精神。增加青少年亲力亲为的要点如下：

（1）针对每一项需要学生亲自动手操作的探究活动，教师必须确保提供充足的器材和工具，从而确保每位学生都能充分参与，为他们的实践探究做好充分的物质准备。

（2）学生使用的器材应满足安全、简便且贴近生活实际的要求。尤其推荐利用日常生活中的废旧材料，这不仅能降低操作难度，使每位学生都能轻松参与，同时也对学生进行了一次生动的环保教育，引导他们珍惜资源、循环利用。

（3）针对不同的学生，教师应采取不同的指导策略。对于初次接触记录或尝试新记录形式的学生，教师应给予具体指导，甚至示范操作，以帮助学生建立正确的记录习惯。

（4）当学生选择以图画形式进行记录时，教师应明确记录的目的，并提醒学生此时的绘画要求不同于美术课，无需追求美观，只需真实反映观察到的现象即可。这样的指导有助于学生更加专注于实践探究本身，而非外在的表现形式。

3. 提升观察、实验、调查的准确性

求真就要做到客观，而客观的前提是准确。探究者只有力争探究过程的准确性和真实性，才能达到追求真实的科学探究的目的。寻求实证是获取客观事实的重要环节。寻求实证的方法主要有观察、实验和调查。教师要让学生清楚地认识到，准确的观察、实验和调查是获得结论的基础，错误的信息必将导致错误的解释与结论。增加观察、实验与调查准确性的要点如下：

（1）在探究活动中，增加观察、实验与调查的准确性至关重要。为此，教师需精心设计多种记录形式，逐步提升学生的观察要求。对于需要反复观察的活动，教师应设定不同的观察目标，避免简单

重复，以免学生失去兴趣，影响观察的准确性。同时，组织学生对观察结果进行交流和讨论，通过对照实物与记录、根据描述或图画猜测实物，促使学生发现问题并反复、仔细观察。

（2）鼓励学生对同一探究活动采用多种记录方式，从不同角度准确记录与表达探究结果，有助于提升记录的全面性和准确性。在实验环节，教师应引导学生关注实验数据的收集与分析，通过比较正确与不正确数据产生的后果，让学生认识到重复实验的必要性和准确数据对于结论的重要性。组织学生比较不同小组在同一实验中的观测数据，强调数据对实验结果表述的价值，从而促使学生更加重视数据的准确性。同时，教师需明确，不同小组的数据不必完全一致，只要反映的规律相符即可。

（三）青少年坚持精神及其教学策略

坚持是科学家执着敬业的崇高品格特征，也是青少年在探究活动中比较缺乏的一种科学精神。因此，应该培养学生在探究活动中始终保持探究的热情和勇气，专心致志，持之以恒，不畏艰难困苦，不怕失败，培育锲而不舍、百折不挠的坚持精神。

1. 注重探究的计划性和过程性管理

注重计划与过程性管理是指教师对学生的探究活动进行整体规划，并密切关注学生的探究进程，根据学生的情况，对计划作适当的变通，对学生给予适时的指导和恰当的帮助，鼓励并支持学生坚持进行探究，在探究中培养科学素养。注重计划与过程性管理的要点如下：

（1）在注重计划与过程性管理的过程中，应精心设计并组织学生的探究活动方案。这一方案需明确活动目标、探究内容以及具体的操作步骤，以确保探究活动的有序进行。学生的发现和收获离不开持续的观察和记录。在活动准备阶段，应要求学生准备好记录本，并明确观察、记录的内容和要求，引导他们设计合适的记录表，选择恰当的文字、图画或照片等方式进行记录。

（2）教师需要密切关注学生活动的进程，通过与学生交流、撰写观察日志等方式，记录他们的发现和遇到的困难，并进行整理与分析，以便为学生的持续探究提供有力的支持。此外，定期检查学生的观察记录也是必要的，对于记录困难或未完成记录的学生，应及时了解情况，并帮助督促他们坚持观察记录。

（3）根据探究进程的实际情况，教师应灵活调整方案。学生在对研究结果进行分析时可能会产生新的问题，或者需要更多的时间进行探究，教师应根据学生的实际情况，适当延长探究时间或调整探究内容，以确保探究活动的顺利进行。

2. 运用多样激励培养坚持精神

采用多样的激励形式是指教师从激发学生的学习动机着手，从教师、学习者、学习伙伴三个不同的角度，运用各种方式激励学生发动、定向、维持和调节行为，促使学生在探究活动中始终保持热情和勇气。

激发学习动机能够促使学生为取得成功不怕困难，努力付出，坚持到底。学习动机是激发个体进行学习活动，维持已引起的学习活动，并导致行为朝向一定学习目标的一种内在过程或内部心理状态。学习动机具有引发、定向、维持和调节行为的作用。一般来说，动机对学习具有促进作用。激发学习动机能使学生在活动中朝着具体的目标坚持付出，维持活动行为，并加强努力的程度，导致学习行为的改善。做好教师激励的要点如下：

（1）关注激励性活动的目标设置。这些目标应略高于学生的认知发展水平，以激发学生的挑战欲和求知欲。为确保学生能够逐步实现这些目标，教师应对其进行分解，逐步提高要求，使学生通过持续的努力逐渐接近并达到预定目标。

（2）以小组或班级为单位的游戏、成果展示和竞赛活动，是激发和维持学生积极性的有效手段。这些活动能够增强学生的团队意识和竞争意识，从而更加积极地投入到学习活动中。

（3）教师应关注所有学生的进步，而不仅是少数表现优异的学生。对于那些付出努力、克服困难坚持探究的学生，应加强表扬和激励，以扩大激励面，促进全体学生的共同发展。

（4）通过多角度介绍水平相当的学习者的成功事例，可以为学生提供榜样，激发他们的学习动力。这些成功事例应包含探究成果、记录、经验以及失败教训等，力求生动具体，使学生能够从中获得启示和鼓舞。

（5）教师应支持学生对失败的探究和再探究，让学生在挫折中发展探究能力，培养坚持等科学精神。组织学生回顾探究历程，总结遇到的困难及克服困难的做法，让学生体验坚持带来的成就感，从而进一步增强他们的学习信心和动力。

二、青少年科学精神培养的可行性

（一）优秀文化传统和社会历史基础

数千年的中国文明彰显出中华民族特有的文化思想和文明智慧，我国的历史有其独特的思想体系和文化价值，无论是优秀文明传统，还是逻辑思维方式，都有值得骄傲的民族文化血脉，需要人们一代代不断传承发扬。我国的优秀传统文化或多或少、或直接或间接地包含了许多科学文化和科学精神，其中道家和儒家文化体系尤其突出。天人合一的和谐精神强调人与自然的和谐相处，主张道德理性与自然规律的一致，倡导合理利用而不是破坏自然；强调各民族团结统一和独立自主精神，强调"海纳百川，有容乃大"的胸怀，其本质是一种理性精神，是科学的自然观。同时，传统文化中倡导的自强不息和积极进取精神，鼓励人们不屈不挠、勇于担当、讲究道义，"天行健，君子以自强不息"的奋斗精神和舍生取义的奉献精神，成为中华民族的普遍心理认同，长期积淀为勤劳智慧、奋发图强、坚韧不拔的民族精神。中国有着非常灿烂的优秀传统文化,这些优秀文化与当代先进文化合理结合运用,是当代中国树立科学精神独特的思想渊源。大力弘扬传统文化中这些优秀的品质和治学方法,可以培育青少年符合中国历史与现实且具有民族特色的科学精神风貌。

(二)教育规模和公民科学素养的新发展

改革开放以来,中国的教育规模和公民科学素养均取得了显著的新发展。教育规模的快速扩张不仅为文化教育和科学精神的培育提供了坚实基础,更为全民科技文化的提升创造了有利条件。在当下社会,教育规模的扩大已不再是单纯的数字增长,而是质量提升与内涵深化的综合体现。

教育规模的扩大,尤其是高等教育和职业教育的普及,为青少年提供了更多接受科学教育的机会,他们的科学文化素质因此得到全面提升。这种提升不仅体现在对基础科学知识的掌握上,更体现在对科学方法和科学精神的理解和运用上。同时,公民科学素养的提升也已成为社会进步的重要推动力。随着科学知识的普及和科学精神的深入人心,公民对科学知识的了解程度和掌握运用程度不断提高。这种提升不仅表现在个人层面,更在全社会范围内形成了一种崇尚科学、依赖科学的文化氛围。

此外,立体式科普网络体系的建立也为公民科学素养的提升提供了有力支撑。通过科普图书、场馆、网络以及协会等多种形式,科学知识得以广泛传播,科学精神得以深入人心。这种全覆盖式的科普活动,使得无论是城镇劳动者还是农民,其科学素养水平都得到了快速提升。

(三)科技发展战略和社会愿景成为强大推力

科学技术作为衡量国家综合实力的核心要素,其在推动社会进步和民族发展中的作用日益凸显。改革开放以来，我国将科学技术视为经济社会发展的根本动力，并对科技发展指导思想和科技政策体制进行了深刻的调整与革新。在这一过程中，尊重知识和人才、科技与经济相结合、发展高技术、学习世界先进科技等思想，逐渐凝聚成为全社会的共同愿景。这些愿景不仅体现了国家对科技发展的高度重视，也反映了人民群众对科技进步的殷切期盼。它们共同构成了我国科技发展的强大精神动力，推动着科技创新不断向前发展。

同时，中国近现代史也是一部中华民族传统思想去粗存精、科学理性精神逐渐生根发芽的历史。在这一过程中，各阶段的科技发展战略和全社会的共同愿景发挥了至关重要的作用。它们不仅为科技发展提供了明确的方向和目标，更为培育科学精神提供了强大的推动力。

在这种推动力的作用下，我国科技事业取得了长足进步。通过全面实施"科教兴国"战略、"人才强国"战略等重大发展战略，我国正在努力构建创新型国家。这一过程中，科技发展战略和社会愿景的紧密结合，为科技创新提供了源源不断的动力，也为实现中华民族伟大复兴的中国梦奠定了坚实基础。

三、青少年科学精神培养的路径与多元化发展

（一）青少年科学精神培养的路径

1. 培育青少年科学精神的个体意义

（1）科学精神是青少年创新的内在动力。在培育青少年的过程中，高尚的科学品质和良好的科学精神不仅标志着他们创新意识的形成，更是他们未来成为国家建设者和社会主义发展储备力量的关键所在。

科学精神作为一种高尚的品质，它包含着求真务实、开拓创新的核心内涵。对于青少年而言，科学精神的培养不仅有助于他们摆

脱老旧思想观念的束缚，更能让他们摆脱对学术权威的盲目追随，从而以更加开放和包容的心态面对科学探索。当青少年树立起良好的科学精神，他们将能够勇于实践，敢于挑战陈旧思想理论，用科学的眼光审视新情况，用大胆想象去探索科研之路上的新事物。

在创新能力的发展过程中，科学精神发挥着至关重要的作用。它不仅是一种外在的推动力，更是一种内在的思想驱动力，能够激发青少年的主观能动性。这种内在动力使得青少年能够自主地热爱科学、崇尚真理，对各种新鲜事物保持积极的尝试态度。这种内在主动意识不仅将推动青少年沿着科学创新的道路不断前进，更将作为一种习惯，贯穿于他们的整个学习和研究过程中。因此，培育青少年的科学精神，不仅有助于提升他们的创新能力，更有助于他们形成正确的世界观和价值观。在未来的学习和工作中，他们将以更加开放的心态、更加严谨的态度和更加创新的思维去面对各种挑战和机遇，为国家的科技进步和社会发展贡献自己的力量。

（2）实现文理结合，提高青少年综合素质。

第一，科学精神是促进科学态度、科学习惯养成的精神之气。科学精神作为一种深邃而崇高的理念，是促进科学态度、科学习惯养成的精神之气。它不仅是科研活动的内在动力，更是推动科学发展的精神源泉。科学精神具备强大的感召力，能够引领人们从传统视域中解放出来，走向发展的新境界。它促使人们摒弃传统的态度与习惯，转而用科学的思维去考虑问题，用科学的眼光去审视问题。这种转变不仅体现在科研团队的凝聚力上，更体现在个体对于真理追求的坚定信念和坚强意志上。

科学精神能够培养人们独立思考的习惯，激发敢于怀疑权威、勇于批判、开拓创新的探索斗争精神。它鼓励人们不满足于现有知识，而是积极寻求新的发现，勇于实践，不断推动科学的进步。这种精神不仅在科学活动中发挥着重要作用，更可以渗透到各个领域，激发人们的创造力和探索精神。

科学精神不仅是科学态度的基石，更是科学习惯养成的关键。通过培育科学精神，可以促进科学态度的形成，推动科学习惯的养成，为科学的永不止步增添动力。在当今社会，人们应该更加重视科学精神的培育和传播，让其在各个领域发挥更大的作用，推动人类文明的进步和发展。

第二，科学精神的培育能帮助青少年树立正确的人生观、价值观。将科学精神的培育与青少年的全面发展紧密相连，是塑造其正确人生观、价值观的重要途径。科学精神的核心在于求真求实，这一精神特质不仅引领科学研究的方向，更是推动青少年人格完善和价值观提升的关键力量。

科学精神的培育有助于青少年形成坚韧不拔的品格，使他们在面对困难和挑战时能够保持冷静和坚定。同时，科学精神还能提升青少年的价值观，使他们更加注重客观事实、尊重科学规律，摒弃盲从和迷信。当青少年能够以科学的态度和方法规划自身发展，努力求实创新、与时俱进、全面发展时，他们将成为满足现代社会需求的优秀之才。在当今社会，独立思考和自主创新的能力尤为重要，而科学精神的培育正是培养这些能力的有效途径。

青少年在走上社会之前，通过科学精神的培育，能够养成独立自主的品质，这对于他们未来的职业发展和社会责任担当具有重要意义。当青少年踏上工作岗位后，他们能够以更加成熟和全面的视角看待问题，实现个人与社会、与国家的有效融合，成为社会的栋梁之才。

2. 培育青少年科学精神的社会意义

（1）提供优秀人才。青少年作为未来社会的核心力量，其素质与能力对社会的持续发展具有举足轻重的影响。优秀的人才，不仅仅是技能与知识的载体，更是科学精神与文化素养的集大成者。在青少年的成长过程中，科学精神的培育显得尤为关键。科学精神包含了求真务实、开拓创新、理性怀疑和敢于批判等多个维度，是引导青少年走向正确人生道路的重要指引。通过深入培养青少年的科学精神，教师能够激发他们的学习热情，帮助他们树立正确的世界观、人生观和价值观，使他们在科学的道路上勇往直前，为社会的科技进步与创新贡献自己的力量。这种科学精神的熏陶，不仅有助于青少年发挥自身的优势和特长，更能培养他们强烈的责任感和敬业精神。在面对未来的职业生涯时，他们能够以坚定的信念和追求，为国家的发展贡献自己的智慧和力量。

（2）提升社会创新能力。社会创新能力作为国家竞争力的核心要素，对于推动社会经济进步与应对风险挑战具有至关重要的作用。这一能力的增强，离不开科学精神中创新精神的深度滋养。创新精神作为科学精神的根本特征，不仅促使个体从客观现实出发，寻求发展的真理，实现主观认识与客观现实的统一，更是推动社会不断革新、不断进步的重要引擎。

社会创新能力的提升，依赖于创新性人才的不断涌现。而这些人才的培养，离不开科学精神的熏陶和科学素养的普遍提高。科学精神以其独特的魅力，能够激发人们的创造欲望，引导他们自发地去探索、去创新，从而产生新的成果，推动社会的进步。

科学技术的迅猛发展，为社会创新能力的提升提供了有力支撑。然而，这一支撑作用的发挥，离不开科学精神的引领和推动。青少年作为未来社会创新的主力军，他们科学素养的高低、科学精神的强弱，直接关系到社会创新能力的可持续发展。因此，提升青少年的科学素养，培养他们的科学精神，对于推动社会创新能力的提升具有深远的意义。

（3）推动创新型国家建设。推动创新型国家建设，是国家发展的核心战略，而实现这一战略的关键在于培养具备科学精神的优秀人才。在当前我国人口众多、资源相对紧缺的背景下，提升全民的创新能力尤为重要。青少年作为国家的未来和希望，他们的科学精神培育对于推动创新型国家建设具有举足轻重的作用。

科学精神不仅是创新能力的源泉，更是引领青少年走向科学殿堂的明灯。在现代社会，知识的获取与信息的传递日益便捷，仅掌握科学知识是远远不够的。没有科学精神的支撑，青少年的内心可能会感到空虚，甚至产生精神上的困惑。因此，人们必须重视科学精神的培育，让青少年在掌握科学知识的同时，领悟科学精神的深刻内涵。

青少年是科研事业发展的生力军，他们的科学精神将直接影响到国家的创新能力。通过培育科学精神，可以为青少年提供强大的精神动力，激发他们的创新潜能，培养出既具备丰富知识又具有创造力的全面型人才。这些人才将成为推动创新型国家建设的重要力量，为我国在国际竞争中取得优势地位提供有力支撑。

3. 培育青少年科学精神的校内外融合路径

（1）深化实践活动的多样性。

第一，青少年科技活动节。青少年科技活动节作为校园内一项富有创新性的教育活动，旨在利用学校内外的丰富资源，为青少年提供一个广泛涉猎前沿学科、拓宽知识视野的平台。此类活动节不仅有助于增长青少年的见识，更能通过实践的方式，培养他们的综合能力，并检验他们对科学道德和科学精神的理解和把握。

以学年或学期为周期定时举行的科技活动节，为学校提供了持续、系统地推进科学精神教育的机会。为确保活动的高效开展，学校应当从领导层面给予足够重视，并由专业教师团队精心策划和组织。只有得到管理者的有力支持，此类活动才能在学生群体中引起广泛关注，并激发他们的积极参与。同时，学校的资金支持也至关重要，它为活动的顺利进行提供了必要的物质保障。

在科技活动节期间，可以邀请相关领域的专家学者来校举办讲座，分享他们的科研成果和学术心得。这不仅能够为青少年带来前沿的科普知识，更能引导他们反思自身在学习研究中的不足，帮助他们树立正确的科研态度和价值观。此外，通过创办"科技走廊"，展出最新的科学知识和成果,以及组织科学兴趣小组等活动,可以进一步激发青少年的科学兴趣,培养他们的实践能力和创新精神。

第二,各类科技竞赛。在教学计划之外,有效利用青少年的课余时间,设立专项科研项目,并引导他们参与数学建模、应用型设计等多元化的科技竞赛活动,已成为培养青少年创新意识和创新能力的重要途径。这种模式的实施,不仅得到了校园内科技教师和学生的广泛支持,更在全校范围内形成了一股崇尚创新、追求科技的风尚。

对于各类科技竞赛活动,如青少年机器人大赛、"挑战杯"科技竞赛、数学建模大赛以及实用型设计竞赛等,应给予充分的重视和支持。这些竞赛不仅为学生提供了展示自我、锻炼能力的平台,更是培养他们科学精神和实践能力的有效途径。通过参与这些竞赛,学生们能够更深入地理解科学精神,学会运用科学知识解决实际问题,体验到科学的实用性和其在日常生活中的重要作用。

此外,学校还应积极推动由师生共同发起的创新思维研究项目,这类项目既能够培养学生的创新思维和实践能力,又能促进教师与学生之间的学术交流与合作。通过多渠道、多方式地鼓励青少年参与课外科技创新竞赛和学术作品竞赛等活动,可以进一步激发他们的创新热情,培养他们的求真务实、开拓创新、敢于质疑、勇于批判的科学精神。

第三,青少年实验、实习。在青少年的教育培养中,强化科学实践,特别是实验与实习活动,对于深化科学精神的培育具有举足轻重的作用。这不仅是基于现有学校教学条件的优化利用,更是对青少年科学精神培养方式的有效探索。

现代科学发展的基石在于实验与探索,因此引导青少年进入实验室,参与实验教学,成为培育其科学精神的重要途径。实验教学不仅有助于青少年掌握科学知识,更在潜移默化中培养他们的求实精神。求真务实,是科学精神的核心,也是科研活动的最高准则。

在每一次的实验操作中，青少年都在体验着科学研究的严谨性，学习如何以客观事实为依据，以实证精神为指引，探索自然界的奥秘。

实验教学还是培养青少年团队协作精神的重要平台。在现代科学研究中，多学科交叉、团队协作已成为常态。通过实验教学，青少年可以在实践中学习如何与他人合作，如何分工协作，如何共同解决问题。这种团队协作精神的培养，不仅有助于他们在科研活动中取得更好的成果，更能在未来的生活和工作中发挥积极作用。

除了实验教学，学校还可以组织青少年参与科研实习，让他们深入基层或工矿企业，以服务的形式参与各种研究和创新活动。这样的实习经历，不仅能让青少年亲身体验科学技术的应用价值，更能让他们在实践中锻炼自己的思维能力，培养独立思考和解决问题的能力。通过与企业的合作，青少年还能更深入地了解科技在社会发展中的重要地位，从而激发他们对科研的兴趣和热情。

学校还可以举办技术研讨会等活动，为青少年提供一个交流和学习的平台。在这些活动中，青少年可以接触到更多的科学知识和科研成果，了解科学精神的内涵和价值。通过参与讨论和交流，他们的科学精神意识将得到进一步加深和巩固。

引导青少年参与社会调查和社会实践活动，也是培养其科学精神的有效途径。通过这些活动，青少年可以更深入地了解科学与社会的联系，形成对科学的正确态度和科学的价值观。这不仅有助于他们更好地认识和理解科学精神，更能为他们的未来发展奠定坚实的基础。

（2）融入校园文化建设。校园文化作为一所学校独特的精神标识，对于青少年科学知识水平的提升和科研品德的塑造具有深远的影响。净化校园环境，营造尊重科学、崇尚科学的氛围，是培育青少年科学精神的重要一环。当校园里弥漫着浓厚的科学气息，这种氛围会潜移默化地影响每一个青少年的思维方式和行为习惯，促使他们更加积极地投身科学探索和创新实践。

学校作为科学知识和精神传承的重要基地，拥有得天独厚的资源优势。依托这些优势，大力开展科技知识宣传活动，不仅可以丰富校园文化内涵，还能有效促进青少年科学精神的培育。科研专家、学术骨干以及广大教师的积极参与，为科学知识的传播和科学精神的弘扬提供了有力保障。同时，学校还具备从事科研的基本条件，能够为青少年提供丰富的科学实践机会，让他们在亲身参与中感受科学的魅力，培养求真务实的科学态度。

　　为了进一步推动科学精神和科技伦理道德的教育，设立科学道德研究中心并建设内容丰富的网络平台显得尤为重要。通过这一平台，可以汇聚各方智慧和力量，开展科学道德专题的讨论和研究，为青少年提供丰富的学习资源。同时，网络平台的开放性和互动性也使其成为交流思想、碰撞观点的重要场所。教师和学生可以在平台上自由发表观点，探讨不同学科和领域里存在的问题，共同推动科学精神的深入理解和广泛传播。

　　（3）渗透大众传播媒介。在科学精神培育的征途上，单一的培养途径和方法往往难以独当一面，难以全面而有效地达成既定目标。因此，需要寻找更为多元化、综合化的培育手段，其中，在大众传播媒介中渗透科学精神便是一种极为有效且潜移默化的方法。通过多维度的结合，能够实现对青少年科学精神培育的全方位覆盖，促进他们全面而深入地理解和接纳科学精神。

　　大众传播媒介以其传播速度快、范围广、形式多样化、直接性等鲜明特征，成为科学精神培育的重要载体。大众传播媒介的深度利用，使得学校能够将其作为传播手段的首选方式，进行广泛而深层次的宣扬科学精神的核心构建。通过开展科学历史教育、评述科学社会建设等相关科学活动，大众传播媒介不仅促进了青少年对科学知识的学习与理解，而且也在无形中帮助他们树立了科学精神培育与教育的理念。现代媒体以其丰富的科学教育资源，普及科学知识，传播科学文化，大力弘扬科学精神，为青少年提供了一个充满科学氛围的学习环境。

在校园内,同样可以充分利用大众传播媒介的力量。通过建设校园网络,教师可以在网站和网页中渗透对科学精神的宣传和弘扬,使青少年在日常生活中随处可见科学精神的相关内容,从而更好地认识和理解它。这种潜移默化的影响,将对青少年的科学精神培育产生深远而持久的影响。

此外,还应充分发挥传播媒介的特点,对科学精神的教育形成全方位关注和重视。无论是报纸、杂志、电视还是网络,都应该将其作为科学精神培育的重要阵地,通过多样化的形式和内容,引导青少年积极关注科学、热爱科学、崇尚科学。

(二)青少年科学精神培养的多元化发展

1. 多元化发展对青少年科学精神培养的意义

"青少年是国家的未来和希望,让青少年心怀科学梦想、树立创新志向,对我国未来科技发展意义重大。"[①] 多元化发展对青少年科学精神培养的意义深远而重大。在全球化与信息化交织的时代背景下,青少年面临的知识体系和价值观念日趋复杂,传统的单一化教育模式已难以满足其全面发展的需求。因此,推动多元化发展,对于培养青少年的科学精神具有不可或缺的作用。

(1)多元化发展有助于拓宽青少年的科学视野。通过接触不同领域、不同学科的知识,青少年能够更全面地了解科学的本质和魅力,从而激发他们对科学探索的热情和兴趣。这种跨学科的学习体验,有助于培养青少年的综合素质和创新能力,为他们未来的职业发展和社会参与奠定坚实基础。

(2)多元化发展有助于提升青少年的科学素养。科学素养不仅包括科学知识的积累,更包括对科学方法的掌握和科学态度的培养。

---

① 肖松. 培养孩子科学精神 家长需有意识引导[J]. 家长, 2023(7): 6.

通过参与多元化的科学实践活动,青少年能够学会如何运用科学方法解决问题,如何保持开放、客观、理性的科学态度。这种实践性的学习经验,有助于青少年将科学精神内化于心、外化于行,成为他们日常生活中的自觉行为。

(3)多元化发展有助于促进青少年的全面发展。科学精神的培养与青少年的道德、情感、审美等方面的发展紧密相连。通过多元化的教育方式和途径,可以引导青少年在追求科学真理的同时,关注人文关怀和社会责任,实现个人价值与社会价值的统一。这种全面发展的教育理念,有助于培养具有社会责任感和创新精神的青少年,为社会进步和国家发展贡献智慧和力量。

2. 多元化发展下的青少年科学精神培养策略

(1)家庭教育策略。多元化发展下,家庭教育在青少年科学精神培养中扮演着至关重要的角色。为了有效促进青少年科学精神的形成和发展,家长应制定并实施一系列科学而系统的家庭教育策略。

第一,家长应树立正确的科学教育观念。这意味着家长应深刻认识到科学精神对孩子未来发展的重要性,并积极引导和支持孩子探索科学知识。他们应该成为孩子科学学习的启蒙者和引路人,通过日常生活中的点滴细节,激发孩子对科学的兴趣和好奇心。

第二,家长应努力营造良好的家庭科学氛围。这包括为孩子提供丰富的科学读物、科普节目等资源,以及鼓励孩子参与科学实践活动,如家庭小实验、科学制作等。通过这些活动,孩子可以在实践中体验科学的乐趣,加深对科学知识的理解。

第三,家长还应注重培养孩子的科学思维能力和创新精神。在日常生活中,家长可以引导孩子学会观察、思考、分析问题,鼓励他们提出自己的见解和解决方案。同时,家长还应支持孩子尝试新的想法和方法,鼓励他们勇于探索和创新。

第四,家长应关注孩子的情感需求和心理健康。在培养科学精神的过程中,家长应给予孩子足够的关爱和支持,帮助他们建立自信、克服挫折。同时，家长还应引导孩子正确处理科学探索与学业成绩之间的关系，避免过度追求成绩而忽视科学精神的培养。

（2）学校教育策略。在多元化发展的时代背景下，学校教育策略对于青少年科学精神的培养显得尤为重要。科学精神的培养不仅是学校教育的核心目标之一，更是推动青少年全面发展的关键环节。

第一，学校应构建以科学精神为核心的教育体系。这包括优化课程设置，将科学教育贯穿于各个学科之中，确保青少年在学习过程中能够全面接触和了解科学知识。学校还应加强科学实验教学，通过实验操作和观察，让青少年亲身感受科学的魅力和乐趣，培养他们的实践能力和科学思维。

第二，学校应丰富科学教育的内容和形式。除了传统的课堂教学外，学校可以开展科技竞赛、科学讲座、科普展览等丰富多彩的活动，为青少年提供更多的科学学习机会。这些活动不仅能够激发青少年的科学兴趣，还能够培养他们的团队合作精神和创新能力。

第三，学校应加强科学教师的培养和引进。优秀的科学教师是推动青少年科学精神培养的关键力量。学校应加大对科学教师的培训力度，提高他们的科学素养和教育能力，使他们能够更好地引导青少年探索科学世界。学校还应积极引进具有丰富科学教育经验的教师，为青少年提供更优质的科学教育资源。

第四，学校应加强与家庭和社会的合作。家庭和社会是青少年科学精神培养的重要补充。学校应加强与家庭的沟通与合作，共同关注青少年的科学学习进展，为他们提供必要的支持和帮助。学校还应积极与社会各界合作，利用社会资源为青少年提供更多的科学实践机会和学习资源。

（3）社会环境创设策略。

第一，学校应构建全面而系统的科学教育课程体系，不仅涵盖基础科学知识，更应注重科学思维、科学方法的培养，让青少年在掌握科学知识的同时，学会独立思考和解决问题的能力。

第二，学校应积极开展多样化的科学实践活动。通过组织科学实验、科技竞赛、科学考察等活动，让青少年亲身参与科学探索，体验科学研究的乐趣，从而激发他们的科学兴趣和热情。同时，这些活动也有助于培养青少年的团队合作精神和创新能力。

第三，学校应加强科学教育师资队伍建设。通过定期的培训和学习，提升教师的科学素养和教育能力，使他们能够更好地传授科学知识和科学方法，引导青少年形成正确的科学观念和价值观。

第四，学校应营造浓厚的科学文化氛围。通过举办科学讲座、科技展览、科普活动等，让青少年在耳濡目染中感受科学的魅力，增强对科学的认同感和归属感。同时，学校还应加强与家庭、社会的联系，形成合力，共同推动青少年科学精神的培养。

第三节 青少年劳动精神的培育及路径探索

一、青少年劳动精神及意义

（一）青少年劳动精神的相关概念

1. 劳动精神

劳动精神作为人类社会发展的核心驱动力之一，其重要性不言而喻。它不仅是个人对待劳动的态度与理念的集中体现，更是推动社会进步和文明发展的重要精神力量。劳动精神涵盖了正确的劳动观、强烈的劳动情感以及甘于奉献的劳动意志与品格，这些要素在实践中转化为勤奋诚实的劳动行为和习惯，共同构成了劳动精神的核心内涵。

劳动精神不仅要体现在思想认识上，更要付诸实践。这种精神不仅是一种抽象的概念或价值观，更是一种具体可感的行动准则和行为规范。通过勤奋劳动、诚实劳动，人们不仅能够创造物质财富，更能够塑造自己的精神风貌，实现个人价值与社会价值的统一。

劳动精神、工匠精神和劳模精神是三个层次递进的精神境界。劳动精神是每个人成为合格劳动者所必备的基础；工匠精神则是对劳动精神的升华，它要求劳动者在追求精湛技艺的同时，更要注重品质与创新；而劳模精神则是劳动精神的最高体现，它代表着那些在劳动中做出杰出贡献、成为他人楷模的先进典型。

2. 青少年劳动精神

青少年劳动精神作为青少年教育的核心组成部分，其内涵与意义远超于一般意义上的劳动精神。这一特定人群对待劳动的积极价值取向和情感意志，不仅关系到他们个人的成长与发展，更是国家和社会未来发展的重要基石。

从心智和身体机能的发展阶段来看，青少年正处于身心迅速成长的关键时期。虽然相较于成熟的劳动者，他们在某些方面尚显稚嫩，但青少年拥有更为敏锐的新事物接受能力和创新创造的潜力。这使得他们在对待劳动的态度和理念上，能够展现出更为开放和前瞻的特质。与此同时，青少年的主要任务是通过学习来拓宽视野、增加知识储备，为未来的劳动生涯奠定坚实的基础。

青少年劳动精神的培养，重在塑造其科学的劳动观、强烈的劳动情感和意志，以及勤俭、奋斗、创新、奉献的劳动行为与习惯。科学的劳动观是劳动精神的基础，它要求青少年能够正确理解劳动的内涵和价值，认识到劳动不仅是创造物质财富的手段，更是实现自我价值、推动社会进步的重要途径。强烈的劳动情感和意志则是劳动精神的动力源泉，它激励青少年热爱劳动、崇尚劳动，将劳动作为一种精神追求和生活方式。勤俭、奋斗、创新、奉献的劳动行为与习惯，则是青少年劳动精神在实践中的具体体现，它们共同构成了青少年劳动精神的完整内涵。

在培育青少年劳动精神的过程中，劳动教育发挥着至关重要的作用。劳动教育不仅是教授劳动技能的过程，更是一个全面育人的过程。它涉及劳动观念、劳动品德、劳动技能等多个方面的培育，旨在帮助青少年树立正确的劳动观念，养成良好的劳动习惯，提升他们的综合素质和能力水平。同时，劳动教育也是德育、智育、体育、美育的有机组成部分，它们相互交织、相互促进，共同构成了促进人的全面发展的现代化人才培养体系。

青少年劳动精神的培育并非一蹴而就的过程。它需要在家庭、学校、社会等多个层面进行协同推进。家庭是青少年成长的摇篮，家长应该通过日常生活中的点滴细节，引导孩子树立正确的劳动观念和价值观。学校是青少年接受系统教育的主要场所，应该通过课程设置、实践活动等多种方式，加强对青少年劳动精神的培养。社会则是青少年实践劳动精神的重要舞台，应该通过提供丰富的劳动实践机会和平台，让青少年在实践中体验劳动的快乐和价值。

此外，青少年劳动精神的培育还需要注重方法创新和手段更新。主体性教育等方法在培养青少年劳动精神方面具有独特的优势，应该得到更多的关注和应用。同时，随着信息技术的快速发展，也可以利用互联网、大数据等现代科技手段，为青少年劳动精神的培育提供更为便捷和高效的支持。

（二）青少年劳动精神培育的意义

"劳动精神的培育是能动地认知、理解、解读劳动的人性意义的过程，本质上是对人性（属人性）的深刻诠释。"[①]

[①] 何云峰，李晓霞. 在青少年学生中有效培育劳动精神的路径探赜 [J]. 中国青年社会科学，2023，42（4）：48.

1. 有助于青少年的全面发展

在当前我国社会主义教育的体系中，德、智、体、美、劳五育并举的战略布局，不仅凸显了教育的全面性和系统性，更为培养全面发展的社会主义建设者和接班人奠定了坚实基础。其中，劳动精神的培育，对于促进青少年全面发展的作用尤为显著。

劳动精神的培育在青少年健全人格的形成过程中发挥着不可替代的作用。健全人格是个体在气质、性格、能力和价值观等多方面的和谐统一。通过劳动精神的培育，青少年能够在实践中体验劳动的艰辛与快乐，理解劳动的价值与意义，从而培养起对劳动的热爱和尊重。这种情感的熏陶和磨砺，有助于青少年形成积极向上、勤奋进取的人生态度，进而促进他们体力和智力的协调并进，实现个人能力的全面发展。

劳动精神的培育还能够帮助青少年磨炼坚强意志、树立伟大理想。在劳动过程中，青少年需要克服各种困难和挑战，这种经历能够锻炼他们的意志品质和毅力。同时，劳动精神的培育还能够激发青少年的创新精神和探索欲望，使他们能够在实践中不断探索新知、追求进步。这种对劳动的理性认知和态度的升华，能够使劳动成为提升青少年自我综合素质的动力源泉，为他们的未来发展奠定坚实的基础。

2. 有助于中华民族素质的提升

（1）劳动是人类的本质活动，是实现个体自我价值和社会共同进步的基石。通过劳动，人们不仅实现了物质生活的改善，更重要的是增强了自尊、自信和自主能力。劳动精神的弘扬能够激发中华民族的创造力和创新能力，推动科技进步和社会发展，从而提升整体素质。

（2）建设创新型国家和现代化经济体系需要劳动力量的支撑和创造性的劳动。劳动精神的培育不仅在技术和技能方面提高了中华民族的素质水平，更重要的是培养了人们的创新意识和解决问题的能力。这种创新型的劳动方式和思维方式可以推动整个国家的科技创新和产业升级，促进经济持续健康发展。

（3）青少年作为国家的未来和希望，其劳动素质的提升对中华民族的未来发展至关重要。劳动精神的培育不仅可以帮助青少年掌握扎实的劳动技能，更重要的是塑造他们良好的职业道德和责任感。这样的劳动精神培育将有助于青少年成为有担当、有责任、有创新精神的建设者和接班人，为中华民族的未来发展注入新的活力和动力。

3. 有助于社会主义核心价值观的培育与发展

（1）劳动是社会主义核心价值观中的重要组成部分，体现了劳动的尊严和价值。通过弘扬劳动精神，可以引导青少年树立正确的劳动观，认识到劳动是实现个人自我价值和社会共同进步的重要途径。这有助于培育青少年的社会责任感和集体意识，促进社会主义核心价值观的内涵向更加丰富和全面的方向发展。

（2）劳动精神培育可以促进青少年形成积极向上的人生观和价值观。通过参与劳动，青少年能够体验到劳动的喜悦和成就感，认识到劳动是实现个人价值和贡献社会的重要途径。这有助于他们形成珍惜劳动、尊重劳动者的良好品德，树立正确的人生目标和价值取向，从而推动社会主义核心价值观的培育和发展。

（3）劳动精神培育可以促进青少年形成创新精神和实践能力。在劳动实践中，青少年将面对各种问题和挑战，需要运用自己的智慧和创造力进行解决。通过这样的实践，他们将培养起解决问题的能力和创新意识，从而为社会主义核心价值观的创新和发展提供了有力支持。

二、青少年劳动精神培育的基本原则

（一）坚持主体性原则

坚持主体性原则在青少年劳动精神培育中具有重要意义。这一原则强调了青少年个体的独立性和自主性，体现了对青少年发展规律的尊重和理解。

第一，主体性原则要求教育者深入了解青少年的心理特点和认知需求，根据其年龄、性别、身体状况等特征，科学合理地设计劳动实践内容和方式。通过精心设计的劳动实践活动，可以激发青少年的学习兴趣，增强他们的学习动力，培养他们的动手能力和解决问题的能力。

第二，主体性原则要求将青少年置于教育活动的核心地位，以满足他们的发展需要和个性化需求为出发点和落脚点。在劳动实践中，教育者应该尊重青少年的选择权和参与权，鼓励他们根据自身兴趣和特长选择适合的劳动项目，并提供必要的指导和支持。这样做不仅可以增强青少年的主动性和参与性，还可以促进他们的全面发展和自我实现。

第三，主体性原则还要求关注青少年的身心健康和全面发展。在进行劳动实践时，应该充分考虑到青少年的身体素质和心理承受能力，避免过度劳累和精神压力过大。注重培养青少年的团队合作精神和社会责任感，还可以帮助他们树立正确的价值观和人生观，成为具有社会责任感和创造力的青年。

（二）坚持价值性原则

坚持价值性原则在青少年劳动精神培育中具有重要意义。价值性原则强调了劳动教育的价值本质和价值目标，以培育学生尊重劳动、热爱劳动、创造劳动的价值观为核心，旨在引导青少年形成积极向上的劳动态度和行为习惯。

第一，价值性原则要求劳动教育者深入挖掘劳动的内在价值，注重传承和弘扬劳动的光荣传统，以激发青少年对劳动的热情和信心。通过让青少年了解劳动的重要性和意义，以及劳动对个人和社会发展的贡献，可以增强他们对劳动的尊重和感恩之情，培养他们勤劳、勇敢、坚韧的品质。

第二，价值性原则要求劳动教育注重价值观念和道德品质的培育，着力塑造青少年的思想品德和行为习惯。劳动教育应该引导青少年树立正确的世界观、人生观和价值观，使其树立马克思主义劳动观，自觉践行社会主义核心价值观。通过将社会主义核心价值观融入劳动教育中，可以使青少年树立正确的世界观和人生观，增强他们的社会责任感和使命感，培养他们积极进取、勇于创新的精神。

第三，价值性原则要求劳动教育将理论教育与实践教育相结合，使之相辅相成，相互促进。不仅要注重青少年劳动观念上的教育启发，还要引导他们将理论知识运用于实践中，通过亲身参与劳动实践，增强他们的动手能力和实践能力，培养他们勤俭节约、勇于创新的品质。只有理论联系实际，才能真正使青少年的劳动精神得到深化和升华，进而推动社会主义核心价值观的培育和发展。

（三）坚持创新性原则

在当今社会背景下，青少年成长环境发生了显著变化，这对劳动教育的实施提出了新的挑战和要求。为适应这一变化，劳动精神培育必须坚持创新性原则，以更加有效地引导青少年培养正确的劳动观念和积极的劳动态度。

第一，创新性原则要求深刻把握青少年的成长规律，充分了解他们的思想行为特点。青少年作为社会的新生力量，具有思想活跃、求知欲强、好奇心旺盛等特点。因此，劳动教育应当针对这些特点，采取更加灵活多样的教学方法和手段，激发他们的学习兴趣，引导他们积极参与劳动实践，从而增强他们的劳动意识和劳动能力。

第二，创新性原则要求在继承传统的基础上开拓创新，实现劳动教育的更新和提升。青少年劳动精神培育不能仅停留在传统的劳动观念和方式上，还需要积极探索适应劳动教育模式和方法。这包括利用现代技术手段，如互联网、虚拟现实等，拓展劳动教育的内容和形式，使之更加生动、实用和富有吸引力。

第三，创新性原则要求各方共同努力，形成多元化的劳动教育体系。劳动教育不仅仅是学校的责任，也需要社会、家庭等各方的共同参与和支持。各方应当加强合作，共同推进劳动教育事业，为青少年提供更加丰富、全面的成长环境和学习资源，促进其全面发展。

三、青少年劳动精神培育的路径

（一）加强青少年劳动精神培育的自我支持

1. 加强自主学习

（1）青少年需要树立正确科学的劳动观和主动学习知识的意识。这包括深入学习劳动相关的知识与理论，如劳动的本质、内涵、特征和价值等，逐步树立马克思主义劳动观，深刻认识劳动在人类社会发展中的重要意义。同时，了解与劳动相关的法律法规也是必要的，以便为将来顺利进入社会职场，保障个人合法权益免受侵害做好准备。

（2）在主动学习榜样上下功夫也是十分重要的。无论是大国工匠、劳动模范，还是身边的朋友、父母和教师，都能成为青少年的劳动榜样。通过观察榜样们的劳动行为和习惯，青少年可以学习榜样的劳动态度，认真对待每一项劳动和实践，包括完成作业和考试等脑力劳动以及卫生值日等体力劳动，学会平衡脑力和体力劳动的关系。

（3）青少年要在自我劳动认知和反思的过程中不断强化劳动意识。通过日积月累的实践，将科学的劳动观固化为个人价值观，使正确科学的劳动观真正内化于心。这需要青少年不断反思自己的劳动行为和态度，及时纠正不足，不断完善自己的劳动意识，从而在成长过程中逐渐形成积极向上的劳动态度和价值观。

2. 加强实践体验

（1）青少年应该珍惜并自觉参与社会、学校和家庭提供的一切劳动和实践的机会。通过参与劳动锻炼，他们可以从点滴小事做起，充分感受到劳动带来的乐趣和成就感。在学校安排的社会实践课程期间和课余时间，青少年应该积极参加各类劳动活动，通过亲身实践来丰富自己的社会经验和人生阅历。

（2）青少年在劳动和实践的过程中应该有意识地加强自身的劳动技能。这包括掌握简单的卫生打扫整理技能，了解垃圾分类、家庭采购以及志愿服务等综合性劳动技能。通过不断地实践和学习，青少年可以提高自己的实际操作能力，培养自己的动手能力和解决问题的能力，为将来的生活和工作打下坚实的基础。

（3）青少年应该主动参与各类实践劳动，培养良好的劳动习惯。在不断拓展自身劳动技能的基础上，他们应该养成认真对待自己的事情和任务的习惯，培养"自己的事情自己做"的劳动自觉。通过持之以恒的劳动实践，青少年可以逐渐培养自己的责任心、自律性和团队合作精神，提高自己的综合素质和竞争力。

3. 加强意志磨炼

加强意志磨炼对于青少年的成长和发展至关重要。劳动品质作为劳动者应该具备的重要品质，包括端正的劳动态度、积极的劳动情感和坚韧的劳动意志。青少年在劳动和实践的过程中应该注重培养自己的劳动情感，通过亲身体验劳动的过程和享受劳动成果所带来的乐趣，形成对劳动的积极稳固的情感体验。这种强烈的情感体验有助于激发青少年的劳动意志，使他们能够在面对困难和挑战时保持坚定不移的意志和勇气。

劳动是充满挑战的过程，需要青少年经历漫长的努力和奋斗才能取得成功。在这个过程中，他们需要学会坚持和忍耐，培养自己的意志品质。只有通过坚定不移的意志和艰苦奋斗的精神，青少年才能在劳动中获得更多的成长和收获。因此，加强意志磨炼有助于青少年养成自强不息的劳动品质，使他们能够在未来的工作和生活中取得更好的成就。

青少年还应该立志发扬中华民族传统的艰苦奋斗精神。这种精神不仅体现在个人的劳动过程中，也体现在整个民族的发展历程中。青少年应该积极投身到劳动中去，通过自己的努力和奋斗为社会和国家的发展贡献自己的力量，成为具有责任感和担当精神的时代新人。

（二）加强青少年劳动精神培育的家庭支持

1. 优化家长的教育观念

（1）家长应该摒弃对子女的溺爱心态。在现代社会，许多青少年成长条件已经十分优越，吃穿用度都不成问题。过度的溺爱容易让孩子缺乏独立性和自主性，导致他们对生活中的困难和挫折缺乏适应能力。因此，家长应意识到让孩子独立成长的重要性，让他们适应一定的批评和挫折，从中学会成长和进步。

（2）家长需要改变片面的教育成才观念。有些家长过分强调孩子的学习成绩，甚至忽视了孩子的全面发展。他们可能认为自己对孩子很严厉，只抓孩子的成绩，还报了很多培训班和兴趣班。然而，人的成长不仅仅是学习成绩的问题，更重要的是全面发展。因此，家长应该教导孩子如何学习，如何处事，如何与人交流等方面的问题，让他们具备更加全面的能力和素养。

（3）家长应树立正确科学的劳动观。劳动是人类生活的基础，家长们作为工作过或正在工作的人，应该让孩子了解劳动的重要性和意义。他们可以让孩子参与各类体力劳动和脑力劳动，让他们亲身体验劳动的过程，从中学会珍惜劳动成果和尊重劳动者。家长还应身体力行地传承和发扬中华民族传统劳动美德,让孩子对广大劳动人民和他们的劳动成果心怀感恩,培养孩子热爱劳动、崇尚劳动的情感和美德。

2. 优化家长的教育方式

优化家长的教育方式,是当代家庭教育中一个至关重要的课题。鉴于青少年对家长所持有的深厚信任感以及他们无意识中的模仿行为,家长的教育方式无疑对青少年的成长具有深远的影响。因此,家长需要深刻理解言传身教的重要性,摒弃单纯的说教模式,转而通过自身的言行举止,在劳动观念、态度、行为和习惯等多个层面为青少年树立榜样。

(1)家长应当持有正确且科学的劳动观念,这是向青少年传递积极劳动价值观的基础。家长对劳动的态度和看法,会直接影响青少年对劳动的认知。家长应当以正确的思想、良好的品行来影响和塑造青少年的价值观。在日常生活中,家长应引导青少年尊重劳动成果,珍视他人的辛勤付出。

(2)家长在劳动行为上应成为青少年的楷模。家长的辛勤、诚实和创造性的劳动行为,将对青少年的劳动态度和行为产生积极的示范效应。家长在参与家务劳动时,应展现出尽心尽力、认真仔细的态度,让孩子在模仿中学会勤奋和认真。家长还应在孩子完成学习任务时,积极参与其中,通过共同学习、互相探讨,营造一种积极向上的家庭学习氛围。这种榜样示范的方式,有助于培养青少年的劳动精神和良好的学习习惯。

(3)家长还需要给予青少年适度的关心和关爱,做好监护监督工作。在日常生活中,家长应密切关注孩子的行为变化,及时发现并纠正他们在学习生活中出现的不良劳动价值取向。通过耐心的引导和帮助,家长可以引导孩子形成正确的劳动观念和行为习惯,促进他们的全面发展。

3. 优化家庭的劳动内容

优化家庭的劳动内容对于培养青少年的劳动精神和意识具有重要意义。家庭作为青少年最初的社会化环境，其劳动内容应当既能够满足家庭生活的需要，又能够促进青少年的全面成长和发展。

（1）家务劳动作为家庭中最基础的劳动形式，具有重要的教化作用。通过参与家务劳动，青少年能够更深入地了解家庭生活的方方面面，从而认识到自己在家庭中的责任和角色。家长应该主动引导孩子参与家务劳动，让他们从小就习惯于承担家庭责任，培养他们的劳动能力和独立意识。家长还应当注重培养孩子的主动性和主人翁意识，让他们明白有些事情需要自己去完成，从而激发他们的内在动力和责任感。

（2）家庭还可以提供一些其他形式的劳动内容，如家庭日常用品采购、家庭财产安排和管理、家庭垃圾分类等。这些劳动形式既能够满足家庭生活的需要，又能够培养青少年的实际操作能力和创造性思维能力。家长可以通过引导孩子参与这些活动，让他们在实践中体验劳动的乐趣，培养他们的耐心和毅力，提高他们的劳动技能和综合素质。

（三）加强青少年劳动精神培育的学校支持

1. 优化青少年劳动精神培育的教育内容

优化青少年劳动精神培育的教育内容，是当前教育领域面临的重要课题。这一优化过程不仅关乎青少年个体的全面发展，更是国家和社会未来劳动力素质提升的关键所在。

（1）发展学校主体性教育对于培育青少年劳动精神至关重要。主体性教育强调个体在认知、情感和行为上的自主性，对于正处于自我同一性建立关键期的青少年而言，具有特别重要的意义。通过主体性教育，可以引导青少年正确认识自我、发展自我，进而在劳动实践中增强主动性和创造性。这种"以生为本"的教育方式，有助于激发青少年的劳动热情，促进他们劳动精神的形成。

（2）完善劳动课程设置是优化劳动精神培育的重要内容。劳动课程应当兼具理论性与实践性，既要传授劳动理论知识，又要提供劳动实践机会。独立的劳动课程地位是保证其有效实施的前提，学校应严格按照教育部要求设置劳动课程，并明确课时安排。劳动课程与其他学科课程的融合也是必要的，通过在各类课程中渗透劳动教育内容，可以形成教育合力，共同推动青少年劳动精神的发展。

（3）增加"体验式"劳动实践机会是培育青少年劳动精神的有效途径。劳动实践是劳动精神形成的重要基础，学校应充分利用校内外的实践资源，开展多样化的劳动活动。例如，设立劳动日、劳动周，让学生在参与校园卫生保洁、绿化美化等活动中体验劳动的辛苦与快乐；开展校内养殖或种植任务，让学生在亲身体验中培养劳动技能和情感。通过这些实践活动，学生可以更好地将理论知识与实际操作相结合，从而深化对劳动的认识和理解。

学校在优化青少年劳动精神培育的教育内容时，还应注重理论与实践的并重。理论教育可以为劳动实践提供指导，而实践教育则是对理论知识的应用和检验。通过理论与实践的有机结合，学生可以充分发挥自身的主体性，在劳动过程中掌握技能、养成习惯、培养情感。同时，还应关注劳动教育的全面性，确保学生在动脑、动手、动心的过程中得到全面发展。

2. 优化青少年劳动精神培育的教育机制

优化青少年劳动精神培育的教育机制是一项系统而复杂的任务，它涉及教育教学观念的转变、保障机制的完善以及校园环境的营造等多个层面。这一机制的优化，对于提升青少年劳动素养、促进他们全面发展具有重要意义。

（1）教育教学观念的转变是优化教育机制的前提。传统工具性教育和灌输式教育的定位已经无法满足当代青少年全面发展的需求。因此，必须摒弃这种陈旧观念，将青少年视为教育的主体，注重他们自我心灵的培植。在教学过程中，教师应积极引入互动式和翻转式课堂，给予学生更多主动思考和实践的机会，激发他们的学习兴趣和创造力。同时，教师还应调动学生的积极性，让他们意识到学习和生活是自己的事情，从而培养他们独立思考和解决问题的能力。

（2）完善劳动精神培育的保障机制是优化教育机制的关键。劳动教育在课程中常被边缘化，劳动精神培育得不到应有的重视。为了改变这一现状，必须从法律法规、师资力量、场地设备等多个方面入手，确保劳动教育的有效开展。具体而言，应完善劳动教育的法律法规，开展督导工作，使劳动教育在学校日常运行中实现制度化、常态化。同时，学校领导和教学管理部门还应高度重视劳动教育，确保劳动实践课课时充足，师资力量雄厚，场地设备和实践活动经费得到保障。此外，加强师资队伍建设也是保障劳动教育质量的重要举措，包括增强教师的劳动意识和观念，配备专职的劳动课程教师，并促进劳动教育的专业化发展。

（3）营造一个具有良好主体意识的环境，是优化教育机制的重要保障。学校应努力营造民主和谐的校园氛围，给予学生在校园活动、校外实践以及校园建设等方面更多的选择权和参与权。例如，可以让学生自主选择参与劳动实践活动，参与校园道路命名等，以激发他们的主体意识和责任感。同时，学校还应减少命令式的要求，通过座谈会等形式征求学生对校园管理的意见和建议，引导他们从自身兴趣和发展角度出发，积极参与劳动和实践。

3. 优化青少年劳动精神培育的评价标准

优化青少年劳动精神培育的评价标准是促进劳动素养的全面提升，确保劳动教育能够有效地融入学校的综合素质评价体系中，从而使学生在德、智、体、美、劳等方面得到全面发展。

（1）学校需要建立起有层次、能够落实的劳动素养评价体系。这一体系应当包括自我评价、学生互评和教师评价三个方面。通过学生自我评价，可以让学生反思自己的劳动参与情况和劳动态度，从而加深对劳动的认识和理解。学生互评可以促进学生之间的合作与交流，提高他们的团队意识和责任感。而教师评价则能够从专业角度出发，全面客观地评价学生的劳动表现，及时发现问题并给予指导和帮助。

（2）学校应当重点关注学生的劳动参与、合作能力以及劳动态度、意识、行为、习惯等方面的表现。这些方面的评价应该具有过程性、连续性和发展性。此外，评价标准也应当具有多样性，不仅要考虑到数量，更要注重质量，不能仅通过一个公章或签名来简单评价学生的劳动参与。

（3）学校还应当定期考察学生的社会劳动实践情况。这包括学校组织的社会实践活动以及学生自行参加的社会实践活动等。评价不仅要关注参与的数量，还要考虑到参与的质量和效果。为了激发学生参与社会劳动实践的积极性，学校可以采取一定的奖励或表彰措施，对于主动参与额外社会劳动实践活动的学生给予一定的奖励或表彰，从而鼓励更多的学生积极参与社会劳动实践。

（四）加强青少年劳动精神培育的社会支持

1. 加强劳动价值的舆论导向

加强劳动价值的舆论导向是当前社会舆论引导的重要内容之一。随着大众传媒的发展和自媒体的兴起，舆论引导对于塑造社会价值观和引导青少年的思想行为至关重要。在这一背景下，有效发挥大众传媒的价值引导作用，宣扬尊重劳动、尊重知识、尊重人才、尊重创造的主流价值观，是维护社会稳定、促进青少年健康成长的重要举措。

（1）主流媒体应当努力宣扬劳模精神和工匠精神，通过报道劳动模范的事迹和典型案例，展现劳动者的奋斗精神和无私奉献精神。这种宣传不仅可以激励更多的人向劳动模范学习，也可以弘扬劳动精神，提升社会对劳动价值的认同和尊重。通过媒体的力量，将那些在平凡岗位上默默耕耘、默默付出的劳动者塑造成为榜样，使他们的劳动精神成为社会的正能量。

（2）对于错误思想，媒体应当及时纠正，坚决抵制这些不良思想的扩大和泛滥。通过宣传正确的价值观念和道德观念，引导青少年正确看待劳动，认识到劳动的重要性和意义，培养他们爱岗敬业、无私奉献的劳动精神。

加强劳动价值的舆论导向需要主流媒体在宣传中注重正面价值的传递，积极宣扬劳动模范的事迹和精神，同时及时纠正和抵制不良思想的传播。通过这样的努力，可以为青少年树立正确的劳动观念，培养他们的劳动精神，促进社会的和谐稳定和经济的可持续发展。

2. 加强劳动成果的社会制度保障

加强劳动成果的社会制度保障，对于维护劳动者权益、促进社会公平正义具有重要意义。在社会主义国家中，劳动者的劳动成果应当得到全社会的认可和尊重，而制度的完善则是实现这一目标的重要保障。

劳动保障制度的完善是加强劳动成果社会制度保障的首要任务。无论是体力劳动还是脑力劳动，只要是对社会主义建设有贡献的劳动，都应纳入劳动保障制度的保护范围。各级政府需结合当地实际，建立健全劳动者失业保障、退休保障、医疗保障等制度，确保劳动者在劳动过程中享有必要的权益，并能在劳动结束后获得应有的回报。

此外，知识产权制度的完善对于保护劳动成果同样至关重要。知识产权是劳动者智力劳动的成果，代表着创新精神和创造力。当前社会上盗版、抄袭现象屡见不鲜，严重侵犯了知识产权。为此，需从两方面着手：①加大对盗版和抄袭行为的打击力度，对盗版产品实施严厉制裁，对疑似抄袭的作品进行严肃调查，对构成抄袭的作品进行严肃处理；②鼓励创作和创新，保护自主研发和自主创新的产品和作品，为劳动者提供创造性劳动的良好环境。

通过完善劳动保障制度和知识产权制度，可以为劳动成果提供坚实的制度保障，维护劳动者的合法权益，激发劳动者的创造热情，推动社会经济的持续健康发展。这不仅是对劳动者劳动成果的尊重，更是对社会主义公平正义原则的践行。

3. 创造青少年劳动的实践机遇

（1）优化青少年社会劳动实践基地。社会劳动实践基地的数量和质量都有待提升。大多数青少年的劳动实践仍局限在青少年宫、职业技术学校等场所，且教育形式多为讲授和接受，为改善这一状况，政府应加大投入，增设更多的社会劳动实践基地，让青少年有更多机会接触和体验不同类型的劳动。基地的设计和建设应充分考虑青少年的年龄特点和兴趣爱好，提供形式多样的劳动实践活动，如手工、烹饪、耕种等。此外，还可以结合现代科技手段，创新劳动实践的形式和内容，让青少年在劳动中感受科技的魅力。

除了增设劳动实践基地，还应关注基地的公益性、教育性和安全性。社会劳动实践基地应坚持公益性原则，不收取任何费用，确保所有青少年都能平等参与。基地应明确其教育功能，通过劳动实践培养青少年的劳动精神、实践能力和社会责任感。此外，安全性也是不容忽视的问题。基地应建立完善的安全保障机制，确保青少年在劳动实践中的安全与健康。

（2）提供更多优质的公益活动。公益活动不仅能让青少年锻炼劳动实践能力，还能培养他们的劳动奉献精神。当前能够给青少年提供社会公益活动的组织或机构较少，且活动内容单一，无法满足青少年的需求。因此，需要推动国家支持公益和志愿服务事业的政策落地，鼓励更多组织和个人参与到青少年公益活动中来。

具体来说，各地文化教育机构、公益组织、事业单位等可以积极组织适合青少年参与的志愿服务活动，如博物馆和科技馆志愿讲解、图书馆志愿整理、非物质遗产保护、环保公益宣传等。这些活动不仅能丰富青少年的社会实践经验，还能让他们在实践中感受到劳动的价值和意义。同时，还应打破青少年社会公益活动的地域限制，让他们有更多机会走出校园、走进社会，参与更广泛的劳动实践。

（3）保证公益活动的质量。不仅要关注活动的数量，更要关注活动的实际效果和社会影响。公益活动应真正做实事、惠民生，让青少年在参与中感受到劳动的力量和温暖。同时，还应加强对公益活动的监督和评估，确保其符合青少年的成长需求和社会发展要求。

第四章 青少年道德教育与品质的培养研究

第一节 青少年道德教育的基本认知

一、青少年道德与道德教育的内涵

（一）道德

道德作为一种意识形态，贯穿于社会生活的方方面面。它不仅是人们行为的准则，更是社会关系的调和者，是一种超越法律、政治等其他意识形态的特殊存在。在社会发展的进程中，道德的内涵与外延也在不断地演进与扩展，具体如下：

第一，道德的根源源自人类社会的经济关系。在社会生产关系的基础上，人们的行为方式与规范逐渐形成。随着经济形态的变迁，道德也不断地演化，以适应不同社会阶段的需求。这种演进是一个渐进的过程，既受到社会发展的推动，也受到文化传承的影响。

第二，道德并非像法律和政治那样具有强制性。它更多地依赖于人们内心的信念、传统习俗以及社会舆论的引导。人们在行为中的道德判断往往受到社会环境和个人信念的双重影响，而非简单地依赖于法律的约束。这也是道德与其他意识形态的重要区别之一。

第三，道德的作用是局限而有力的。它可以调整人们的部分行为，但并非对所有行为都有直接影响。道德评价的善恶标准是一种社会认可的行为准则，与政治和法律规范相互交织，共同构成了社会的调节体系。而在这个体系中，道德的作用是承担着引导、规范和调和社会关系的重要责任。

第四，道德是调整个人与他人、人与自然、个人与社会之间关系的总和。它不仅是一种行为指南，更是一种内在的道德观念和情感体现。在日常生活中，人们的道德选择往往受到多种因素的影响，既包括了社会舆论的压力，也包括了个人的内心信念。这种多维度的影响，使得道德在社会生活中扮演着不可替代的角色。

"道德的定义不仅是伦理学研究的元问题，也是道德教育研究的重要问题。它不仅关涉道德这种人类特有的文化现象的本质性揭示，而且关涉道德教育的方方面面。"①

（二）道德教育

道德教育旨在引导个体形成积极向上的品德，并对其进行思想、政治和道德等方面的塑造。广义的定义中，道德教育不仅包括了品德、政治和思想等方面的教育，甚至还涉及了公民的道德素养培养。然而，狭义上看，道德教育更偏向于对公民道德品质的培养。

在社会发展的过程中，道德教育扮演着举足轻重的角色。它不仅是培养个体内在道德品质的关键，更是促进社会风气和社会舆论形成良好状态的重要手段。一个社会或阶级的道德标准要想被广大人民所认同，除了必须与社会发展的规律相契合，反映社会道德本质外，还需通过道德教育将这种标准传播给人们。

道德教育的过程是一个系统化、有组织的过程。它通过向个体阐释道德理论、传授道德知识，帮助其塑造道德情感、强化道德

---

① 刘长欣. 道德教育及其知识化路径 [J]. 教育研究, 2014, 35 (8): 25.

意志、提升道德认知,并最终培养其形成良好的道德行为。这种过程不仅仅是对知识的灌输,更是对个体全面发展的促进。只有通过这样的过程,才能让个体在道德层面上得到真正的提升,进而对整个社会的道德建设起到积极的推动作用。然而,道德教育并非一劳永逸的任务。随着社会的不断发展变化,道德教育也需要与时俱进。它需要不断地根据社会现实和时代要求进行调整和完善,以适应不同时期、不同群体的需求。只有保持与时俱进,不断创新,才能更好地发挥道德教育的作用,为社会的持续进步作出贡献。

二、青少年道德教育的原则与理念

(一)青少年道德教育的原则

原则是指说话或行事所依据的法则或标准。道德教育原则是指在道德教育工作过程中,正确处理各种矛盾和关系必须遵循的法则或标准。它是在长期的道德教育实践中形成和发展起来的,它的确立有着坚实的实践基础和科学的理论依据。对青少年进行道德教育时应遵循以下原则:

1. 寓教于乐原则

青少年充满好奇心和活力,他们对学习和生活内容的要求更多是多姿多彩和有趣味性的。对于教师而言,能够正确对待学生的玩,将学生对玩的兴趣转化为对学习的动力,是至关重要的。通过寓教于乐的原则,让学生在学习中感受到快乐和满足,实现学习与娱乐的完美结合。这种方法不仅能够激发学生的学习兴趣,还能够培养他们的主动性和创造力,为他们的未来发展打下坚实的基础。

2. 沟通疏导原则

沟通疏导原则强调的不仅是学校与家长、社会的沟通,更包括教师与学生、学生与学生间的深入交流。青少年的道德建设需要家庭、学校和社会三方面的共同努力，建立起一个全方位的育人网络，共同营造一个有利于青少年健康成长的环境。在这一过程中，教师的角色尤为关键。教师不仅要成为学生学习知识的引导者，更应成为他们心灵成长的伙伴。通过与学生的沟通，教师能够深入了解他们的内心世界，理解他们的需求和困惑，从而给予更有针对性的指导和帮助。当教师能够与学生建立起信任和友谊，学生自然会更愿意敞开心扉，接受教师的教诲和引导。

此外，青少年的道德教育还需要注重正面引导和激励。青少年正处于思想活跃、求知欲强的阶段，他们对新鲜事物充满好奇，对个人成长充满渴望。教育者应当通过讲明道理、因势利导、表扬激励等方式，激发他们的自觉意识，引导他们积极参与道德实践，培养他们的责任感和荣誉感。

贯彻沟通疏导原则，教育者需做到：①通过摆事实、讲道理，启发青少年的自觉意识，引导他们自觉履行道德规范；②善于发现并引导青少年的兴趣和热情，将他们的积极性引导到正确的方向；③通过正面教育和适时的表扬激励，帮助青少年树立正确的人生观和价值观，促进他们全面健康地成长。

3. 德才共育原则

在成长的过程中，青少年不仅接受智力方面的教育，还受到各种思想品德的塑造。德才共育原则强调了德育与智育的平衡，这对青少年的全面发展至关重要。青少年正处于品德发展的关键阶段，易受不良思想和社会文化的影响。因此，学校教育应注重培养青少年的品德素养，引导他们正确的道德观念和行为准则。只有德才兼备，青少年才能在未来的生活中成为有用之才，为社会发展贡献力量。

4. 化解冲突原则

学校教育中难免会出现各种矛盾，但如何有效化解这些矛盾至关重要。在与学生发生矛盾时，教师需要冷静应对，调整情绪，以平和的态度化解矛盾,这是教育工作中的重要原则。教师应该学会控制情绪,避免使用激烈的言语或行为,以示尊重和理解,营造和谐的师生关系。同时,教师的思想观念也需要不断更新,与时俱进,以更好地适应当今社会和学生的需求。通过尊重、理解和沟通,可以有效化解矛盾,建立起平等、和谐的教育环境,促进教育事业的健康发展。

5. 民主平等原则

教育应该是一个充满民主氛围的地方,这有利于学生的全面成长。在这个过程中,教师和学生之间应该建立起一种平等的关系,教师要尊重学生的个性和独立性。教育的目的不仅仅是传授知识,更是培养学生的自主思考能力和创新精神。因此,教师应该倾听学生的意见,尊重他们的选择,并给予适当的指导和建议。而要实现民主平等原则,需要进行教育观念的转变。首先,我们应该将学生视为平等的交流对象,给予他们平等的参与和表达机会。学校的各项活动都应该包容不同的声音和意见,鼓励学生积极参与其中。其次,我们也要承认学生之间存在差异,接受并尊重这种差异。每个学生都有自己独特的才能和特点,应该在这样的基础上进行教育,而不是一刀切地对待。

在评价学生时,更应该注重的是学生的个体发展情况,而不是简单地套用一套标准。教师应该关注学生的进步,给予他们及时的鼓励和认可,激发他们的学习动力。只有在这样的关爱和激励中,学生才能健康成长,充分发挥自己的潜能。

6. 独立自主原则

独立自主原则是指鼓励学生独立完成应该由他们自己承担的任务。这种原则的重要性在于,学生在成长过程中已经形成了独立个性,这对于他们的健康成长至关重要。每个学生长大后都需要独立应对社会,而是否具备独立的人格品质,则直接关系到他们在社会中的生存和发展。

教师在教育过程中应该从小就培养学生的独立品质，让他们养成自己解决问题的能力和勇气。通过让学生自主完成任务，教师可以促进他们形成坚强的意志品质，从而成长为对社会有益的人才。

此外，在课外活动的设计上，应该充分尊重学生的个性和实际情况，让他们自行决定参与何种活动，并给予必要的指导和支持。教师可以作为活动的参与者和顾问，与学生共同探讨和规划课外活动项目，从而激发学生的创造力和主动性。

7. 示范表率原则

在道德教育中，示范表率原则的重要性不言而喻。教师不仅仅是知识的传授者，更是学生道德品质的榜样和引领者。他们以身作则，言传身教，用自己的高尚品格和行为影响着学生的成长。

一个优秀的教师往往是通过自己的言行举止来潜移默化地影响学生。因此，教师应努力保持良好的道德品质和文明的言行举止，以此来培养学生的良好品德。同时，学生也是教师的镜子，他们的言行举止反映了教师的榜样力量，所以教师需要时刻注意自己的言行，给学生做出正确的示范。许多学校也意识到了示范表率的重要性，制定了相应的规范和标准，要求教师言行举止文明规范，给学生树立正确的榜样。同时，在环境教育方面，学校也积极利用各种资源，通过环境的熏陶来加强学生的道德教育。这不仅是一种便捷的资源利用，更是为了培养学生的环保意识和社会责任感。

8. 系统规范原则

系统规范原则不仅涉及教育的有序性，也关系到学生行为习惯的养成。教育环境对学生的影响往往是潜移默化的，因此构建一个有序的教育环境，制定并执行一套完善的规章制度，对于学生的正面发展至关重要。

（1）学校应当树立明确的校风和学风，这些文化传统和行为准则够为学生提供行为的参照和指导。通过建立一套合理的行为规范，学校能够为学生营造一个既自由又有序的学习空间。在这样的环境中,学生将逐渐内化学校的规范,形成自觉遵守规则的习惯。

(2)学校应当制定一系列具体的行为守则,如课堂纪律、考试诚信、公共设施使用等,这些规则应当明确、公正,并且得到严格执行。通过这些规则的遵守,学生能够在日常生活中培养出良好的纪律性,这对于他们未来成为社会中有责任感的公民具有重要意义。

(二)青少年道德教育的理念

新时期背景下,国内外环境以及学生本身的特点都发生了变化,"因此,如何在经济全球化和信息时代对青少年开展富有针对性和实效性的道德教育,一直是教育实践和教育理论研究关注的焦点"[1]。道德教育的完善与创新,需要根据时代特点对道德教育理念进行革新,使其与时俱进,紧跟时代步伐。

1. 整体育人

整体育人的理念是把整个道德教育过程看作一个整体,包括主体、客体、媒介和教育环境。这样整体育人在新时期的含义包括两个方面:一是社会、学校和家庭的教育与环境道德教育的结合;二是虚拟空间与现实空间德育的有机结合。

(1)实现社会、学校和家庭教育与环境道德的结合。当前,人们对道德教育合力的关注日益增加。通过社会、学校和家庭的共同努力,德育可以发挥更强大的力量,产生新的几何效应。科技和信息技术的快速发展使得道德教育呈现出社会化、多元化、深邃化的趋势。道德教育已经不再局限于学校教育的时间和空间,而是融入了社会的各个领域。这种跨越了空间与时间的道德教育已经成为一个全面的、终身的过程。随着全球化进程的不断推进,道德教育的

---

[1] 周围. 道德教育的理念更新:论积极取向道德教育[J]. 现代教育管理, 2012(12): 112.

主体已经超出了国家和学校的范畴，在各种文化交流中不断丰富和发展。

（2）虚拟空间与现实空间道德教育的有机结合。随着科技的迅速发展，人们获取信息的方式变得多样化，而互联网的兴起对传统物理空间产生了巨大的影响。虚拟空间的不断发展得到了广泛认可，人们逐渐意识到虚拟空间和现实空间是相辅相成、不可替代的。因此，新时代对学生的道德教育必须结合时代特点，利用虚拟空间的优势来弥补现实空间无法达到的地方。虚拟空间同样具备德育的基本要素：由教育者进行教育，进行交流沟通，学生接受教育，再由学生传递信息反馈给教育者。因此，在虚拟空间进行道德教育必然会产生实际的效果。如果能够将虚拟空间与现实空间相结合进行道德教育，就一定能够达到单独进行道德教育所无法达到的效果。

2. 一元主导与多样包容

在全球化和市场经济深入发展的大背景下，道德教育所面临的挑战与日俱增。新媒体的迅速普及使得信息传播更加便捷，同时也为多元文化的碰撞提供了更为广阔的平台。在这个多元化的社会背景下，道德教育必须更加灵活地应对，既要坚守社会主义核心价值观的引领，又要秉持多元包容的态度，尊重不同文化背景下的道德观念。

（1）坚持社会主义核心价值观的主导地位。在信息时代，个体获得信息的途径更加多样化，不同文化价值观之间的碰撞与冲突也日益频繁。在这种情况下，社会主义核心价值观的宣传与普及显得尤为重要，它是引领人们道德选择的指南针，也是维护社会秩序的重要保障。

（2）继承和弘扬中华优秀传统美德。中国传统文化历经千年，孕育了丰富的道德智慧。在面对新时代的挑战时，我们可以从中华优秀传统文化中汲取营养，让古训如"富贵不能淫，贫贱不能移，威武不能屈"等成为我们道德修养的重要组成部分，引导人们树立正确的道德观念和行为准则。

三、青少年道德教育的方法与内容

（一）青少年道德教育的方法

1. 说理教育法

说理教育法作为道德教育的重要组成部分，其核心在于通过摆事实、讲道理，启发引导学生，以期达到提高思想认识、形成正确观点的目的。这种教育方法以理服人为主要特点，注重调动学生的内在积极因素，使其在培养良好品德、纠正不良行为的过程中更具自觉性。

在说理教育法中，常见的方式包括讲解、报告、谈话、讨论等。讲解是对问题进行系统讲述和解释，报告则是结合实际进行专题性的讲演，而谈话则是通过与学生的交谈，提高其认识。此外，讨论也是一种重要方式，通过组织学生集体讨论，达成正确结论，共同提高认识水平。运用说理教育法时应做到以下五点：

（1）真实性。青少年渴望真理，他们的思维活跃，对生活充满好奇，敢于追寻真相。因此，道德教育的核心在于引导他们观察生活，启发思考，而这一切都需要建立在对生活的真实观察之上。只有真实地呈现事实，才能让道德教育更有说服力，更有实效。

（2）针对性。教育者需要深入了解青少年的特点和问题，因此说理教育需要根据不同学生的年龄、个性和心理状态制定相应的教育内容和方式。简洁明了的言语更能引起他们的共鸣，教育者应当精准把握教育的度和分寸，不断调整策略以达到最佳效果。

（3）情感共鸣。说理教育不仅仅是用道理说服，更要以坚定的信念和充沛的热情唤起学生的情感共鸣。教育者需要对所讲的道理有充分的理解和认识，并表现出诚恳的态度和真诚的信心。只有如此，才能激发青少年的求知欲望和实践意识，引导他们朝着正确的方向前进。

(4)抓住时机。教育者需要善于抓住时机,因势利导。青少年在生活中遇到转折、错误或挫折时,更容易接受教育的指导和帮助。因此,教育者应当灵活运用时机,以最适当的方式介入,引导他们克服困难,成长进步。

(5)讲究语言艺术。说理教育的语言需要具备艺术性,才能更好地吸引青少年的注意力。言简意赅、生动活泼的语言更易被理解和接受。教育者在说理时,应当追求形象、生动、风趣和幽默,这样才能更好地与青少年建立起亲近的关系,引导他们在轻松愉悦的氛围中学习成长。

2. 实践行动法

实践行动法作为一种道德教育方法,具有有目的、有计划地组织和引导学生参与各种实践活动的特点。这种方法强调通过实践来培养学生的良好品德,让他们在亲身体验中领悟道德真谛,并将其转化为行动。与其他道德教育方法相比,实践行动法更加注重学生在实践中的真实表现,有助于实现言行一致、知行统一的目标。

实践是人们认识世界的基础和源泉,通过实践,学生能够自己动手、亲身体验,从中汲取经验和教训。在实践中,他们不仅可以思考、判断、选择,还能将所学的道德知识付诸实际行动,从而使自己的思想认识得到提高,情感体验得到增强,道德意志得到磨炼,道德行为习惯得到培养,实际行为能力得到增强。

(1)实践行动法的实施方式。

第一,实践行动法的实施需要通过多种形式的道德实践活动来培养学生的良好思想品德。这些活动可以包括参观调查、人物访谈、志愿服务等,通过实地观察和亲身体验,让学生深刻了解道德行为的重要性。例如,组织学生参观工厂、走访成功人士等,可以让他们直观感受到环境保护、奋斗目标等道德观念的实际应用和影响,从而增强他们的道德意识和责任感。

第二，实践行动法的关键在于让学生在完成具体任务中培养优良品德。这些任务既包括个人学习任务，如认真听讲、独立完成作业，也包括集体任务，如担任值日生、筹办晚会等。通过完成这些任务，学生能够培养自律、责任和团队合作等品德，从而在实践中不断提升自身素质。

第三，实践行动法还需要建立一定的规章制度，引导学生进行日常学习和生活实践，培养良好的行为习惯。遵守学校规章制度、作息时间、宿舍管理等规定，可以帮助学生养成良好的行为习惯，培养自律和纪律意识，从而促进他们的全面发展和成长。

（2）实践行动法的实施要点。

第一，引导积极参与。教育者在实施实践行动法时，应结合说理教育法和榜样教育法，使学生明确实践活动的目的和意义，激发他们参与的积极性。只有通过实践，学生才能明白"德性"的外在表现是"德行"，并且只有持之以恒地坚守"德行"，才能真正成为一个有"德性"的人。通过启发引导，教育者能够激发学生内在的参与需求。

第二，坚持严格要求。在实践活动中，教育者需要向学生提出严格的要求，以完成既定的目标和任务。没有要求，行动就会失去目的和方向；而没有严格的要求，行动则会随意散漫，难以培养良好的行为习惯。教育者在制定要求时应该考虑到学生的实际情况，循序渐进，不可过于苛刻。

第三，经常督促检查。良好的道德行为习惯需要长期的培养过程。教育者应该经常督促学生坚持实践锻炼，通过不断的督促和检查，促使学生保持长期的自觉性，从而取得良好的教育效果。

第四，及时总结提高。在实践活动进行到一定阶段或结束时，教育者应引导学生及时总结经验，加深情感体验，巩固品德认识，增强实践的信心和决心。同时，学生也应该找出存在的不足，明确未来努力的方向，以不断提高自己的品德素养。

3. 同伴互动法

同伴互动法作为一种道德教育方法，旨在通过学生之间的思想、心理和行为的相互影响和作用，促进他们的健康成长。这种方法强调学生在教育过程中的平等性和参与性，将每个学生都视为既受他人影响的受动者，又是影响他人的主动者。在同伴互动中，学生能够相互启发、相互帮助、相互鼓励、相互促进，从而共同成长。

同伴互动法的核心理念在于倡导学生之间的平等和参与。在这种教育方法中，每个学生都具有同等的发言权和参与权，他们不仅是接受者，也是参与者和塑造者。通过与同伴的互动，学生能够从彼此身上获得启发和帮助，共同解决问题，共同成长。这种平等和参与的教育氛围有利于激发学生的学习兴趣，增强他们的自信心和责任感，培养他们的合作精神和团队意识。

（1）同伴互动法的实施方法。

第一，讨论。在讨论中，每个学生都有平等的机会表达自己的看法。由于每个人的认知水平和立场角度不同，因此对事物的理解也会存在差异。通过讨论，学生们可以相互交流、碰撞、启发，从而获得多种思考和解决问题的方式。这种交流不仅有助于提高学生的思维能力，还可以推动认知和思维水平的提升。

第二，合作。在合作任务中，学生需要共同完成一项任务。例如，学习小组在研究某个学习问题时，每个成员都需要积极参与、分工合作，共同查找资料、收集信息、分析数据、得出结论、撰写报告等。在这个过程中，学生们实现了资源的共享，相互启发了分析问题的思维方式，利用各自的优势互补，同时还相互帮助、鼓励，共同完成任务。

第三，评价。在交往中产生的评价行为对学生的思想和行为产生影响。学生通常会重视他人对自己的评价，并且常常会评价他人。在评价过程中，学生可能会反思自己的行为，调整自己的态度和行为；也可能会认同、模仿他人的行为。例如，被同伴评价为"受欢迎的人"的学生会对其他同学产生影响，其他同学也会将其作为模仿的对象，并从中反思自己的不足，调整自己的行为。

（2）同伴互动法的实施要点。

第一，充分发挥学生的主体性。学生的主体性是同伴互动的前提，只有让学生参与教育过程，才能真正实现互动的效果。

第二，教育者应该指导学生健康交往。特别是在中学这个阶段，学生的独立感和成人感增强，但也伴随着心理闭锁期的到来，他们可能会感到内心孤独和苦闷。在这种情况下，教育者需要创造良好的环境，引导学生团结友爱、互相帮助，让学生通过健康的交往影响彼此，促进良好的思想和行为。

第三，要有正确的舆论导向。青少年往往会因为希望被同伴接受而产生强烈的趋同愿望，但他们的思想和判断能力尚未成熟，容易受到同伴影响。因此，教育者应该密切关注学生之间的互动情况，及时表扬和鼓励好的影响，防止不良影响的蔓延。通过加强集体教育，形成正确的集体评价，引导学生走向正确的道路。

4. 环境熏陶法

环境熏陶法是一种教育方式，通过创设和利用有意义的情境，对青少年进行潜移默化的熏陶和感化。它的独特之处在于通过熏陶，在学生的各个活动空间渗透教育因素，随时随地进行无声的启发和引导，以长期潜移默化的方式影响学生的思想、行为和心理。环境熏陶法能够有效地弥补其他教育方式受时间和空间限制的不足。对于青少年而言，由于大部分时间都在学校度过，学校环境对他们的成长影响巨大。因此，学校环境的营造对于实施环境熏陶法至关重要。

（1）环境熏陶法的实施方式。环境熏陶法包括物质环境熏陶和精神环境熏陶两种基本方式。

第一，物质环境熏陶。物质环境熏陶主要体现在校园的自然和人文景观上。美丽整洁的校园环境不仅提供了良好的学习氛围，还营造了安全文明的学习环境。校园的人文景点和校训碑刻等，通过美化校园的同时传递着世界观、人生观和价值观的信息，引导着学生形成正确的价值取向和审美情趣。

第二，精神环境熏陶。精神环境熏陶则体现在校园的制度文化和人际关系上。和谐融洽的师生关系和轻松活泼的课堂气氛，激发了学生学习的热情，增强了他们的信心和自信心。丰富多彩的文艺活动和课外科技活动，则提升了学生的道德境界和科技素养，培养了他们的创新能力和解决问题的能力。

（2）环境熏陶法的实施要点。在学校期间，青少年们应该重视环境对他们的影响，并充分利用环境的潜在教育资源。首先，要注意蕴蓄教育资源。学校内部的环境，如校史纪念馆、校史资料、优秀校友事迹等都是宝贵的教育资源，能够传承学校的精神文化内涵，培养学生对学校的归属感和荣誉感。其次，要发挥物质环境的暗示作用。整洁、文明的环境能够激发人们的精神状态，促使他们保持良好的行为规范；而脏乱的环境则会使人逐渐失去自律能力。因此，教育者应该重视教室的布置和环境的整洁，营造良好的学习氛围。最后，要发挥精神环境的激励作用。学校应该创设和谐、积极、向上的气氛，促使学生相互团结、合作，勇于竞争。通过举办各种活动，如读书讨论会、讲座、竞赛等，激励学生积极向上，努力学习，不断进步。这样的环境将有助于青少年们塑造积极向上的人生态度，为他们的成长和发展提供有力支持。

5. 网络交流法

网络交流法是指教师和学生之间通过网络进行交流，以实现思想、心理和行为上的互相影响和促进的方法。在网络交流法中，借助广泛的网络覆盖和即时信息交流，参与者在对象、时间和方式上都拥有更大的自由度，相比传统的交流方式更为灵活。因此，网络交流法成为现代人沟通的重要途径。在道德教育过程中，利用网络交流法能够有效地扩展教育空间，弥补了传统交流方式受时间和空间限制的不足，创造了更多的交流机会，并能够获得更及时的反馈。

道德教育过程中运用网络交流法，可以采用以下方式：

（1）利用平台组织讨论。利用平台组织讨论是一种与传统讨论类似的方式，青少年可以通过登录同一网络平台，在那里自由地表达自己的见解。无论是在 QQ 群还是微信群等网络平台上，参与者都可以实时连线，展开专题讨论。这种方式为青少年提供了一个开放的环境，在这里他们可以分享自己的想法，倾听他人的观点，从而促进思想交流和知识共享。

（2）进行网上调查测评。进行网上调查测评类似于传统的调查方式，通过设计调查问题，青少年可以在网上作答并提交反馈，获得更加及时的结果。这种方式使得调查变得更加便捷，青少年可以随时随地参与其中，为相关问题提供自己的看法和建议。同时，网上调查测评也为研究者提供了一个更广泛的数据收集平台，有助于更准确地了解青少年的需求和态度。

（3）互相发送电子邮件。互相发送电子邮件是一种常见的网上联系方式，不仅用于一般信息的交流，也常用于心理咨询等方面。青少年可以通过发送邮件向教师咨询学习和心理问题，而教师则可以通过电子邮件进行个别或群体的回复和解答。这种方式不仅方便了师生之间的沟通，还为青少年提供了一个私密的交流空间，在这里他们可以更加自由地表达自己的想法和感受。

（二）青少年道德教育的内容

1. 规范教育

青少年的思想道德教育中，规范教育至关重要。规范教育包括多方面含义：一是培养青少年的规范意识，让他们学会遵守社会生活中的行为规范；二是以行为规范教育为出发点，即从教育青少年的行为规范入手；三是作为规范教育的起点，行为规范教育只是教导青少年在行为中遵守基本规范。因此，行为规范教育应该告诉青少年生活中的基本规范内容，要求他们遵守规范。

从教育场所来看，行为规范教育主要由家庭和学校来实施。教育者的示范作用对于青少年来说具有重要意义。人们的行为需要规范，而规范的实施不仅需要个人内在的自我认知，也需要外部的约束。适当的外部约束可以提醒人们遵守规范或者强制他们按规范行事。行为规范教育也意味着个人在遵守社会规范的前提下，要有自己的规范，即自我约束行为，自我要求符合规范。

2. 基本道德规范教育

道德教育是基于人类的良知和舆论，旨在规范人们的行为准则，其内容主要包括公民基本道德规范、家庭美德、职业道德以及社会公德等。对于青少年，应该通过有效的途径普及这些基本规范，并使他们了解规范的内容和要求。

（1）教育应该让学生明白道德规范的根据和意义。规范的存在不仅对人们的行为施加约束，还能保护人们免受伤害，避免自身伤害他人。只有理解了规范的保护作用，才能自觉地去遵守。

（2）从学校规章制度入手，普及基本道德规范。学校的规范虽然具有一定的时空性，但也具有社会性，是道德教育的重要组成部分。通过学校规章制度的教育，能够使学生更好地接受道德教育，并达到良好的效果。

（3）采用灵活多样的教育形式进行基本道德规范教育。针对青少年的年龄特点和教育背景，采取有针对性的教育方式，如引导学生参与道德实践活动，让他们在实践中学习和固化道德教育成果。

（4）充分利用各种资源，包括学生自身的积极因素。在教育过程中，要发挥青少年的自我教育能力，让他们参与其中，从而达到更好的教育效果。这也是一种教育艺术的体现，能够激发学生的学习热情和积极性。

3. 中华传统美德教育

中华传统美德教育是道德教育的重要组成部分，具有深厚的历史渊源和文化积淀。在进行道德教育和规范教育时，应当汲取中华传统美德的精华。

（1）了解传统美德的内涵。这包括注重整体利益、国家利益和民族利益，强调对社会、民族、国家的责任意识和奉献精神；推崇仁爱原则，追求人际和谐；讲究谦敬礼让；倡导言行一致，强调恪守诚信等。

（2）明白继承传统美德在现实中的意义。继承和弘扬中华传统美德是社会主义现代化建设的需要，是加强社会主义道德建设的需要，也是个人健康成长的需要。通过传承传统美德，能够促进社会和谐稳定，提升国家软实力，培养具有高尚道德品质的公民。

（3）继承中华传统美德需要注意克服文化复古。一方面要挖掘中华传统美德的内涵，另一方面要借鉴古代道德教育的有效方法。在传承过程中，要适应现代社会的需求，结合当下的教育实践，使传统美德更好地融入现代社会生活中，发挥其积极作用。

4. 为人处世的基本道理

青少年需要理解并掌握为人处世的基本道理，这包括两个方面的解释：一是做事的道理，即如何有效地完成任务；二是在做事过程中如何展现人的价值和尊严。在学校的道德教育中，青少年需要学会用道德规范来约束自己，自觉地按照这些规范去处理事务。道德教育也要传授一些与人相处的基本道理，使青少年学会如何与他人交往，这不仅是社会和谐发展的关键，也是一种重要的能力。

（1）学会与人交往，必须将交往的愿望付诸实践，通过实践才能真正学会与人相处。

（2）掌握人际交往的基本原则至关重要，青少年需要学会换位思考，设身处地地去理解他人，这样才能更全面、客观地处理问题，摆脱自我中心的思维方式。

（3）学会为人处世的基本道理还需掌握一些做人的基本原则，如主体独立、自强、理解尊重和宽容等。这些原则将有助于青少年在社会中健康成长,建立积极的人际关系,展现出良好的品德和价值观。

四、青少年道德教育的主要途径

在学校里,学生思想道德是在各方面教育影响下、在活动与交往过程中形成的,经过长期、反复,在不断教育和修养的过程中逐步提高的,因而,青少年道德教育的途径是多种多样的。

学校是汇聚、选择、传递、保存和创新文化的高级文化体,教育在人的发展中起着主导作用。学校里有各种各样的教育活动,如课堂教学、校园文化熏陶、各种课外活动和团队活动、劳动与社会实践等,这些都是实施青少年道德教育的有效途径。学校的教育者应当对各种教育活动有意识地加以利用,自觉地将道德教育贯彻和渗透到全部的教育活动和教学工作之中,使学校自身形成一个完整的、系统的青少年道德教育网络,成为一个强有力的实体,呈现出一个生动活泼的道德教育局面,以更好地完成青少年道德教育的任务,实现青少年道德教育的目标。学生道德教育有以下途径:

(一)进行班级管理,开展道德教育

班级管理是对学生进行道德教育的重要组织形式,班主任则是推动这一过程的关键力量。班级不仅是学校教育的基础单位,同时也是一个教育性的学习和生活集体。作为这样一个集体,班级承载着对学生进行道德教育的责任与使命,是教育的最基本、最贴近学生生活的单位。

1. 班主任在学生道德教育中的作用

班主任承担着重要的角色,不仅是学生的学习指导者,更是班级工作的管理者和领导者。他们不仅关注学生的学业成绩,更注重学生的全面发展,致力于培养学生的良好道德品质和行为习惯。班主任的工作重点之一就是对学生进行道德教育,这是他们的首要职责。

为了培养学生正确的政治方向、科学的世界观和良好的道德品质，班主任需要实施符合时代特点、有利于学生多样化发展的教育。在进行道德教育时，班主任应该围绕着"学习认知、学习做事、学习处事、学习和睦"这四个基本点，促进学生形成"学会学习、学会做人、学会做事、学会共处"的能力。通过激励学生热爱祖国、增强集体主义观念、树立远大理想、培养高尚情操，班主任为学生的终身发展和可持续发展打下了坚实的基础。

班主任的道德教育工作应该贯穿于班级的学习、活动、劳动和生活等方方面面。班主任需要在日常的班级管理中注重渗透道德教育，通过引导学生参与班级学习、活动和劳动，培养他们的良好品质和行为习惯。班主任的工作不仅局限于传授知识，更在于塑造学生的思想品德，引导他们成为有理想、有道德、有文化、有纪律、体魄健康的公民。

2. 班主任开展道德教育的有效方式

班主任工作的内容全面且广泛，班主任在工作中要从实际出发，有的放矢，讲求实效，掌握教育规律，运用科学的工作方法。班主任要有效地开展道德教育，要做到以下方面：

（1）心怀爱心。师生情感关系是教育活动中至关重要的一环。通过与教师的交往，学生逐渐领悟人际关系的规范和准则，培养道德心理和习惯，将个体品质融入社会的道德体系中。教师在这种关系中扮演着指导的角色，其对学生行为的规范至关重要，蕴含着情感与理智的双重因素。

教师对学生的热爱是其天职，也是教育工作的核心。若教师失去了对学生的关心和热情，教育工作便失去了基础。教师对学生的深厚感情往往能够直接感染学生，开启他们的心灵，拉近师生间的距离，增进学生对集体生活的投入与热爱。

教师对学生的尊重与信任体现在多个方面：保护学生隐私，不擅自查阅其日记和信件；给予学生展示自我、实现自身价值的机会；

采纳学生的合理建议和观点；公正评价学生的品行；宣扬正面行为和善事；严禁使用粗暴的教育方法，如讽刺、挖苦、辱骂或体罚等。教师应以平等、公正的态度对待每一位学生，不带个人偏见。

教师对学生的爱与严是相辅相成的。爱是教育的基础，但爱也离不开对学生的严格要求。因此，教师的热爱与严格要求是一体的，是教育工作中不可或缺的双重标准。

（2）全面了解学生。班主任要全面了解学生，这是进行有效道德教育的关键。只有深入了解学生的个人和集体情况，班主任才能有针对性地进行教育指导，避免伤害学生的积极性。全面了解学生涉及两个方面：个人和集体。对于个人而言，包括了解学生的德、智、体、美、劳各方面的发展情况，以及他们的兴趣、爱好、特长、品质、性格，乃至在家庭和社交方面的情况。对于集体而言，除了了解学生的个人情况外，还需要了解全班学生的一般情况，如年龄、性别、家庭等，以及班级整体的发展情况和班级文化。班主任应通过观察、调查、访谈等方式获取这些信息。在了解和研究学生时，班主任要兼顾各类学生，避免忽视中间生；要确保内容的全面性，不只关注学业表现，也要重视品德培养和身心健康。由于学生和班级都在不断变化发展，因此班主任应将了解和研究学生视为工作的基础，时刻保持对学生情况的了解。

（3）注重培养班集体。对于青少年学生而言，一个良好的班集体不仅能够提供积极的学习环境，还能够在他们的个人成长和社会适应中发挥重要作用。班集体的建设是教育过程中不可或缺的一部分，它对于学生的全面和谐发展具有深远的影响。

班集体的形成是一个逐步发展的过程。新组建的班级仅是学生群体的集合，而班集体则是在此基础上，通过共同的目标、价值观和行为规范形成的有机整体。一个健全的班集体应当具备明确的政治方向，设定共同的奋斗目标，并在班干部的带领下，建立起公正的集体舆论和自觉的纪律秩序。此外，优良的班风和传统也是班集体不可或缺的组成部分，它们能够使全班学生在组织和思想上形成团结友爱的统一体。

（4）善于教育个别学生。班主任除了通过集体教育全班学生外，还应深入细致地做好个别学生的教育工作。个别教育是相对于集体而言的，应该包括优秀的、中等的、后进的等各种类型学生的教育。

第一，优秀生，一般指班级中德、智、体、美、劳各方面发展都较好的学生。针对优秀生，班主任需要审慎对待。虽然他们在德、智、体、美、劳各方面表现优异，但也存在一定的缺点和不足。班主任应该为他们提供良好的发展环境，同时帮助他们正确看待自己的成就，处理好同学关系，培养自我评价和自我控制能力。

第二，中等生，一般指班级中各方面表现处于一般水平的中间状态的学生。对于中等生，班主任需要密切关注其情绪和行为变化。中等生往往处于思想情绪不稳定的状态，容易受外界影响。班主任应该抓住他们的思想矛盾斗争的焦点，引导他们积极学习进步，同时关心他们的成长，发现并提升他们的长处，以缩短师生之间的心理距离。

第三，后进生，一般指班级中在某些方面，如智力、学业成绩、思想品德、社会适应性一项或多项落后于全班学生发展水平的学生。针对后进生，班主任需要有耐心和教育艺术，主动摸清其情况，找出原因，调动积极因素，鼓励他们一点一滴地进步，并持之以恒地进行教育引导，以帮助他们不断进步。

（5）有效地开展集体主义教育活动。班主任在开展集体主义教育活动时，应根据学生的年龄特点和认知水平，逐步提高教育的深度和广度。

对于中学低年级的学生而言，集体主义教育应注重培养他们关心集体、维护集体利益的意识。在小学阶段已经接受了一定程度的集体主义教育后，中学低年级的学生需要进一步强化这种意识，学会在集体中团结友爱、互相帮助，懂得个人要服从集体的原则。此外，他们还应该学会过民主生活，理解少数服从多数、局部服从集体的道理，培养自我管理的能力。

随着年龄的增长，对于中学高年级的学生而言，集体主义教育应更加深入。他们需要深刻理解集体主义是共产主义道德的核心，并能够将其运用到实际生活中。除了关心班级和学校集体利益外，他们还应该认识到个人利益、集体利益和全民利益之间的关系，自觉为集体和人民利益多作贡献，与任何损害集体和人民利益的行为进行斗争。

在进行集体主义教育时，应注重通过实践活动来进行，激发学生的参与热情。通过组织各种集体活动，引导学生从小集体逐步扩大到学校、社会和国家的大集体，培养他们的团队意识和服务意识。

班主任在开展集体主义教育活动时，需要与学生、同事、家长以及社区建立良好的关系。与学生建立平等和谐的师生关系，与同事建立互助共进的互动关系，与家长建立双赢的朋友关系，与社区建立合作亲密的关系，共同致力于青少年集体主义教育的开展，为他们的成长发展提供有力保障。

（二）利用课外教育活动，提升道德素质

课外教育活动与课堂教学活动密切相关，但又有着独特的特点和目标。这些活动不仅仅是课堂教学的延伸，而且是一种独立而有效的道德教育形式。它们锻炼学生的道德意志，培养良好的道德行为习惯，加深学生的道德观念。

学校应该将德育理念贯穿于课外活动之中。通过有计划地组织丰富多彩的文体、科技、艺术等活动，包括各类兴趣小组和竞赛，丰富学生的课余生活，拓展他们的知识视野。在这些活动中，学生不仅能够培养特长，还能够发展兴趣，同时也培养出良好的思想品质、意志性格和生活情趣，全面提升他们的素质。

（三）参与劳动和社会实践，培育道德意识

学生的思想道德是在活动和交往中逐步形成的。因此，组织学生参与劳动和各种社会实践活动是培育道德意识的重要途径。学校应该有目的地引导学生参与自我服务型的劳动和必要的家务劳动，组织他们参加生产劳动、工艺劳动以及各种实践活动，从而拓展他们的视野、增长才干，使理论与实践相结合，提高辨别是非和自我教育的能力。

劳动教育的核心在于培养学生的劳动观念和习惯，使他们热爱劳动、尊重劳动成果。劳动是人类社会发展的基础，学生应该深刻了解劳动的伟大意义，认识到一切宝贵的东西都来自辛勤的劳动。在劳动过程中，学生的劳动习惯得以形成，因此经常组织学生参与生产劳动和公益劳动至关重要。此外，学生应该从小培养起勤俭节约的美德，珍惜劳动成果，爱护公共财物。

劳动教育还应该教育学生尊重劳动工具、节约原材料，以及爱护劳动成果的重要性。学生需要意识到，公共财物是劳动人民辛勤劳动的成果。因此，他们应该珍惜和爱护公共财物，拒绝损害公共财物的行为。

在进行劳动教育时，需要根据学生的年龄特点和具体情况采取因地制宜的方法。同时，劳动教育与社会实践的结合也至关重要。只有将劳动教育与实践相结合，才能真正达到德育的目的，让学生在实践中感受到道德的力量，从而形成正确的价值观和行为习惯。

第二节 青少年道德自觉意识的培育

一、青少年道德自觉意识培育的目标

青少年道德自觉的构建对其社会责任感的增强具有重要作用，明确青少年道德责任意识的建构目标，可以促进青少年道德自觉意识培育理念的更新。

（一）树立道德理想

在当代社会，道德理想作为一种超越现实的未来性因素，在塑造个人及民族文化中扮演着重要的角色。虽然当代道德教育更多关注于道德底线和原则，但对于培养青少年的道德理想却是至关重要的。通过将道德理想纳入青少年道德自觉意识培育的目标，有助于激发青少年的道德追求和自我约束，为他们的成长和社会责任感打下坚实基础。

第一，树立崇高的道德理想是塑造道德主体意志力和执行力的关键。道德理想并非停留在理论上的空洞概念，而是需要通过实际行动去体现和实现。只有通过不断的社会实践和个体努力，才能将道德理想转化为现实，这需要个体坚定的信念和不懈的努力。因此，将培养青少年的道德理想作为教育目标之一，有助于引导他们在实际生活中勇于践行道德，克服各种困难，逐步实现自己的道德追求。

第二，崇高的道德理想是在日常的平凡生活中逐渐积累和实现的。无论是小到日常琐事还是大到为国家、为人民做出的巨大贡献，都离不开个体的默默奉献和不懈努力。通过培育青少年的道德

理想，可以引导他们从小事做起，从身边的点滴行动中体会到道德的力量和价值。这样的体验和积累将为他们将来面对更大的挑战和责任时提供坚实的精神支撑和道德底蕴。

第三，将道德理想与个人、国家、社会的利益相联系，有助于青少年更好地认识到自身的责任和使命。青少年时期是人格形成的关键阶段，通过培养他们的道德理想，可以引导他们树立正确的人生观和价值观，自觉地将个人的追求与社会的需要相结合。这样的培育将为青少年的成长提供更加广阔的发展空间，也为社会的和谐稳定作出了积极的贡献。

（二）提升道德认同

道德认同不仅意味着对社会道德规范的认可和接受，更包含了将道德理想与道德理性相结合的过程。青少年应该在广义上了解各个层面、各个领域的道德规范，而在深度上，他们需要理解这些规范的意义和道德，将其内化为自己的道德自觉。这意味着将"让我去做"变成"我要去做"。

道德认同的形成是道德规范发挥作用的前提和基础。青少年在接受道德规范的同时，也应该理解其中的道德理念，并将其转化为行为准则。这样的认同感不仅激发了青少年的道德行为，还指导他们尊崇正确的社会价值观，认同积极的主流思想。

（三）培育道德情感

在社会交往中，人类的情感激荡着道德的涟漪，形成了一种特殊的情感形态，即道德情感。这种情感以身体为指向，具有强烈的社会性和利他性，如爱、同情、恻隐、仁慈等。与道德认知相辅相成的道德情感，是人类道德实践的内在动力。当个体内心涌动着火热的道德情感时，其所展现的行为往往受情感的驱动和引导。道德情感不仅会加强和升华个体的道德行为，而且会在潜移默化中影响个体的道德品质和精神追求。一个怀抱着对革命理念的坚定信仰的个体，会在自觉中将这一信念融入行为实践之中，成为其不可或缺的一部分。同样地，一个充满友爱情感的人，更容易表现出关怀他人的道德行为，这种情感也成为其品格的象征和精神的寄托。

在塑造青少年的道德自觉意识方面，道德情感发挥着重要的促进和强化作用。在特定的社会环境中，个体通过情感上的共鸣与互动，去感受他人的情感体验，从而形成道德共鸣。青少年的道德自觉意识的培育需要借助道德情感的参与，将培养道德情感作为其中一个重要目标。在这个过程中，更应关注青少年对国家、社会、家庭和同伴的道德情感体验，通过具体而生动的道德案例和事例感染和引导他们，培养他们爱憎分明的是非观，提升他们的共情能力，促使他们形成积极健康的道德情感。而这些道德情感在实践中的不断升华，则将引领他们走向道德实践的崇高境界。

（四）养成道德行为习惯

道德行为习惯是指个体在形成道德认同、树立道德理想、培养道德情感等过程中，逐渐形成并坚持的恒定行为方式。这种习惯化的道德行为不仅体现了个体对道德的理解和认同，更将道德规范内化为自身行为的一部分，成为其心理定势和行为的德性化表现。

道德行为习惯的养成并非一蹴而就，而是一个长期且自发的过程。通过不断的道德实践，个体逐渐将遵循道德规范转化为一种自觉的、下意识的行为模式。这种自发性的道德行为不仅反映了个体道德修养的提高，也在行为层面上彰显了其道德自觉意识的深度和广度。

道德实践是体现道德自觉意识的重要途径之一。正如"知行合一"所指，道德实践行为应当受到道德认知的指导和支配。只有将道德认知转化为实际行动，才能真正体现个体的道德自觉和修养水平。因此，养成道德行为习惯不仅需要道德理性的指导，更需要通过反复的道德实践来巩固和加强。

特别是对于青少年来说，将养成道德行为习惯作为道德自觉意识培育的目标之一具有重要意义。只有在反复的道德实践中，青少年才能逐渐树立起对道德行为的重视和认同，将道德品质内化为自己的行为习惯。这种道德行为习惯的养成不仅有助于青少年的道德成长，也为他们未来的社会责任感和公民素质奠定了坚实基础。

二、青少年道德自觉意识培育的原则

青少年道德自觉意识的培育需要遵循一系列准则，以确保其有效性和可持续性。这些准则包括主体性原则、内化性原则、连贯性原则和一致性原则等。科学认识和坚持这些原则可以有效引导青少年的道德发展，培育出具有正确价值观、责任意识和高尚情操的道德人。这些准则的遵循将为青少年的健康成长和社会责任感的培养提供重要指导，使道德自觉意识的培育更加系统和有效。

（一）主体性原则

道德主体即个人，在培育青少年道德自觉意识时，必须充分尊重个体的主体性，并通过激发个体的自主意识来进行教育。青少年在道德实践中扮演着主体的角色，因此坚持主体性原则对于培养其道德自觉意识至关重要。

在道德教育中，需要引导青少年正确认识自己是道德实践的主体，并激发他们的自主意识。通过让青少年自主地思考和选择，以及提供必要的指导和支持，可以帮助他们树立正确的人生目标和价值观，从而在道德实践中承担起相应的责任和义务。

此外，坚持自主性原则还意味着需要引导青少年进行自我评价、自我约束和自我完善。只有个体具备判断是非、美丑、善恶的能力，并自觉地去规范和提升自身的道德行为，才能真正实现道德自觉意识的培育目标。

（二）渐进性原则

德育是人品发展的重要组成部分，它伴随着个体从婴儿到成年人、从无知到价值观基本形成的过程。道德品质也是一个逐步发展的过程，从最初的无到有，从较低到较高。道德自觉意识的发展，往往表现为个体行为逐渐接近其道德信念的过程。

道德自觉意识的发展受制于个体认知能力的提升。个体的认知能力发展是一个循环上升的过程，而道德发展也必须经历一系列的阶段。在道德发展过程中，个体受到社会主流道德观念和个体特有的道德观念的影响。因此，在某些道德行为实践中，可能会出现主客观矛盾、现实与理想的矛盾等问题，从而产生道德自觉或不自觉的行为。只有通过多次的矛盾和道德实践，个体才能形成稳定的道德自觉观念。

皮亚杰的研究结果表明，十岁以上的儿童才开始表现出一定程度的道德自主性。因此，对青少年的道德自觉意识培养应该因材施教、因时施教、因情施教。从最基本的德育开始培养，从小事情做起，从身边的亲人开始，教导青少年关心他人，热爱集体，热爱国家。如果不从最基本的道德需求开始培养青少年的道德自觉意识，就很难培养出他们自觉和高尚的德性。

（三）内化性原则

道德内化要求将社会中的各种道德关系、规范和行为准则转化为青少年内心的道德认知，使其能够在实践中自觉地遵守这些规范，使道德行为内化于心、外化于行。

在德育过程中，不仅要关注青少年的外在行为表现，还要注意他们内心是否真正接受和认可这些道德规范和价值观念。只有在认可的前提下，青少年才能自觉地遵守行为规范。因此，道德内化是以主体的自觉意识为核心的过程，需要充分发挥青少年的主观能动性。

道德内化不仅是道德人格形成的标志，也是个体逐渐转化为公共人的过程。在这一过程中,青少年需要积极主动地将社会道德规范内化为自己的道德理想和信念,将其转化为真实的道德情感。只有这样,他们的道德自觉意识才能得到增强。

(四)协同性原则

协同性原则强调各种教育主体之间的协同作用和互补促进,要求在教育过程中各方都能保持价值取向的一致,共同致力于帮助青少年提升道德自觉意识。

青少年的道德自觉意识培育涉及多个教育主体,包括家庭、学校、社会、大众传媒、政府以及同辈群体等。这些主体在教育过程中必须密切合作,相互协调,以确保道德教育的有效性和全面性。家庭、学校、社会等各方要统一标准、统一目标,共同努力促进青少年道德自觉意识的提升。

在实际的教育环境中,不同教育主体可能存在着不同的教育理念和重点,甚至可能出现矛盾。只有通过加强沟通、协调各方立场,确保各方在教育内容和方式上的一致性,才能真正实现协同性原则的要求。学校应当在道德自觉意识培育中发挥主导作用,明确制订教育计划和目标,其他教育主体则应围绕学校的目标展开相应的教育活动,共同为青少年的道德成长提供支持和指导。

三、青少年道德自觉意识培育的内容

道德自觉意识的培育还与道德主体自身的心理发展机制密切相关。在青少年的成长过程中,道德自觉意识的培育是一项至关重要的任务。这种培育不仅要关注外部社会环境对其道德发展的影响,更要深入探讨青少年个体如何生成和发展道德自觉意识。

(一)道德自发意识

道德自觉意识中的道德自发意识扮演着重要的角色,它是道德发展的初级阶段，来源于人的天性，是一种本能的反应。道德自发意识停留在感性认识的层面，缺乏自我反思和自我超越，因此需要逐步发展为道德自觉意识，实现从自发到自觉的转变。

在青少年道德自觉意识的培育过程中，需要将道德自发意识提升为道德自觉意识。青少年通常在道德自发阶段对道德建构、规范和价值认识较为模糊，他们的道德实践主要出于本能，缺乏对德育本质的深刻认识。因此，教育者需要通过引导和激发青少年的同理心和同情心，帮助他们正确认识自己，坚定道德立场，并通过实践行为来证实自身的力量，从而达到道德自觉的阶段。

道德自觉意识的培育需要通过道德教育和社会赏罚等途径来加以保障实施。教育者应该在教育过程中引导青少年自我反思和自我认识，帮助他们逐步意识到道德自觉的重要性，并树立明确的道德价值理想和追求。只有在这样的过程中，青少年的道德自觉意识才能得到有效的培育和发展，从而成为具有高度责任感和自我约束力的有道德担当的一代。

（二）道德自主意识

道德自主意识源于中国传统文化中的"慎独"思想，强调道德主体的自我认知、自我选择和自我判断能力，以及形成良好的道德行为习惯。

在培育青少年的道德自主意识时，需要回归到日常生活中。通过自身的社会实践经验，青少年可以理解和掌握道德教育的理论知识，自主分析和理解道德现象和道德意义，形成自己的道德信念，并建构起自己的道德行为。这个过程是道德主体将道德教育和道德规范内化融合的过程。

在学校德育中，重要的是培养青少年的道德选择能力。学校的目标是引导青少年形成正确的道德思维，使他们能够在日常生活中根据这种思维做出正确的道德判断和选择，并能够自觉地将其转化为社会道德实践。培育道德自主意识还需要将德育的主动权交给道德主体，这意味着要促使青少年的个性和主体性得到发展，使德育的力量从外在的强制力量转变成内在的自主性。只有这样，青少年才能在道德判断和选择上表现出自主性和责任感。

（三）道德自律意识

道德自律是道德主体对社会规则的自觉认同和对伦理要求的自发服从。个体意识本身往往偏向于满足自身需求的愿望，与道德自觉有所不同。道德自律则是道德主体自愿选择的道德行为，是对责任和义务的认识更深入后的自我约束和自我管理。

青少年在道德自觉意识的培育中，应当将道德自律意识视为重要内容之一。这有助于他们树立道德理想、坚定道德信念、履行道德义务、明确道德责任。道德自律意识的培育要求青少年用良心约束自身行为和不良思想，使义务和良心融为一体，从依赖外在规范走向内在自我约束，逐步实现道德自觉。

在道德自律阶段，个体更加侧重于内在的良心约束，而不仅仅是依赖外在的道德义务。良心作为个体的一种主观道德心理意识，表现为责任感和使命感，是道德自律的基础。从道德义务向道德良心的转化，标志着道德主体道德自觉意识的培育和发展。

（四）道德自立意识

道德自立意识是青少年德育过程中的重要组成部分，对于提高他们的自理能力和自主精神至关重要。自立意识意味着个体在人际关系中能够自主行动、自主判断、自主决策。强化道德自立意识是培养青少年道德自觉意识的前提和基础，有助于他们形成积极的生活态度、独立发展的能力以及面对挑战的坚韧意志，是青少年从"个体人"成长为"社会人"的关键。

道德自立意识的培养需要启发青少年的主体意识，充分尊重他们的地位，采取平等、民主、相互尊重的态度。德育要从实际生活中的点滴小事入手，注重青少年的主体参与意识，重视人与人之间的情感交流和融合。通过这样的方式，可以使青少年在潜移默化中认识到接受道德教育、遵守道德规范、履行道德责任对自身发展和成长的重要性，培养其独立思考能力，认识到自身作为社会一员需要自觉参与社会事务、履行社会责任，从而实现道德行为朝着社会期望的方向发展。

青少年在社会生活中的主动参与是培养其自立意识和自立能力的关键。只有参与社会生活，并将德育成果转化为内心信念并体现在日常行为中，才能深化道德认识，陶冶道德情操。尊重青少年的主体性是培养道德自立意识的关键，也是实现道德自觉的重要部分。只有青少年具备了自我道德判断和选择的能力，将德育过程中获取的知识转化为行动，在社会实践中培养自立能力，才能进一步提高道德自觉意识的水平。

四、青少年道德自觉意识培育的路径

青少年道德自觉意识的培育是一项长期而复杂的系统工程，它要求社会各界共同参与，形成合力。在这一过程中，个体的自我修养、学校的教育引导、家庭的榜样作用以及社会的制度保障，每一个环节都至关重要。

（一）提升道德修养，奠定道德自觉

青少年作为道德实践的主体，要提高其道德自觉意识，必须重视青少年的道德修养，提高其道德认知能力，促使青少年认识到自身需要承担的道德责任，并在实践中不断磨炼道德意志，从而为实现道德自觉奠定基础。

1. 培育坚韧道德意志

道德主体的自律能力是其道德意志的核心品质，也是塑造道德

意志的重要因素。品德意志作为内在动力，调节着主体的道德行为。首先，个体需要进行内省和自省，反思自己的言行是否符合社会的要求。青少年的道德自觉意识的培养需要建立在严于律己的精神基础上，这就要求道德主体具备坚定的道德意志。

通过自我认知、反思、约束和管理，个体可以提升道德自觉意识，磨炼道德意志。青少年需要注重培养自己的自制力，在日常生活中注意自己的言行举止、心理和情绪的调控，学会控制自己的行为，勇于面对困难挑战，从而磨炼自己的道德意志，不断提升道德自觉水平。

积极参与社会实践，在实践中锻炼自身的道德意志。青少年的道德意志需要在社会影响、家庭引导和教师教育的基础上得到进一步的锤炼。然而，这些都不是足够的。理论知识的学习必须服务于实践。只有通过实践，个体才能更深刻地理解和认识责任，并更好地主动承担社会道德责任，坚定道德意志。无论身处哪个行业，无论掌握了多少理论知识，最终都需要回归实践。例如，一些青少年通过参与义务劳动、志愿者服务等实践活动，在这些活动中，他们可以加深对社会道德责任的理解和认识，更重要的是，将理论知识转化为实际经验和实践，自觉承担起自己的责任。

2. 增强道德认知能力

增强青少年的道德认知能力是培养其正确道德判断和选择的基础，也是实现道德自觉的关键能力。这需要他们通过日积月累的学习和思考，逐步提升道德认知能力。

（1）加强自我道德审度。青少年需要清晰地认识自己应该承担的道德义务和责任，不断反思自己的行为是否符合社会道德规范。这种自我审度能力会随着个体道德自觉心理机制的强化而逐渐加强。

（2）主动学习道德伦理知识。青少年的道德成长需要主动学习道德伦理知识。道德行为习惯和责任意识的培养需要长期的学习和训练。青少年正处于学习的黄金时期，对道德理论知识的学习是非常重要的。这种学习不仅是丰富自身知识的过程，也是思想精神内化的基础。在学习道德理论知识时，首先，青少年应该保持正确的理解和判断能力，不应该盲目跟风，也不要陷入过于狭隘的思维。其次，青少年应该主动学习社会道德规范。公民道德规范是社会全体成员都应该遵守的准则，青少年通过学习这些规范，可以更好地了解社会的道德要求，从而做出符合社会期待的行为。最后，青少年还应该学习中华优秀传统文化。中华优秀传统文化中蕴含着丰富的道德自觉思想和道德典范，这些都值得青少年去学习。通过学习优秀传统文化，可以培养青少年的道德情感，提升他们的道德自觉水平和层次。

3. 勇于担当道德责任

青少年要实现道德自觉，就必须培养并增强道德责任意识，正确认识自身的价值。只有当青少年具备了责任意识，他们才能够自觉地承担起自己的职责和使命，表现出内在的力量，展现出主动性。

在个体认知方面，青少年首先需要具备责任观念。他们在社会生活中扮演着多种角色，在家庭中是子女，在学校是学生，在社会中是公民和社会主义建设者。因此，青少年应当首先对自己和家庭负责，尊重父母，对自己的行为负责任；其次，青少年应当对他人和集体负责，积极践行社会主义核心价值观，诚信友善，尊重他人，融入集体并为集体贡献力量；最后，青少年应当对国家和社会负责，爱国敬业，遵守社会公德，维护社会秩序，成为合格的新时代社会主义接班人。只有从自身角色出发，积极承担起自己的责任，才能发挥主观能动性，为社会的发展做出积极贡献。

青少年道德责任感的形成往往与道德自觉性紧密相关，它不是与生俱来的，而是在学习和社会实践中逐步形成的。青少年已经拥有了良好的教育环境和相应的道德知识，因此在培养道德责任感的过程中，他们应当积极主动地发挥自己的主观能动性，不仅停留在意识层面，而且要在面临道德选择时积极行动，将"让我去做"变成"我要去做"。只有这样，才能调动主观的道德自觉，真正成为一个具有良好道德自觉意识的人。

（二）改进教育方法，涵育道德自觉

学校德育要践行社会主义核心价值观，把立德树人贯穿始终，实现价值观培养、道德标准确立的教育一体化发展。道德自觉的培育工作与学校的关系密不可分，学校作为学生教育的主体，在课程设置、教学过程、课外活动、校风学风以及校园环境的布置等方面，将青少年的道德自觉意识培育渗透其中，使学生长期处于一个良好的氛围中。因此，学校要采取有效措施，更好地增强青少年道德自觉意识培育的实际效果。

1. 加强师资队伍建设

（1）教师需要加强自身的思想道德修养。学生是国家的希望、民族的未来，因此培养"人"比培养"才"更加重要。教师应该树立教书育人、管理育人、服务育人的理念，将教师的本职工作与培育"四有新人"紧密结合起来。他们需要成为学生学习的表率和榜样，通过品德和学识征服学生、引导学生，并公平对待每个学生。教师不仅要提升自己的教学技能，更要加强职业道德素质和责任意识的培养，以自己的人格魅力感化学生。在课堂上，教师要注重自己的言行举止，善于采用贴近生活的教学方式，引导学生思考道德自觉的价值和意义。

（2）教师要明确自身的道德责任，过好政治、师德和业务关。他们需要明确工作定位和道德教育的任务，并经常对自己的言行举止进行反思和自省，做好学生道德的引路人。教师首先要有良好的道德自觉意识，明确自己的道德责任。他们在教学活动中承担着行为示范的道德责任，通过思考进一步明确教师的道德意义和价

值，形成自己的道德认知和意识，在教育教学活动中丰富道德情感体验，坚定道德信仰，并发挥模范带头作用。

（3）教师要主动建设和挖掘教学资源中的道德自觉教学资源。他们需要深刻了解和把握我国自古以来的道德教育资源，从优秀传统文化中汲取营养，关注当下，继承传统、推陈出新，体现传统道德规范的时代价值，使其与现代德育课堂相结合。通过这些措施，教师可以更好地履行教书育人的使命，培养出德、智、体、美、劳全面发展的新时代人才。

2.科学规划课堂教学模式

学校需要重新审视育人理念，尤其是在当前教育环境下。许多学校过于注重知识和智力的培养，而忽视了学生主观能动性的发展，这不利于学生作为道德主体的自觉性发挥。教师在这一过程中扮演着教育者、组织者和影响者等多重角色，通过建立情感密切的师生关系，有意识地引导学生，从专业知识和思想观念等方面入手，转变教学思维和理念，消除角色壁垒，有目的地引导学生实现其道德主体地位。同时，学校应该整合各种教育资源，根据社会发展需求和青少年身心发展特征，制订教学计划，注重学生的全面健康发展。在整合校园道德教育资源的基础上，要加强主题班会课、思想品德课等的教学，尽可能地在各个学科中渗透道德自觉的教育，以进一步改变校园的办学观念和教师的教学理念。

为了创新教育手段，丰富德育的形式和载体，学校需要善于运用"体验式"德育的教学方式。德育课堂应坚持以价值引领为主，让学生参与其中，采用线上线下混合式的教学模式，通过改变传统的教学方式，引导学生参与课堂教学，从而提高德育课的育人效果。教师应灵活运用体验式德育方式，根据教学目标准备活动素材，引导学生积极参与，达到"道理不用我说，你自己在活动中能够感悟到"的效果。同时，利用新媒体平台，搭建教师学生沟通的平台，通过深挖各类专业课程的教育资源和教学素材，拓展德育课教育的内容与渠道。这样可以促进德育课课堂与社会的紧密衔接，创造活跃的互动氛围，提高学生的参与度和获得感，增强他们作为道德主体的主体性认识。

此外，为增强德育课教学的实践性，教师可以转变教学方法，结合实际生活，联系身边的具体事例与学生展开讨论，从而将正确的思想意识传递给学生。通过开展各种实践活动，为学生提供多种社会实践平台，如校园执勤学生志愿者、评选校园"道德文明小明星"等，使学生在社会实践中发挥主观能动性，将课堂中所学的知识灵活运用，增强自己的道德自觉意识。这种实践性的教学模式可以帮助学生将道德理论转化为实际行动，实现小我与大我的统一。

3. 强化道德情感和荣誉感教育

加强对青少年的道德情感和荣誉感的教育，是促进其道德自觉的重要途径。通过教育和引导，可以帮助青少年正确辨别是非善恶，从而引导他们走向道德自觉。道德实践行为受到鼓励和表扬时，会激发青少年强烈的责任感和荣誉感，进而促进其良好道德品质的形成。

青少年德育肩负着培育个体道德自觉的重要使命，是一种人文精神和仁爱理念的传播过程。在这个过程中，要注重道德情感的体验和培养，拉近师生之间的心灵距离。通过对青少年的心智情感进行道德教化，使社会道德规范内化为他们的内心规范，升华为个体的道德需要。例如，可以组织观影活动，让学生了解道德人物的事迹，并引导他们思考评价，以榜样的力量感化学生；也可以组织志愿服务活动，让学生在服务他人的过程中感受道德的力量。教师在德育课堂上运用丰富多彩、有感染力的语言，使学生产生共鸣，培养其丰富的道德情感。

加强青少年的道德荣誉感培育有利于强化其道德自觉意识。通过引导青少年自觉履行道德义务，并及时给予鼓励和积极评价，可以增强他们履行道德责任的内在动力。同时，德育工作者需要制定明确的奖惩制度，形成体现学校德育特色的道德荣誉奖惩制度。青少年的道德荣誉感培育需要经历道德认知、道德意志、道德情感和道德自律等方面的相互融合，同时需要内在道德情感和认知的引导，以及外在宣传和鼓励的支持，从而促使青少年形成良好的道德行为习惯和科学的道德荣誉观。

（三）优化德育环境，激发道德自觉

教育与环境息息相关，二者相辅相成，相互影响。在培育青少年的道德自觉意识时，一个良好的教育环境至关重要。人是社会关系的综合体，每个人都处于自己的社会关系网络中。随着年龄的增长、教育环境的改变以及知识的积累，德育内容发生了变化，同时微观环境也随之变化。社会的进步发展对青少年的道德自觉意识培育产生了复杂影响，这些影响相互交织、相互关联，表现在青少年的生活、学习等各种学校和社会环境中。教育主体不仅仅局限于教师、家长和学校，社会组织、同辈群体等也可以成为青少年德育的主体。

1. 营造良好的社会舆论氛围

营造良好的社会舆论氛围是培育青少年道德自觉的重要途径。在这样的氛围中，正确的价值取向和道德观念可以潜移默化地影响青少年，使他们更加清晰地认识到自己应承担的道德责任。相关部门应加强管理，制定并贯彻相关规章制度，明确社会成员、个体和集体的责任内容和奖惩标准，以促使每个社会成员坚定自己的道德价值取向，恪尽职守，将个体、集体和社会统一起来。青少年德育应注重开发更多优秀传统文化和革命文化，并结合现代元素和当代事例，以大众喜闻乐见的形式呈现出来，这将取得预期的德育效果，营造良好的社会氛围，激发青少年的道德感知和爱国情怀。

舆论监督的开展对于塑造良好的社会舆论氛围至关重要。建设良好的社会舆论氛围有助于更好地促进青少年道德自觉的培育。当

"慎独修身"成为受人推崇的价值取向时，也会进一步影响人们的道德判断和道德选择。建立健全的社会道德制约机制，宣传道德模范的光辉事迹，引导青少年自觉履行社会公民的责任和义务，有助于他们认识到自己是国家的一分子，言行举止代表着国家形象和国民素质。同时，对违法犯罪和违背道德伦理的行为进行曝光、批评和谴责，有助于帮助青少年增强辨别是非的能力。

净化网络道德环境，强化网络责任意识也至关重要。在新媒体时代下，网络信息的鱼龙混杂使得青少年更易受到不良信息的影响，这可能严重影响他们的道德判断和道德选择。因此，加强网络道德环境治理，特别是针对青少年群体，制定青少年上网模式，不断完善网络规章制度和伦理道德规范，建立积极健康的网络育人环境至关重要。只有这样，才能避免不良观点的传播，保护青少年的身心健康，促进他们的良好成长。

2. 创设积极向上的校园环境

学校作为学生德育的主要场所，需要着重构建积极向上的校园环境，以培养学生良好的道德品质为目标。

（1）学校应当注重校园物质文化环境的建设。这包括维持整洁干净的校园环境，提供实用且人文化的硬件基础设施，如明亮的教室、整洁的图书馆、齐备的运动器材等，同时在校园中设置能够体现人文精神和办学理念的标语、雕塑和画作，以及提供舒适的住宿环境和美味可口的饭菜。这些举措有助于传递积极正向的校园德育环境导向，激发学生的学习热情，并促使他们自觉规范自己的行为。

（2）学校需要重视校园精神文化的建设，创造积极健康向上的精神文化氛围。这意味着要真正将关爱学生、以人为本的理念贯彻到教学活动中，营造良好的课堂教学环境和积极健康的校园文化氛围。通过丰富多彩的校园文化活动，有目的地传递道德自觉的意识，引导学生积极参与，发挥班级干部和道德模范的作用，营造良好的道德实践环境，促进学生对道德自觉的深入理解。

（3）学校也需要建立行之有效的规章制度，以强有力的外部约束规范学生的道德行为。这些规章制度必须严格遵守，不论是校领导、教师还是学生，都应该严格执行。通过加强对各项规章制度的执行，进一步规范学校的各项德育教育活动，为全体师生创造一个和谐有序的教育学习环境。

3. 优化温馨的家庭育人环境

家庭不仅仅是人们居住的地方，更是心灵的港湾。作为青少年道德自觉意识培养的起点，家庭需要全体成员共同努力。

（1）家长应提升自身的道德认知水平，注重培养责任意识。缺乏道德修养的父母很难教育出具有良好道德修养的孩子。父母要以身作则，在日常生活中展现良好的行为模范。道德自觉意识需要内化于心、外化于行，这需要家长的教育和影响。此外，父母作为孩子的第一任老师，应树立良好的榜样，不可言行不一，必须对孩子诚信以待。

（2）家长应转变教育理念，采用正确的教育方式。良好的行为习惯对于青少年的全面发展至关重要。家长应重视子女道德自觉意识的培养，注重引导孩子树立正确的道德观念。特别是在独生子女家庭中，家长应避免溺爱，应帮助孩子树立正确的人生观和价值观。

（3）家长要注重培养孩子的独立能力。不宜过分包办一切，应尊重孩子，鼓励孩子自己做决定、做事情。在孩子犯错时，应以平和的态度对待，帮助孩子找到错误原因，鼓励孩子勇于尝试和实践，培养孩子的自信心。

（4）家长应与学校密切配合，实现家校联动。家长要配合学校的德育教学，与学校教师保持沟通，了解孩子的道德认知和行为表现情况，共同促进孩子的全面发展。

（四）加强制度建设，保障道德自觉

青少年的道德自觉意识培育需要社会各个方面共同的努力，除

了教育理念、教育环境和方式等潜移默化的影响之外，外在的强制力量监督执行也是非常重要的，完善的道德制度可以发挥价值引领的保障作用，促进青少年道德自觉意识的形成，要制定行之有效的制度机制，保障道德自觉。

1. 健全核心价值引领机制

坚持以社会主义核心价值观为引领，构建主流价值观，可以有效指引青少年的道德实践，促进他们的道德自觉发展。通过营造符合时代发展和人民利益需求的价值体系，全面提升社会的道德标准，创造崇尚美德、讲求道德的社会氛围，从而培养青少年的道德责任感，增强他们的道德自觉意识。

加强青少年对主流价值的共识对于塑造他们的道德观念至关重要。社会主义主流价值观承载着人们对社会主义道德规范的追求，是青少年道德自觉发展的重要基石。青少年的道德自觉需要建立在对社会主义核心价值观的认同基础上，这有助于他们明确道德行为的方向和标准。通过构建社会道德评判体制、完善社会信用体系等措施，体现主流价值的引领作用，可以帮助青少年更好地理解和接受社会的道德规范，从而形成正确的道德判断和选择。制度规范的强化不仅增强了青少年的主流价值共识，也使他们能够理解并愿意自觉遵守这些规范，实现从道德约束到道德自觉的转变。因此，通过强化核心价值引领机制，可以有效地引导青少年形成正确的道德观念和行为习惯，为他们的健康成长和社会责任的承担提供坚实的道德支撑。

2. 健全道德评价机制

在人作为社会关系的总和中，他们的行为表现会在各种关系中产生影响，而道德评价作为一种重要的社会调控手段，可以通过对个体、群体、组织的实践行为进行客观评价，促进全社会形成共识和一般标准，帮助道德主体确立正确的是非善恶观念。

（1）科学完善的道德评价体系可以提高各行为主体的道德意识和判断能力。通过对行为的评价，可以使个体意识到自身行为的道德价值和影响，从而加深对道德问题的认识，并促使他们调整自身行为，形成更加积极向上的道德观念。积极正面的道德评价也会鼓励人们继续保持良好的行为习惯，形成良性循环。

（2）建立科学合理的道德评价体系需要全社会共同努力。国家整体的道德文明和国民的道德素质都会通过这个国家的道德评价体系和标准得到反映。对青少年来说，要健全道德评价体系，就需要充分利用舆论引导，发扬社会主义优秀文化，鼓励他们积极参与道德评价活动。这不仅可以对他人的道德行为进行指导，也是对自身观念和行动不断反思和调节的过程，有助于构筑和整合个人的价值结构。

3. 健全道德约束机制

道德约束以柔性方式进行治理，依赖个体内心信念、社会舆论和传统观念等，具有自律性和非强制性的特点。它的范围比法律法规和制度更广，能够规范那些无法通过法律来约束的道德行为，从而引导人们朝着善良的方向发展，追求真善美的价值取向。

（1）"内外结合"。对于青少年主体而言，内部方面主要通过积极有效的教育方式来提高其道德素养，培养他们的道德良心，强化自身的道德约束。外部方面则是引导和鼓励青少年群体参与到社会道德约束体系的建立中来，倡导他们提出意见和建议，调动积极性，并让约束体系体现青少年群体的需求，以促进他们自愿遵守道德约束。

（2）"赏罚分明"。对道德模范进行奖赏，对道德失范行为进行惩戒，利用奖惩机制强化道德行为。奖励道德模范可以树立良好的榜样，激励更多人向他们学习，形成良好的社会风尚；而惩罚非道德行为则可以提醒人们要明辨是非善恶，从而在内心建构起道德约束的边界。通过奖惩机制，可以帮助人们在社会舆论的压力下重新审视自己的行为，进而更加自觉地遵守道德约束。

4. 健全道德导向机制

坚持以马克思主义道德观和社会主义道德观为根本遵循，以社会主义核心价值观为内在引领，将国家、社会、个人"三位一体"层面的价值要求全方位地融入贯穿到道德建设中。同时，主流价值观应构建时代道德规范，引导人们的道德实践，尤其是青少年应该被引导去"明大德、守公德、严私德"。社会主义核心价值观体现了自由、平等、公正、诚信、友善等和谐社会关系，对于整个社会的道德标准和规范具有重要影响。通过建立健全的道德导向机制，可以提升整个社会的道德标准，创造人人尊崇、践行和信仰道德的社会氛围。青少年在这一过程中既是道德建设的主体，也是直接受益者。他们的道德责任感的培养直接关系到社会主义道德体系的发展，因此必须使其内化于心、外化于行。

道德导向机制通过设定约束规范和鼓励规范，为社会成员提供具体的道德指导，引导人们形成良好的行为习惯和价值观念。这些规范涵盖了人们生活的方方面面，如对待他人的诚信、遵守公共秩序等。道德导向机制的建立不仅为人们提供了行为指导，也促进了大众人格的提升，使社会成员在日常生活中能够更好地遵循道德规范，建立正确的行为观念。

在制定各种制度和规章时，应以道德为先导，确保这些规范符合主流道德观念。重视人们对规范的道德支持和认同，将对规范的遵守转变为个体的道德自觉，从而融入个人的内在品质之中。通过建立道德导向机制，逐步统一全体社会成员的价值观念，形成全社会的价值共识，促进社会主义道德建设的深入发展。

第三节　青少年道德荣誉感的培育

一、青少年道德荣誉感培育的意义

（一）有利于弘扬社会主流价值观

人们的社会价值取向作为一种社会意识，会随着社会实践的发展而发生深刻的变化。由于人的本质是社会关系的集合体，每个人所处社会关系的差异性，必然会在不同的社会实践过程中形成不同的价值取向。新时代以来，经济全球化、世界多极化、文化多样性、社会信息化趋势不可逆转，主张"开放""自由""个性"等一系列多元的价值观念对我国传统价值取向产生巨大冲击，而青少年正处于当前社会多元价值观念激烈冲突交锋的关键期。

"道德荣誉感的培育具有重要的引导示范、强化驱动意义。"[①] 我国的青少年正是受多元社会价值冲击影响的主体，对青少年进行道德荣誉感培育有助于青少年在多元价值观念的冲击中，深刻感悟到使命和信仰的力量，坚定社会主流价值观，形成正确的道德荣誉观念，为中华民族伟大复兴，实现共产主义而接续奋斗。

（二）有利于完善学校德育体系

青少年正处在德育培养的关键时期，学校作为德育的实施主体，肩负着根据社会和青少年发展的需要，以正确的道德理论为

---

① 贾楠. 新时代青少年道德荣誉感培育路径研究 [D]. 西安：西安理工大学，2022：3.

指导，在适应与促进社会发展的道德实践中，不断提升青少年道德认知、调节道德行为的使命。

道德荣誉感的培育是学校人才德育培养的重要一环，是青少年思想政治工作的题中应有之义，也是贯彻落实习近平总书记关于立德树人教育根本任务的现实举措，更是学校德育体系发展的必然要求。学校作为专业的教育者能够对青少年进行全面系统的教育指导，帮助青少年明确社会主流价值取向与道德准则，并能够通过专业的教育方法强化青少年崇荣知耻的道德理念，自觉加强自身思想道德修养，在日常生活中做出正确道德判断，养成正确的道德行为习惯，减少道德失范行为，努力成为有理想、有道德、有文化、有纪律的社会主义时代新人。

（三）有利于实现青少年的人生价值

人作为主客体关系的统一体，当个人作为客体时，满足他人和社会的需要称为个人的社会价值；当个人作为主体时，他人和社会对自己生存和发展等需要的满足称为个人的自我价值。个人在存在和发展的过程中，既需要从一定的社会关系中汲取力量促成自身发展，又要用自身发展的力量反哺社会。因此，社会价值和自我价值是人生价值的两个方面，二者互为因果，互相促进，不可分割。

对青少年进行道德荣誉感培育，一方面有利于促进青少年明确认识到只有国家和社会才能满足自身存在和发展的需要，激发青少年爱国主义热情，从而坚定理想信念；另一方面能够引导青少年树立"强国有我"的决心，自觉以国家富强、民族复兴、人民幸福为己任，在艰苦奋斗中实现自身价值。

二、青少年道德荣誉感培育的内容

（一）激发向上向善的情感

道德情感是个体在一定道德规范和道德观念指导下参与社会活动时对于道德言行产生的内在喜恶情绪，道德情感的生成能够促进道德主体在处理社会道德关系时做出正确的道德判断与选择，自觉践行道德行为，做出正确的道德评价，保证道德品性的持久稳定性。

道德荣誉感建立在人的肯定性的、积极的道德情感基础之上，尤其共情是道德判断和道德选择的基础。共情的关键在于要使道德主体由被他人关爱到关爱自己最终实现关爱他人的内在情感飞跃。

首先，青少年作为多种社会关系的集合体，受到多重关爱，在主动或被动接受关爱的过程中确立自我价值从而实现到爱己的过渡，与此同时在肯定自我价值的过程中也不断为他人和社会回馈表达自己的情感从而实现爱人。青少年的自我价值感是影响道德情感内在运作的重要组成部分，健康正确的自我价值感能够引导青少年在成长的过程中学会如何认知自己的言行，同时也能够去对别人的言行进行判断和评价，青少年道德荣誉感培育的关键就在于要让青少年在成长历程中感受到被爱，从而确立正确健康的自我价值感，以此实现道德情感的激发。

其次，青少年的道德情感具有可教育的潜质，通过教育能够实现其道德情感的内在动态发展，但由于主体经历情境的不同往往会产生不够系统完善的道德情感。因此，需要在关爱他人的实践过程中通过教育引导实现道德情感的增强和完善，从而才能促进道德行为的产生。综上，道德荣誉感的培育有赖于主体在被爱和爱己的过程中确定主体自我价值感，同时也需要道德教育实践增强和完善主体道德情感。

（二）树立正确道德准则

正确道德准则能够促进青少年将良好的道德认知转化为认同，将外在行为规范内化为个体行为准则，将他律转化为自律，引导青少年形成良好的道德荣誉感。因此，树立正确的行为准则是青少年道德荣誉感培育的首要内容。

社会主义核心价值观体现着当代中国的国体和政体性质，是国家文化制度的灵魂，为青少年道德荣誉感的培育提供了价值方向。青少年道德荣誉感培育的首要内容就是要让青少年树立以社会主义核心价值观为核心的道德准则。

首先，"富强、民主、文明、和谐"的国家建设目标是青少年道德荣誉感培育最高层次的价值目标，是中华民族繁荣昌盛、人民幸福安康的物质基础，是创造人民美好幸福生活，实现经济社会长治久安的政治保障，更是青少年国家荣誉观形成的理论基础。

其次，"自由、平等、公正、法治"的社会建设目标反映了社会主义的基本属性，是马克思关于实现人的全面发展的社会基础，能够为青少年道德荣誉感的培育提供社会法治保障。

最后，"爱国、敬业、诚信、友善"的个人价值目标是社会道德生活的基本道德准则，更是公民个人道德行为选择的评价标准，集中体现了人的社会性本质，为青少年道德荣誉感的培育提供了基本遵循，使得青少年能够树立正确的道德准则，发挥社会主义核心价值观的引领作用。

（三）培育道德行为

道德行为是指道德主体在正确道德准则的规范和监督以及自身道德情感价值标准支配下道德认知状况的践行，也是道德培育的出发点与落脚点。青少年的道德行为并不是一蹴而就的，需要多个主体的长期参与，切实把社会主义核心价值观教育与青少年道德行为养成教育结合起来，在青少年实践过程中提升道德认知和激发道德情感，促进青少年产生道德行为。

道德荣誉感的形成过程是一个动态的、周而复始的过程，青少年时期正是道德荣誉感定型的关键期，道德认知外化为道德行为过程具有不稳定性，它需要反复地"实践、认识，再实践、再认识"。青少年虽然对社会道德标准有了独立的认知和判断，但在社会实践的过程中也难免会产生不好的道德意识和行为。因此，在青少年道德荣誉感定型的关键期需要结合全方位多手段。首先，重视社会主义核心价值观对青少年道德认知的引领作用，使青少年能够形成基本的道德价值标准；其次，通过"共情"手段培育青少年的担当精神、家国情怀，形成求真、向善、尚美的意识和情感；最后，通过反复实践将其外化为稳定的道德行为，将崇真向善的道德认知与情感转换为正确的德行，这是青少年道德荣誉感培育的价值旨趣所在。

三、青少年道德荣誉感培育的原则

（一）适度性原则

适度性原则是指青少年道德荣誉感的培育过程中，采用的培育内容与方式要在青少年主体所能接受的限度之内，这是青少年身心发展程度与心理素质的综合反映指标。由于青少年正处于价值观成型的关键期，其身心尚未发育成熟，情感心理敏感易变。因而，如果培育方式不当或内容过度，极易引起青少年产生逆反心理甚至"超限效应"，即产生不道德行为；反之，培育方式和内容过于简单，则又激发不起青少年道德荣誉感的动机情感，从而无法产生道德行为。因此，为避免青少年产生"超限效应"或道德荣誉感不足等负面现实问题，在对青少年道德荣誉感培育过程中应坚持适度性原则，这是提高青少年道德荣誉感培育实效的重要保证。

首先，在培育内容上，应该结合青少年身心发展特点，把握好青少年道德荣誉感培育的目标，围绕青少年日常所学的教学内容、生活兴趣的关键点作为培育的精准点，在青少年已学旧知识、常规知识、历史问题的基础上设计一些符合青少年道德认知水平的问题，然后步步引导深入，促进青少年对培育内容的接受度与认可度，避免培育内容与培育主体分离。

其次，在培育方式上，物质激励与精神激励两种方式是提升青少年道德荣誉感的有效路径，单纯的物质激励或单纯的精神奖励都会误导主体道德荣誉情感的生成。因此，在青少年道德荣誉感的培育过程中应该坚持物质奖励与精神奖励方式相结合，以满足青少年普遍的自尊、认可等高级精神道德需要为出发点，对青少年的某种道德意识或行为既要给予一定的物质奖励，也要高度肯定与赞扬其精神价值，只有这样才能在激发起主体的道德荣誉情感的同时外化产生道德行为。

（二）方向性原则

方向性原则是保证青少年道德荣誉感培育性质的基本准则，只有坚持社会主义主流价值导向，才能培养出建设中国特色社会主义现代化强国的"时代新人"。青少年道德荣誉感培育不仅要解决青少年道德荣誉感淡化、错位、弱化问题，还要能够满足青少年成长的现实需要，通过道德教育充分调动起青少年对于道德荣誉感的主体追求，并且将这种主体追求内化于心，外化于行。

培育青少年道德荣誉感必须以社会主义核心价值观为导向，将其转化为青少年的情感认同与行为习惯。因此，青少年道德荣誉感培育必须以培育社会主义现代化强国的建设者与接班人作为目标要求，以社会主义核心价值观为主线和引领，把实现国家富强、民族振兴、人民幸福的中国梦目标转化为青少年的自觉追求，鼓励青少年自觉参加到社会主义道德实践中去，形成良好的社会道德新风尚，促进国家安定团结，长治久安。

（三）整体性原则

整体性原则是指教育者将一定社会历史时期的道德伦理标准传输给青少年主体并让其内化为自身思想意识和品德，外化为道德行为。青少年道德荣誉感是一个宽领域、全方位、多载体的有机整体。因此，在对青少年进行道德荣誉感培育的过程中，要建立一个全面有效的培育机制，使其内部各要素之间保持协调一致，从全局性的角度观察和把握青少年道德荣誉感培育的全过程。

首先，跨学科交叉式教育是青少年道德荣誉感培育的共识性举措，能够在德育过程中补足单学科德育的局限性与单一性，只有加强教育学、伦理学、心理学等学科交叉渗透和密切合作，整合相关各学科的比较优势，才能不断增强德育创新的整体效应。

其次，青少年总是处于一定的社会关系当中，其中社会大环境的影响、家庭教育、学校教育以及个人知情意的综合发展都对青少年道德荣誉感有着潜移默化，持久不息的影响。因此，青少年道德荣誉感的培育需要家庭、学校、社会、个人多主体协同配合，形成青少年道德荣誉感全方位培育模式。

最后，教育载体是教育主体与青少年道德荣誉感培育的信息传送带，不仅要借助传统的教育载体，还要结合网络新媒体技术，在分析这些载体各自的特点和优劣势的基础上，发挥每一个载体的最大效用，达到道德荣誉感培育目的。

（四）针对性原则

针对性原则，是保证青少年道德荣誉感培育有效性的基本准则，只有正确全面了解青少年道德荣誉感产生的问题，针对符合青少年主体实际正常需要做出的培育决策才能够行之有效。不同主体或同一主体不同时期需要的差异性，会导致同样的培育方式作用于不同主体，或作用于同一主体的不同时期都会产生不同的效果。因此，要培育青少年道德荣誉感，就应该充分了解青少年身心道德成长的需要与特点，具体情况具体分析，切实提高青少年道德荣誉感培育对策的针对性。

首先，充分了解青少年主体成长的环境。由于青少年身心发展依赖于家庭、学校、社会等外部环境，需要充分了解青少年所处的外部环境，才能制定出有效的个性化培育方案，达到培育效果的最优化。

其次，明确了解青少年自身道德荣誉感发展的需要，每个青少年主体都是特殊个性的存在，对于道德荣誉感可能会出现认知、情感、意志、价值目标等多方面需要的偏差，导致其会产生不同的道德行为。因此，必须要选择不同的内容、方法进行针对性培育。

最后，青少年主体在成长过程中会有阶段性的发展特点，青少年道德荣誉感培育要针对青少年主体成长不同时期运用不同内容和方法，针对其发展不同阶段的具体特点，抓住准确时机采用对应的培育对策。需要注意的是，道德荣誉感培育的内容和方式必须立足于社会历史条件的具体实践。

四、青少年道德荣誉感培育的路径

（一）打造社会良好环境

1. 多元价值整合，优化社会舆论环境

（1）面对新时代出现的多元价值取向，我们必须坚持以社会主义核心价值观为导向，善于运用马克思主义辩证的、全面的、一分为二的方法看待新时代出现的多元文化，立足于中国现实去实现多元价值观念的"中国化"，整合不同利益主体所持有的价值观。与此同时，要把握好社会主义文化先进性与广泛性的结合，在对青少年道德荣誉感的培育过程中，既要坚定社会主义核心价值观的引领方向，又要看到青少年道德荣誉感的个别差异性，考虑青少年不同层次的道德需要，要在正确的方向下最大限度地发挥青少年对于道德荣誉感的主观能动性。

（2）面对外来文化对青少年的道德荣誉感的强烈冲击尤其是西方文化的入侵带来的负面效应，社会必须切实利用新兴媒体的传播优势，为青少年道德荣誉感的培育开辟一片净土。社会要充分利用电视、网络、手机、杂志、广播等宣传平台，以生动、形象、贴切的形式宣传我国道德荣誉主流文化，将社会道德模范以及道德荣誉理念用青少年所喜闻乐见的方式呈现在生活的各个方面，以此提高青少年对于道德荣誉感的兴趣。同时，还可以利用网络媒体平台将反面案例公示，邀请青少年参与评判，打破传统说教式教育方式，使青少年从受教育主体到评价主体的转变中切实提升自身道德荣誉感。

（3）新兴媒体作为青少年道德荣誉感培育的中介平台，其便捷与高效性特质丰富了青少年道德荣誉感的培育路径，但也难以避免其开放与交互性带来的负面影响。因此，社会相关部门必须明确相关法律规定，严格把控大众传媒的市场秩序，对于输出的文化内容严格把控审核标准，尤其对于青少年使用的电子产品严格把控输出质量关，有效抵制恶意意识形态的入侵以及低俗的文化产品进入到青少年视野。同时，要切实提升新媒体平台工作人员的道德荣誉感，加强传媒人员的职业道德素质培育与提升，要求媒体公司定期开展自查，制定实现公司可持续发展的科学规划，推出更优质的内容和主题，要将产品文化深入结合我国优秀道德荣誉观念思想，形成良好的价值导向。

2. 完善赏罚机制，优化道德评价机制

（1）建立健全合理明确的社会奖赏机制是青少年道德荣誉感培育的保障。社会要建立以物质奖励为基础、精神奖励为依托的综合性赏罚机制以达到培育效果最大化。"经济人"和"社会人"假设都表明人以自身利益最大化为目标来满足自己的社会性需要。物质手段和精神手段等综合性的奖惩机制能够通过正向的道德奖励与负

向的道德惩罚来激发青少年产生强烈道德荣誉感或道德耻感,通过利益关系调控对青少年道德荣誉感进行价值引导。

(2)法律是社会道德底线的保障。通过法律规范等强制性手段,对严重的非道德行为进行制裁,强制性地促使人们提高自己的道德自觉,遵守道德规范,这对青少年道德荣誉感的培育发挥着不可或缺的补充作用。因此,社会应该将法律法规贯穿整个社会道德荣誉奖惩的全过程,坚持用法律的强制性手段杜绝道德人物评选过程中的恶意竞争,贪污腐败等一些问题的出现,用法律保障道德人物评选过程与结果的公平公正,这样才能保障对社会不道德行为进行有效遏制,对道德行为进行有效推进。

(3)有效的道德评价机制对青少年道德荣誉感的培育具有很大的促进作用。中国特色社会主义发展的现实需要催生着全面的道德评价机制的出现。建立全面的道德评价指标体系,可以帮助青少年明确道德评价的范畴。社会在对道德模范人物进行道德评价的过程中,应该从充分了解道德主体产生道德行为的动机、产生道德行为的过程以及道德荣誉行为产生之后引起的效果三个基本方面入手,同时要立足于一定的社会历史发展阶段,从个人、家庭、社会等角度全方位对其进行道德评价。只有建立一个全面有效的道德评价机制才能真正发挥道德荣誉的模范作用,给青少年道德荣誉感的培育树立良好道德榜样。

(二)完善学校培育体系

学校作为青少年德育的主阵地,在青少年道德言行形成过程中承担着举足轻重的作用。因此,青少年道德荣誉感的培育必须发挥学校的主阵地作用。

1. 提升教师道德素质,夯实德育内容

(1)教师道德素质是影响青少年道德荣誉感培育效果的关键因素。因此,学校必须把师德师风建设摆在学校各项工作的首位,切

实提升教师道德素质。

第一，教师必须要树立崇高的职业理想，坚定对教育事业的追求与热爱，将爱与责任贯穿在日常教育教学工作当中，不断挖掘自身传道、授业、解惑的使命感与内在价值，增强自身责任感的同时激发学生的认同感。

第二，学校要切实开展落实师德师风建设，大力弘扬爱岗敬业、教书育人、为人师表、严谨笃学等教师职业道德和学术道德，将师德作为评判教师职业素质的基本标准。

（2）夯实学校关于道德荣誉感的教学内容是青少年道德荣誉感培育的有效手段。因此，学校必须从教学内容上整合开发青少年道德荣誉感培育课程资源。

第一，借助学校德育课程，使学生更加系统全面地了解我国社会主义荣辱观形成与发展的历史脉络，坚持以马克思主义为教育导向，坚持与时俱进，将社会现实融入德育教学内容，使其充分贴近青少年道德现状，引导青少年在感悟反思中逐渐提高自身的道德荣誉感评判选择能力，并不断增强自身道德荣誉感。

第二，青少年作为多种社会关系的集合体，集中体现了与自己、与家庭、与社会三个层面的身份关系。因此，对于青少年道德荣誉感的培育内容也应该是宏微观相结合，层层递进，既要立足于传统德育教材，又要结合社会现实，超越教材，增强学校对青少年道德荣誉感培育的实效性。

（3）青少年道德荣誉感培育的最终目标是促使青少年拥有崇高明确的道德荣誉感，自觉践行道德行为。青少年较之传统的教育教学的德育授课模式更青睐于实践式、沉浸式、体验式教育模式。因此，学校对于青少年道德荣誉感的培育不仅要立足于课本，还要回归到现实生活本身。

第一，学校要广泛开展形式多样的道德荣誉感教育实践活动与精神文明创建活动，以体验式教育方式为依托鼓励广大青少年参与。与此同时，在整个教育实践过程中充分利用青少年群体效应促进青少年互相进行道德荣誉感监督，旗帜鲜明地表现出崇荣耻辱的道德情感，自觉在集体中形成良好的道德风尚。

第二，及时关注青少年实践过程中道德荣誉情感的动态变化，加深与学生之间的互动，要在充分尊重青少年主体性的前提下进行沟通交流，引领其在道德荣誉问题上明确自身道德责任，在遵循道德规范准则的基础上做出正确的行为。

2. 搭建多样德育平台，营造良性氛围

（1）搭建青少年道德荣誉感培育的传播平台。学术论坛是目前学校开展德育工作的首选方式，也是青少年较为青睐的学习方式，学校可以以学术论坛为培育主载体，邀请道德荣誉研究专家和学者来校讲座，对青少年道德荣誉感培育进行指导交流，借力专家名师思维引导青少年深化对于道德荣誉的认识，及时纠正思维偏差。与此同时，学校可以在立德树人根本目标的指引下借助形式多样、内容丰富的文化传播形式，营造良好的青少年道德荣誉感培育氛围，如开展一系列以荣誉感为题的观影、阅读会、征文、知识竞赛等传统的主题教育活动，鼓励学生在亲身参与中了解道德荣誉，增强青少年道德荣誉培育效果。

（2）搭建青少年道德荣誉感培育的交流平台。网络新媒体凭借其交互性、开放性、个性化的鲜明特征深受广大青少年的喜爱。因此，学校要充分结合道德荣誉感培育综合性特点，充分借助校园媒体宣传平台，开设道德荣誉的专题网站或者特约栏目等扩大青少年道德荣誉感培育平台范围。同时，借力个性化交互性的网络新媒体平台增多青少年共享交流展示的机会，如举办线上道德荣誉交流会、道德荣誉故事分享会以及道德答疑"树洞"等新型交流模式，在最大程度扩展道德荣誉培育的覆盖面且快速高效整合利用优质培育资源，既避免了传统单向的输入式培育模式的弊端，又增强了青少年群体对话交互，沟通分享的主动性，充分提升青少年对道德荣誉感培育的主体意识。

（3）搭建党委领导、教师主导，辅导员补充的传帮带平台。学校党组织作为领导主体，要坚定青少年道德荣誉感培育的方向与原则，切实把握学校发展现实状况，协调各方利益，带领全校师生朝着道德荣誉培育的目标前进。教师作为青少年道德荣誉感内容的输出者，要形成以思政理论课为中心，综合素养课作依托，全覆盖的德育课程体系。辅导员作为青少年道德荣誉感的辅助力量，既要做好上级党委培育方向的追随者，又要落实教师培育内容的监督者，要了解学生道德发展需求现状，做好学校工作的传声筒，当好学生生活的指示灯。

（三）强化家庭德育熏陶

家庭是青少年成长发展的起始点，是联结青少年与社会的亲情纽带，家庭教育直接影响着青少年道德价值的内容与水平。因此，青少年道德荣誉感的培育要充分发挥好家庭教育的基础性作用。

1. 转变教育理念与方式，完善评价机制

（1）正确的教育理念才能正确引导和培育青少年的道德荣誉感。笔者通过资料分析发现，家庭教育中教育者相比较于青少年道德发展状况来说更加重视学习、工资、身体健康等方面。由此可见，家庭教育理念与方式与青少年教育全面化需求存在偏差。因此，培育青少年道德荣誉感关键在于改变有偏差的教育理念与方式。

第一，切实了解青少年的真实需求，避免物质化过度补给。中国特色社会主义进入新时代以来，绝大多数青少年物质生活相对充足，反而对于安全、爱与归属的需要没有得到切实的满足，导致青少年成长阶段的断层，影响道德荣誉感的形成。

第二，以青少年品德发展为首要目标。传统"唯分数论"的重智化教育限制了青少年全面成长的机会，使得青少年丧失了主动创造性，甚至出现高分低能问题。因此，家庭教育者要注重培育青少年能力的提升与身心的全面发展，将社会道德荣誉观念转化为青少年个体的认知与行为。

（2）青少年身心发展正处于认知情感矛盾产生的高峰阶段，对于道德荣誉的问题会产生某些片面的认识或不成熟的行为，但是其已经具备独立思考和行动的自觉意识。因此，在对青少年道德荣誉感培育的过程中，必须改变以往"溺爱式""棍棒式"等错误的教育方法，必须结合青少年身心发展状况，作出科学有效的培育方式。

第一，平等信任是前提。家庭教育者要注重与青少年进行有效沟通，在充分尊重青少年的自主性、独立性的前提下，运用讨论的方式引导其做出道德行为，这样在既加深与青少年的家庭感情的同时又达到良好的道德荣誉感培育效果。

第二，善用教育中介是关键。家庭教育者要充分了解青少年的学习兴趣，结合青少年兴趣爱好善用多样的教育中介。例如电影、益智游戏、旅游等方式破除以往单一的"填鸭式"和"棍棒式"单一传统的教育方式，鼓励青少年在双向互动的实践中，激发其产生道德荣誉感的兴趣。

（3）家庭德育评价是教育主体依据道德培育标准，结合受教育主体身心发展规律，运用科学方法对德育效果做出价值判断的活动过程。在青少年道德荣誉感的培育过程中建立全面的家庭德育评价体系是青少年道德荣誉感培育的必然要求。家庭教育者必须要破除"高分是人才"的刻板印象，扭转"重智轻德"的教育缺陷，明确以青少年全面发展作为德育评价的主要目标，全面客观地了解青少年的道德素质状况，引导青少年自觉趋近思想政治教育目标。与此同时，要坚持用发展的眼光评价青少年的德行，青少年道德荣誉感的培育不是一蹴而就的，要充分重视青少年道德荣誉感提升的发展潜力，在日常的行动表现中善于发现道德意识和行为的闪光点，与此同时，在评价时要坚持立足于一定的客观实际，用全面的眼光，结合青少年自我评价以及社会外部评价作出全面系统的价值评价，避免个人主观主义以及消极片面化。

2. 发挥父母的主导作用，创设健康家庭环境

（1）青少年早期的道德教育对于其后期道德荣誉感的培育具有基础性作用。因此，家庭应该充分重视起青少年早期道德教育。因此，要培育青少年道德荣誉感应该从早期家庭教育做起。家长要抓住青少年道德成长关键时期，在遵循青少年儿童身心成长规律的基础上，运用鼓励和分享等方法引导其遵守生活中的规则，鼓励其独立自主尝试新事物，满足青少年成长的好奇心与独立性需要，对正确的行为和意识给予明确的赞许，对不正确的行为和意识及时制止并加以引导。并且要乐于与孩子交流分享，通过语言、文字等主观形式传递道德精神，领悟道德情感，鼓励其在实际行动中践行道德荣誉理念，并自觉形成稳定的道德行为习惯。

（2）发挥好家长的榜样示范作用。家长作为青少年道德荣誉感培育的第一任老师，其自身的道德素质以及行为表现对青少年有着榜样示范的作用。因此，在青少年道德荣誉感培育过程中家长应当意识到自己的言行举止都可能给孩子传达某种价值观念，会给青少年起到最直接、最基本的精神传递，家长要充分重视自我道德价值传递作用。与此同时，家长要定期自我反省，坚持将青少年的教育理念与自身的意识行为进行对比思考，使青少年直观感受到道德荣誉感的功能价值，自觉形成与社会价值规范相符合的道德荣誉认知。

（3）家庭教育环境作为显性教育和隐性教育的集合体，是青少年道德荣誉感培育的原始土壤，对青少年道德荣誉感培育有着潜移默化和深远持久的影响。因此，创设出和谐健康的家庭氛围对于青少年道德荣誉感的培育有着至关重要的作用。父母之间要和睦相处、家庭内部要互敬友爱，坚持尊老爱幼、男女平等、夫妻和睦、勤俭持家、邻里互助的家庭美德，保持和谐的家庭生活氛围和规律健康的生活习惯，在潜移默化中影响促进青少年道德荣誉行为的养成。与此同时，父母需要与青少年建立良好的亲子关系，能够及时了解并尊重青少年成长发展的需要，带领其尽可能多地参加社会公益实践活动，在自我价值的感知中激发其自身的道德荣誉情感。

（四）增强主体道德认知

任何道德行为都是由特定主体所做出，该行为选择正确与否，是否符合当下道德原则和规范的要求，都与主体道德认知和道德修养水平密切相关。因此，要提高青少年的道德荣誉感就必须要提升主体道德荣誉的认知水平，同时还应注重提升其自身道德品格修养和个人道德人格的自我完善。

1. 强化理论学习，提升自身道德认知

（1）正确的道德认知源于青少年自身学习积累的道德理论知识，青少年只有具备系统丰富的道德理论知识，才能在纷乱复杂的道德现象中做出准确的道德判断，产生道德行为。当青少年的道德行为与其内心的道德认知相符时，认知的自我与现实的自我达到统一，强烈的道德荣誉感就随之产生。青少年正处于学习道德理论知识的黄金节点，应该充分发挥自身学习的能动性，积极主动参与德育课程与社会德育实践活动，要在学习马克思主义中国化理论成果的过程中继承中华优秀传统道德荣辱观念，并且跟进时事及时了解国际国内时政大事，立足于中国社会发展现实辩证去看待国际社会出现的意识形态领域的竞争，坚定马克思主义信仰与中国特色社会主义共同理想，保证自身道德荣誉感的正确方向。

（2）青少年的道德认知初期都是来源于学习和生活中道德榜样的示范与熏陶，通过对道德榜样的道德理念与道德行为的学习和效仿得到初期的道德认知。因此，青少年要提高对于国家和社会颁发的道德荣誉模范人物及其故事的关注度，能够对道德荣誉模范的故事进行深入分析，解读道德模范参照标准并以此为自身道德认知与践行的方向。在日常的学习和生活中以道德荣誉榜样为参照，自觉将自身的道德理念与行为和道德榜样进行对照参考，在对照中纠正错误的道德认知与行为。青少年应当立足于对自身、对他人、对社会、对世界的全面系统的环境中及时更新自身道德认知，只有这样才能

适应社会道德的现实需要,这样既可以将现实社会的伦理道德规范内化为自身的道德意识,又可以将自身的道德荣誉认知转化为道德荣誉行为,最终促进良好的社会风尚。

2. 增强道德实践,完善自身道德人格

(1)道德人格是青少年道德荣誉感状况的深刻体现,完善的道德人格依赖于主体道德实践,它能够增强青少年内心追求道德荣誉的归属感,提升其进行道德选择的责任感和道德评价能力。要培养青少年主体完善的道德人格就要在道德实践过程中明确自身的道德权利与义务。青少年要自觉主动地参与社会、学校、社区举办的一系列道德模范评选活动,善于运用自身道德荣誉的认知理论作出评判,在评判他人的意识或行为是否符合社会道德标准的同时,明确作为社会群体组成部分在社会实践中应该履行什么样的道德义务、行使什么样的道德权利,处理好道德需求与利益需求、自身利益需求与其他利益主体需求之间的关系,在明确自身道德权利与义务的过程中坚定自身道德荣誉标准,约束自身不道德行为或意识,不断增强与完善自身的道德荣誉感。

(2)完善的道德人格同样也会反作用于道德实践。社会主义市场经济的发展在一定程度上促使青少年更加注重个人自由平等的自我意识与独立的个人人格,这在一定程度上会增强青少年个体道德自主选择性。因此,我们更应该提高青少年在社会道德实践活动中的参与度,让其在实践中能够自觉将自身道德荣誉与一定的社会关系相联系。青少年要积极参与到社会道德实践与志愿服务活动当中,并且及时制止生活中他人的不道德行为,能主动与其分享交流社会主义道德知识,不仅要将自身的道德人格践行于实践,也要用自身的道德意识和行为去影响他人,促使社会道德环境的不断净化,如此才会形成个体道德荣誉感与社会道德环境的良好循环。

第五章　青少年心理学及其发展

第一节　青少年心理的基本特征

青少年时期是指人在成长过程中，以第二性征出现为起点，身心各方面发生重大变化的时期。在生理上以性发育为主要标志，在心理上以意识到自己不再是孩子为主要标志，而这两者刚好是同时出现的。青少年处在生理发育和心理发展变化的一个十分重要的、剧烈的、动荡的时期，个体在这一时期所表现出的心理特征主要如下：

一、自我意识迅速发展

青少年时期是自我意识迅速发展的重要阶段。在这个阶段，个体开始关注和评价自己的内心世界和个性品质，并试图用这些来控制和调节自己的言行。他们不再完全依赖父母，渴望拥有自己的空间和独立思想。然而，在一段时间内，他们的自我意识并不稳定，往往会表现出两个极端。随着时间的推移，他们对自己的评价逐渐成熟，但也常常带有片面性、情绪性和波动性。在这一阶段，他们的自尊心很强，对他人的评价非常敏感，即使是一句随口说出的话也会引起他们内心的情绪波动，甚至动摇自我评价。因此，如何建立正确的自我认知和对他人的认识成为青少年常面临的心理问题。

二、情感丰富却易冲动

青少年的情感在进入青春期后逐渐变得丰富，但由于缺乏足够的社会阅历和经验，他们常常表现出感情用事的特点。当面对生活中的矛盾、委屈或不满时，他们往往会冲动地采取行动，可能会陷入争吵、恼怒或者做出一些反社会的行为。这种现象被心理学家称为"心理动荡期"，就像一场突如其来的暴风雨。在这个阶段，青少年经历着心理上的转变和痛苦的"蜕变"。他们从莽撞、反叛、冲动的少年逐渐转变为能够自我控制、自尊、友爱的成年人。这个过程需要经历一系列的挑战和学习，通过与外界的互动和体验，逐渐形成健康的心理模式和行为方式。

因此，青少年时期是进行社会化教育的关键时期。在这个阶段，重要的是给予他们足够的关爱、理解和引导，帮助他们理性地处理情感和行为。通过教育和培养，他们可以逐渐学会如何控制情绪，认识到自我价值，建立良好的人际关系，从而成长为自尊自爱、理性成熟的社会成员。

三、烦恼和矛盾逐渐增多

青少年的心理发展过程中，伴随着丰富的情感特点，也带来了诸多矛盾和烦恼。这些烦恼并非单独存在，而是错综复杂地交织在一起，给青少年的生活增添了许多挑战。

学业压力是每个青少年都难以避免的挑战之一。随着学业任务的增加和竞争的日益激烈，许多青少年面临着巨大的学习压力。学习成绩的波动是许多中学生最为担忧的问题之一。有些学生可能因为暂时找不到适合自己的学习方法，或者无法与教师有效沟通，导致学习成绩下降，自信心受到影响，陷入低落情绪无法自拔的状态。此外，青少年在与家人、同伴的交往中也可能遇到问题，而这些问题往往又难以得到有效解决，导致他们感到孤独、沮丧和郁闷。

第二节　青少年心理学的研究内容与方法

一、青少年心理学研究的内容及特征

（一）青少年心理学的研究内容

"随着社会的不断进步和变革，青少年面临着越来越多的心理健康挑战，这使得对其心理健康问题的深入研究和关注变得愈发紧迫。"① 青少年心理学作为一个重要的心理学分支，旨在研究十一二岁至十七八岁这一年龄段青少年的心理发展规律和特征。其研究内容涵盖了广泛而深入的方面，主要包括青少年年龄特征、身心发展理论研究以及帮助指导青少年发展的具体方法。

首先，青少年心理学关注青少年的年龄特征，其中涉及青少年的身心发展、认知发展、情绪情感与意志发展、个性、社会性、性心理等方面的特征。对于心理学家来说，了解这些特征对于理解青少年的行为、情感和认知过程至关重要。例如，青少年正处于身心发展的关键阶段，他们可能面临着身体、情感、认知等方面的挑战和困惑。因此，了解其年龄特征对于为他们提供合适的心理健康教育和支持至关重要。

其次，青少年心理学还涉及身心发展的理论研究。研究者探讨影响青少年发展的因素，包括遗传、环境、教育以及社会等因素的

---

① 凌睿哲. 基于积极心理学角度的青少年心理健康探讨 [J]. 当代教育实践与教学研究（电子刊），2024（5）：45-48.

作用。通过理论研究，可以更好地了解青少年心理发展的内在机制和动力，为实际工作提供理论依据。同时，对国内外青少年心理学研究的综述和分析也是这一领域的重要内容，有助于总结经验、借鉴外部经验，推动我国青少年心理学的发展。

最后，青少年心理学研究还涉及帮助和指导青少年发展的具体方法，其中包括心理健康教育、心理辅导、心理治疗等方面的实践方法。通过这些具体方法，可以帮助青少年解决在发展过程中遇到的问题，提高他们的心理素质和适应能力。这些方法的实施需要建立在理论研究的基础上，因此理论和实践的结合是青少年心理学研究的重要特点之一。

（二）青少年心理学的学科特征

1. 不同于发展心理学

发展心理学和青少年心理学虽然有着密切的联系，但它们在研究对象和重点上存在明显的差异。发展心理学旨在研究个体从受精卵开始到衰老的整个生命周期中心理发展的特点和规律，包括生命各个阶段的心理活动和行为特征。而青少年心理学则专注于十一二岁至十七八岁这一青春期阶段的心理发展，强调了青春期作为个体发展过程中的一个关键时期。

（1）发展心理学关注的是生命周期全过程的心理发展特点和规律。这种心理发展是一个长期的、连续的过程，涉及从出生到成熟再到衰老的各个阶段。发展心理学试图探究这一过程中个体心理活动的变化和发展规律，包括认知、情感、社会性等各个方面。其研究范围广泛，涉及不同年龄段的心理特点和发展趋势。

相比之下，青少年心理学更加侧重于青春期这一特定阶段的心理发展。青少年时期是个体发展过程中的一个关键时期，个体在这一阶段表现出与之前幼儿时期以及之后成熟期的显著差异。青少年心理学致力于深入研究青少年时期的心理特点和发展规律，包括身心发展、认知发展、情感发展等方面的变化，以及青少年面临的心理健康问题和应对策略。

（2）发展心理学强调生命周期全过程的心理发展连续性和阶段性。个体在不同年龄阶段呈现出不同的心理特点和发展趋势，而这种变化通常具有一定的连续性和阶段性。发展心理学旨在探究这种变化规律，并提出相应的理论模型和解释。

青少年心理学则更加注重青少年时期的特殊性和关键性。青少年时期是个体发展过程中的一个重要转折点，个体在这一阶段面临着身心发展的诸多挑战和机遇。青少年心理学试图深入理解青少年时期的心理特点和发展趋势，为青少年的健康成长提供理论和实践指导。

2. 不同于普通心理学

普通心理学作为一门广泛的学科，旨在研究人类的心理活动及其发生发展的规律，涵盖了从认知到情感、行为等各个方面的内容。然而，与普通心理学相比，青少年心理学具有一些独特的特点和研究对象，因此两者之间存在着明显的差异。

（1）青少年心理学关注的是特定年龄段的心理发展。青少年的心理活动受到生理、心理、社会等多方面因素的影响，呈现出与成人或幼儿时期不同的特点。因此，青少年心理学需要特别关注青少年时期的心理特征和发展规律，以便为青少年的健康成长提供科学的理论指导和实践支持。

（2）青少年心理学研究的对象更加具体和特定。相比于普通心理学研究的广泛人群，青少年心理学聚焦于十一二岁至十七八岁这一特定年龄段的个体。这些个体在身体、心理、社会等方面都呈现出明显的变化和特点，因此需要专门的研究来深入理解他们的心理活动和行为表现。

（3）青少年心理学的研究方法和技术也可能与普通心理学有所不同。由于青少年的心理发展过程具有一定的特殊性，因此需要采用适合青少年群体的研究方法和工具，以确保研究结果的准确性和可靠性。

3. 不同于青少年心理卫生

青少年心理学与青少年心理卫生虽然在某种程度上有一定的关联，但它们是两个独立而又不同的学科领域，各自具有自身的研究对象、内容和目标。

（1）青少年心理学关注的是青少年时期个体心理发展的基本规律和年龄特征。它研究青少年时期的认知、情感、社会交往等各个方面的心理活动，探索青少年心理发展的特点和规律。而青少年心理卫生则是一门旨在促进青少年身心健康的学科。它关注的是青少年在学习、人际交往、社会适应等方面可能出现的心理障碍问题，致力于提升青少年的心理素质，预防和治疗青少年心理疾病。青少年心理卫生借助医学心理学的理论和方法，关注青少年的心理健康问题，并通过心理教育、心理咨询等手段来改善青少年的心理状态。

（2）青少年心理学强调对青少年心理发展规律的研究和探索，侧重于理论的构建和基础知识的阐述。它关注青少年时期的心理变化和发展趋势，旨在为青少年的教育和培养提供科学依据。而青少年心理卫生更注重的是青少年心理健康问题的预防和干预，强调实践操作和问题解决的方法。

因此，尽管青少年心理学和青少年心理卫生在某些方面存在交叉和重叠，但它们的研究对象、内容和目标有着明显的区别。青少年心理学更注重对青少年心理发展规律的深入研究，而青少年心理卫生更关注青少年心理健康问题的预防和治疗。两者相辅相成，共同促进了青少年的身心健康发展。

二、青少年心理学研究的基本方法

青少年心理学作为心理学的一个分支，心理学中所涉及的一般方法都是适用的。但由于其研究对象和任务的特殊性，在方法上会有不同的特点与侧重。

（一）观察法

观察法是一种通过感官或仪器设备，系统地观察并记录青少年的心理和行为表现，并据此分析青少年心理发展的特征和规律的方法。在青少年心理学研究中，观察法是最为基础和普遍的研究方法之一，其种类和应用具有多样性和广泛性。

首先，观察法根据不同的分类标准，可以分为不同类型。一种分类方式是根据研究者的参与程度，可将观察法分为参与观察和非参与观察。参与观察要求研究者直接参与被研究者的活动，并与其生活、工作在一起，从中观察并记录其行为表现。非参与观察则是观察者置身于被研究者的外部，作为旁观者观察其行为。另一种分类方式是根据观察的结构性质，可将观察法分为结构观察和非结构观察。结构观察是对具体目标和项目进行明确观察，而非结构观察则没有预先确定的观察内容。此外，观察法还可根据时间取样和事件取样的不同方式进行分类。在具体应用时，研究者需要根据研究目的和要求选择合适的观察方法。例如，在研究青少年的日常行为时，可采用时间取样的方法，记录不同时间段的行为表现；而在研究青少年特定事件的行为时，可采用事件取样的方法，观察特定事件发生时的行为反应。

其次，在观察过程中，研究者需要注意一些重要问题：①必须对观察问题有基本了解，明确观察目的，以确保观察的有效性和准确性；②要使观察对象自然放松，处于正常活动状态中，避免其意识到自己已成为研究对象的观察者；③观察者应善于记录与研究目的相关的事实，以便事后进行整理和分析；④观察者除了观察被试的一般行为外，还应分析其他相关材料，以获取更全面的信息。观察法具有一定的优点和不足。其优点在于可以在行为发生的当时进行现场观察和记录，能够收集到比口头报告或问卷调查更为客观、全面、准确的资料。然而，观察法也存在一些不足，如观察者个人能力和心理因素可能影响观察结果的客观性和准确性,而且其应用通常需要较大的人力、物力和时间投入。

(二)实验法

实验法作为一种研究青少年发展的方法,通过对特定变量进行操纵和控制,创设一定的情境,以揭示变量之间的因果关系。实验研究在心理学领域中具有重要地位,有助于深入了解青少年心理发展的规律和特征。

实验法可以分为实验室实验法和现场实验法两种类型。实验室实验法在专门的实验室内进行,通过严格控制和操纵实验变量,排除干扰因素,以揭示变量之间的因果关系。这种方法具有高度的内部效度和实验控制性,能够提供准确、可靠的实验结果。然而,实验室实验也存在一定的局限性,如实验环境与现实生活相脱离,被试可能产生不自然的心理状态,从而影响实验结果的外部效度。

与实验室实验不同,现场实验法在真实的生活环境中进行,保持了实验的自然性和现实性,同时对特定条件进行有目的的控制。这种方法能够更好地反映青少年在日常生活中的行为和心理状态,具有较高的外部效度。然而,现场实验也存在一些问题,如受到无关因素的干扰、难以控制的突发事件等,这些因素可能影响实验结果的准确性和内容效度。

在具体应用中,研究者需要根据研究目的和需求选择合适的实验方法。例如,在研究青少年的创造性思维发展时,可以采用现场实验法,通过在真实学习环境中开展创造性活动和思维训练课程,观察学生的思维能力发展情况,从而获取更贴近实际的研究结果。

(三)问卷法

问卷法作为一种研究方法,通过设计统一、严格的问卷来收集被试的心理和行为数据,是心理学中常用的一种数据收集方式。

首先，问卷法可以分为开放式问卷和封闭式问卷两种类型。开放式问卷不限制被试的回答方式，被试可以自由表达观点和看法，但结果难以进行数量化的统计分析。相比之下，封闭式问卷在每个问题后都给出了相应的选择项，被试需在给定选项中进行选择，从而使得结果可以进行数量化的统计，具有较高的可比性，可以用于检验已形成的假设。

其次，设计问卷时需要注意几个问题：①问卷设计的目的性，即明确研究目的并选择合适的问卷形式；②问卷设计的适当性，问题应该与研究假设相契合，问题数量应适当，表述要简明清晰，避免超出被调查者的知识和能力范围；③问卷设计的经济性，要考虑到结果的处理问题，设计方便、经济的问卷形式，以便进行结果的分析和处理。

在实际研究中，问卷法常被用于大规模数据的收集，如调查青少年心理健康状况、了解青少年对某一话题的看法等。通过问卷调查可以收集到大量的数据，便于进行统计分析和横向比较，为研究者提供了丰富的信息和数据支持。

第三节　青少年心理学的发展分析

一、青少年心理学的理论发展

（一）经典发展理论

埃里克森的心理社会发展理论是理解青少年行为和发展的重要框架。该理论认为个体的发展是生物、心理和社会因素相互作用的结果，强调了个体在其一生中所经历的连续性心理和社会变化过程。埃里克森将人的一生划分为八个发展阶段，每个阶段都有其特定的心理社会任务和危机。在青少年时期，主要的心理社会任务是形成身份感，避免角色混淆。个体的身份感是在与同伴、家庭和社会的互动中形成的。在这一过程中，青少年通过探索不同的角色和身份来寻找自己在社会中的位置。成功的自我认同发展可以导致个体在未来的生活中感到满意和自信，而失败则可能导致焦虑和不确定性。因此，社会和教育环境在青少年的发展中起着至关重要的作用。

皮亚杰的认知发展理论是另一个对青少年心理学产生深远影响的理论。皮亚杰的理论集中在个体如何通过与环境的互动来构建知识。他将认知发展分为四个阶段，其中的形式运算阶段对应青少年时期。在这一阶段，青少年开始能够进行抽象思维、逻辑推理和系统化思考。认知发展理论强调了个体认知结构的逐步建构，认为青少年通过"同化"和"顺应"过程来调整他们的认知结构以适应外部世界。在形式运算阶段，青少年能够进行假设性推理，不再仅仅依赖于具体的事物进行思考。这一理论对于教育实践具有重要意义，因为它强调了为青少年提供机会进行探索和发现学习的重要性。

科尔伯格的道德发展理论专注于个体道德判断和道德推理能力的发展。科尔伯格通过使用道德两难故事，研究了不同年龄和文化背景的个体如何做出道德决策。他的理论将道德发展分为三个水平，每个水平又分为两个阶段。在青少年时期，个体的道德发展通常处于"后习俗水平"，这一水平的特点是个体开始根据普遍的道德原则而非具体的社会规则来做出道德判断。科尔伯格的理论认为，青少年能够理解并欣赏不同的观点，并在此基础上形成自己的道德原则。这一理论对于教育者如何培养青少年的道德责任感和公正感提供了指导。

（二）当代理论进展

第一，社会文化理论。社会文化理论在青少年心理学中强调了社会环境和文化背景对个体发展的影响。这一理论认为个体的认知发展是通过社会互动和文化工具内化而来的。在青少年时期，社会文化环境提供了丰富的学习机会，包括同伴互动、教育系统、媒体和技术等，这些都是青少年认知和社会发展的重要媒介。社会文化理论特别关注"近端发展区"的概念，即个体能够在更有知识的他人的帮助和指导下所能达到的解决问题的水平。在青少年时期，这种发展区可以通过教育干预和社会化过程得以扩展，从而促进青少年的学术成就和社会适应。此外，社会文化理论还强调了内在动机的重要性，即个体参与活动的内在兴趣和满足感，这对于青少年的长期发展和心理健康至关重要。

第二，认知神经科学视角。认知神经科学视角为青少年心理学提供了一个全新的研究维度。这一视角结合了认知心理学和神经科学的方法，探讨了大脑结构和功能如何支持青少年时期的认知和情感发展。通过使用脑成像技术，研究者能够观察到青少年大脑在结构和功能上的变化，这些变化与他们的认知能力、决策过程和情绪调节有关。青少年的前额叶皮质在这一时期经历了显著的发展，这与执行功能、冲动控制和社会认知能力的增强有关。此外，青少年时期的神经可塑性较高，这意味着他们的大脑对经验和学习更加敏感。这一发现对于教育实践具有重要意义，因为它强调了为青少年提供丰富和多样化的学习经验的重要性。

第三，多元文化和跨文化研究。多元文化和跨文化研究在青少年心理学中越来越受到重视。这些研究探讨了文化多样性如何影响青少年的发展轨迹和心理健康。在全球化的背景下，青少年越来越多地生活在多元文化的环境中，他们需要学习如何在不同的文化背景下进行交流和适应。多元文化理论强调了文化认同的重要性，即个体如何在多种文化影响下形成自己的身份。这一理论认为，文化认同是一个动态的过程，受到个体的经历、社会环境和个人选择的影响。跨文化研究则比较了不同文化背景下青少年的发展模式，揭示了文化价值观、家庭结构和社会期望对青少年行为和发展的影响。文化因素对青少年的自我认同、同伴关系、教育成就和心理健康有着深远的影响。例如，一些研究发现，在集体主义文化中，青少年可能更重视家庭和社会关系，而在个人主义文化中，他们可能更注重个人成就和自我表达。这些研究为心理学提供了跨文化敏感性的视角，并为在多元文化社会中工作的教育者和心理健康专业人员提供了宝贵的指导。

二、青少年心理学的应用与发展

（一）青少年心理学的应用

1. 教育实践中的应用

教育实践是青少年心理学应用的重要领域，它直接影响青少年的学习成果和心理发展。心理学原理和研究成果的应用可以帮助教育工作者更好地理解青少年的认知、情感和社会需求，从而设计更有效的教育策略和支持服务。

（1）课程设计与教学方法。课程设计应基于青少年发展的理论基础，考虑到他们的认知水平、兴趣和动机。例如，根据皮亚杰的认知发展理论，教育者可以设计包含批判性思维和问题解决技能的课程，以促进青少年形式运算思维的发展。此外，科尔伯格的道德发展理论可以指导道德教育课程的设计，帮助青少年建立更高层次的道德推理能力。教学方法也应反映青少年心理学的研究成果。例如，采用合作学习和小组讨论的方法可以促进青少年的社会技能发展和同伴间的互助。利用多媒体和互动技术可以提高学生的参与度和动机，同时促进他们的信息处理和记忆能力。教育者还应关注个体差异，为不同学习风格和能力的学生提供差异化的教学支持。

（2）学生辅导与支持服务。学生辅导和支持服务是帮助青少年应对学习压力、情感问题和社交挑战的重要途径。学校心理学家和其他教育专业人员可以提供个人和团体辅导，帮助学生发展自我认知、情绪调节和解决问题的技能。此外，学校可以提供职业咨询和未来规划服务，帮助青少年探索他们的兴趣和职业目标，促进他们的自我发展和身份形成。

2. 家庭与社区的角色

家庭和社区是青少年发展的社会环境，对青少年的心理和行为发展有着深远的影响。家庭教育和亲子关系的质量直接影响青少年的心理健康和社会适应。

（1）家庭教育与亲子关系。家庭教育是青少年早期社会化的主要场所，亲子关系是影响青少年发展的关键因素，父母的支持、鼓励和适当指导可以帮助青少年建立积极的自我概念和自尊。亲子沟通的质量对青少年的情感表达和社会技能发展至关重要，父母可以通过积极的倾听、情感支持和行为指导来促进青少年的心理成长。

（2）社区资源与青少年发展。社区资源和项目为青少年提供了学习、娱乐和社交的机会，对于他们的全面发展具有重要意义。社区中心、图书馆、体育馆和青少年俱乐部等可以成为青少年发展技能、建立友谊和参与社会活动的场所。社区还可以提供各种支持服务，如辅导、职业培训和健康教育，帮助青少年应对成长中的挑战和需求。

（二）未来发展方向

1. 研究主题的拓展

（1）新兴技术对青少年心理的影响。随着科技的快速发展，新兴技术如人工智能、虚拟现实、社交媒体和移动通信等已经深入青少年的日常生活。这些技术不仅改变了青少年的信息获取、社交互动和娱乐方式，也可能对其心理健康和发展产生重要影响。新兴技术的使用对青少年的认知发展、注意力集中、社会技能和情绪调节等方面有着复杂的影响。例如,过度依赖互联网和社交媒体可能导致青少年面临网络成瘾、隐私泄露和网络欺凌等风险。同时,技术的使用也可能为青少年提供学习和创新的新途径,如在线教育资源和协作工具。研究人员正在探索如何平衡新兴技术的利弊,以及如何设计和实施有效的干预措施来保护青少年免受负面影响。这包括开展关于技术使用和心理健康之间关系的研究,制定技术使用指导原则,以及开发数字素养教育项目。

（2）全球化与青少年心理发展。全球化是当今世界的一个显著特征,它通过文化交流、经济一体化和政策互动影响着青少年的心理发展。全球化为青少年提供了更广阔的视野和更多元的生活经历,但同时也带来了文化冲突、身份认同和社会适应的挑战。全球化背景下的青少年可能面临不同文化的价值观和生活方式的碰撞,这可能导致文化认同的困惑和心理压力。心理学家正在研究如何在多元文化的环境中培养青少年的文化敏感性和适应能力,以及如何帮助他们建立积极的身份认同和社会参与。此外,全球化也带来了新的教育和职业机会,青少年需要具备跨文化交流和国际竞争的能力。心理学研究可以为教育政策制定者提供关于如何培养青少年全球竞争力的建议,包括语言学习、跨文化沟通技能和全球意识的培养。

2. 研究与实践结合

（1）政策制定与实施。心理学研究的成果对政策制定和实施具有重要的指导意义。政策制定者可以利用心理学研究来理解和解决青少年面临的社会问题,如学校暴力、心理健康问题和青少年犯罪等。心理学研究可以为政策制定提供基于证据的解决方案,如学校心理健康项目、青少年就业计划和家庭教育支持服务。这些政策旨在通过提供资源和干预措施来改善青少年的发展环境和生活条件。政策实施需要考虑地方文化和社会背景的差异,确保政策的有效性和可持续性。心理学家可以参与政策评估和监测工作,确保政策目标的实现,并根据需要调整和改进政策措施。

（2）心理学专业人才的培养。心理学专业人才的培养是实现研究与实践结合的关键。高等教育机构需要培养具有扎实理论基础和实践技能的心理学专业人才，以满足社会对心理健康服务的需求。心理学教育应注重理论与实践的结合，提供实习和实践机会，让学生在真实的社会环境中应用所学知识。心理学教育还应培养学生的批判性思维、伦理意识和终身学习的能力，以适应不断变化的社会需求和科学发展。心理学专业人才的培养也需要关注多样性和国际化，培养学生的跨文化能力和全球视野。这可以通过国际交流项目、多语种教育和全球心理学议题的研究来实现。

第六章　青少年心理的发展及完善

第一节　青少年情绪情感的发展与调适

一、青少年情绪情感的发展

（一）情绪和情感的内涵

情绪和情感作为人对客观事物态度的体验，承载着个体对需求是否得到满足的反映，构成了人类心理活动的重要组成部分。与认知过程不同，情绪和情感并非简单地对客观事物本身进行反映，而是更深层次地反映了客观事物与个体主观需要之间的关系。

首先，情绪和情感的产生是以个体的愿望和需要为中介的。当客观事物或情境与个体的需要相符合时，积极的、肯定的情感就会被激发出来；反之，当客观事物无法满足个体需求时，则会引发消极的、否定的情感。例如，当个体的作品获得奖项时，会感受到高兴和满足；而当失去亲人时，则会经历痛苦和悲伤。这种以个体需求为核心的情感体验，直接影响着个体的行为和态度。

其次，情绪和情感是脑的机能，这是大脑皮层和皮层下中枢协同活动的结果。在情绪和情感的表达与调控过程中，大脑皮层扮演着主导作用。这包括了大脑皮质的认知、情感加工区域以及情感调节中枢的活动。通过神经元的复杂网络传递和加工信息，个体对外界刺激产生了各种情绪和情感反应。而这些反应不仅受到个体生理结构和基因的影响，也受到环境、社会文化等因素的塑造。

1. 情绪与情感的功能

情绪与情感作为人类心理活动的重要组成部分，具有多方面的功能，主要体现在适应、动机、组织和传递信息等方面。

（1）情绪与情感具有适应功能。这种功能在婴儿早期尤为显著，因为他们通过情绪来传递信息，表达自己的需要，从而获得成人的关心和满足。同样，在成人生活中，情绪成为一种重要的交流方式，帮助人们表达自己的生存状态和需求。例如，愉快的情绪可以表明生存状况良好，而痛苦的情绪则可能表示处境困难。同时，人们也会根据他人的情绪和情感了解对方的需求，并采取相应的措施，这种情感的交流和理解促进了社会的和谐与发展。

（2）情绪与情感具有动机功能。积极的情绪状态会成为行为的积极诱因，激发人们追求目标和付诸行动的动力；而消极的情绪状态则可能阻碍人们的行动，使其产生退缩或消极情绪。这种动机功能在日常生活中表现得尤为明显，积极的情绪可以激发人们的创造性和活力，推动个体朝着目标努力；而消极的情绪则可能导致人们的消沉和无所作为。

（3）情绪与情感具有组织功能。其性质直接影响着认知操作的效果。积极情绪对认知操作有促进作用，有助于提高思维和学习效率；而消极情绪则可能干扰和破坏认知操作，影响个体的思考和决策过程。此外，情绪的强度也对认知操作产生影响。适度的情绪唤醒水平最有利于智能操作活动的进行，而过低或过高的情绪唤醒水平则会降低认知操作的效率。

（4）情绪与情感具有传递信息的功能。在人际交往中，情绪和情感是重要的信息传递工具，通过表情、语调等方式沟通思想和情感。在某些情况下，甚至只能通过表情来传递信息，如婴儿只能通过表情或啼哭来表达需要，从而获得成人的关注和照顾。因此，情绪与情感在人际交往和沟通中扮演着不可或缺的角色。

2. 情绪与情感的关联

情绪和情感都是对需要满足状况的心理反映，是属同一类而不同层次的心理体验，是既有区别又紧密联系着的两个概念。

（1）情绪和情感的区别。情绪与情感在本质和表现上存在着明显的区别，主要体现在生理性与社会性、发展顺序、稳定性和表现形式等方面。

首先，情绪与情感的区别在于其生理性与社会性。情绪更多地与个体的生理需要满足与否相关联，是一种原始的心理活动，与动物（特别是高级动物）共有，具有生物学基础。而情感则更多地与社会性需求满足相关，是人类特有的心理活动，具有一定的社会历史性，受到文化、价值观等因素的影响。

其次，情绪与情感在发展顺序上存在差异。一般而言，情绪的发展在个体生命早期先于情感体验的产生。情绪作为一种生物学的反应机制，帮助个体适应环境，而情感则是在个体发展的过程中逐渐形成的，受到个体经验、社会环境等多种因素的影响。

再次，情绪与情感在稳定性上有所不同。情绪是一种相对不稳定的心理状态，易受情境和需求满足状况的影响，具有较强的情境性、激动性和短暂性。而情感则是构成个体心理品质中相对稳定的成分，具有较强的稳定性、深刻性和持久性，不容易受到外界因素的影响而改变。

最后，情绪与情感在表现形式上也有所不同。情绪的表现往往具有外显性，主要通过面部表情等外部特征来展现，具有明显的冲动性和外部特征；而情感多以内在感受、体验的形式存在，虽不轻易表露，但对个体行为和态度有重要的调节作用，更多地体现在个体的思想和行为之中。

（2）情绪和情感的联系。情绪和情感之间存在着密切的联系和相互作用，彼此相辅相成，共同构成了人类丰富多彩的心理世界。

首先，情绪是情感的基础，情感离不开情绪。情绪作为一种短暂且相对表面的心理状态，为情感的形成提供了基础和动力。情感在情绪的稳定固着基础上逐渐发展和建立起来，而情感又通过情绪的形式表达出来。例如，当个体对某种情境或事件产生情感时，这种情感会通过情绪的表达形式，如面部表情、身体语言等，得以外显。

其次，对于人类个体而言，情绪和情感密不可分，情绪离不开情感，是情感的具体表现。情感的深度决定着情绪的强度，即个体对情境或事件的感受程度会直接影响到情绪的强烈程度。同时，情感的性质也决定了在一定情境下情绪的表现形式。例如，当个体对某种情境产生积极的情感时，可能会表现出愉悦、兴奋的情绪；而当产生消极的情感时，则可能会表现出沮丧、愤怒的情绪。因此，情绪的发生过程中往往深含着情感因素，情感的变化会直接影响到情绪的表现。

（二）青少年情绪情感发展的表现

1. 青少年情绪识别的发展

情绪识别作为一种复杂的认知过程，不仅涉及对外部刺激的直观观察，更包含了对这些刺激背后深层次意义的深入分析与判断。这一过程中，个体需运用分析、判断、推理等多种心理机制，以实现对情绪的精准解读。值得注意的是，情绪识别并非简单地对表情符号进行辨认，而是对其背后所蕴含的情感状态进行深度解读。因此，情绪识别的准确度受到诸多因素的影响，如个体经验、文化背景以及认知发展水平等。

在情绪识别的各种形式中，面部表情、言语表情和体态表情是最为常见的。然而，由于体态表情在不同社会文化背景中存在显著差异，因此对于情绪识别的研究更多地聚焦于面部表情和言语表情。

这两种表情形式在日常生活中普遍存在，且与人类情感交流密切相关，因此成为情绪识别研究的重要对象。

在我国青少年群体中，面部表情识别的发展呈现出一定的规律性和阶段性。青少年对于不同面部表情的认知顺序存在明显的差异。按照先后顺序，青少年最容易识别的表情是高兴和愤怒，其次是轻蔑、惊讶，最后是恐惧和厌恶。这种发展顺序并非偶然，而是与这些表情在青少年日常生活中的出现频率以及情感的复杂程度密切相关。高兴和愤怒是青少年生活中最为常见的两种情绪，因此他们最先能够识别这两种表情。而随着认知水平的提高，青少年逐渐能够识别更为复杂和微妙的情绪，如轻蔑、惊讶、恐惧和厌恶等。

值得注意的是，青少年情绪识别能力的发展并非匀速进行。在小学高年级和初中一二年级这一关键阶段，青少年的面部表情识别能力发展较快，各年级间表现出显著的差异。这一时期，青少年的认知能力和社会经验都在快速增长，使得他们能够更准确地识别和理解他人的情绪。然而，进入青春期后，青少年的情绪识别能力发展逐渐趋于平稳。这一变化可能与青春期生理和心理的复杂变化有关，如荷尔蒙水平的变化、自我意识的增强等。

基于以上分析可以看出，青少年情绪识别能力的发展具有其独特的规律性和阶段性。这一发展过程不仅受到个体内部因素的影响，还受到外部环境和社会文化背景的制约。因此，在教育实践中，应充分考虑到青少年的认知发展特点，有针对性地开展情绪识别教育。通过设计各种形式的教育活动，如角色扮演、情境模拟等，帮助青少年提升情绪识别能力，进而促进他们情感交流和人际交往能力的提升。

2. 青少年高级情感的发展

高级情感是指社会性需要是否得到满足而引起的社会性情感。随着年龄的增长和社会生活的拓展，青少年的社会需要越来越丰富，这促进了他们高级情感的发展。青少年的高级情感主要包括道德感、理智感和美感。

（1）青少年道德感的发展。道德感作为个体根据道德标准评价自身及他人行为、思想、言论和意图时所产生的情感体验，在青少年时期呈现出独特而复杂的发展轨迹。这一阶段的道德感发展不仅关乎个体情感世界的丰富与深化，更是其世界观、人生观和价值观形成与巩固的关键环节。

随着青少年世界观的初步形成和人生理想的逐步确立，其道德情感也日益显得独立和稳定。他们开始依据自己的理想和价值追求来评价自己和他人的行为，当行为符合这些标准时，会产生自尊、自重和自豪感；反之，则会感到痛苦、懊悔，甚至丧失自尊心。这种情感体验的自觉性不仅反映了青少年道德意识的觉醒，也体现了他们对自己行为的调控和监督能力的增强。

从层次上看，青少年道德感的发展可以分为三个水平。第一级水平是直觉的道德情感体验，这主要体现在对基本道德规范的直接感知和遵守上，如尊老爱幼、诚实守信等。随着社会性活动的增多和认知能力的提高，青少年逐渐进入第二级水平——与具体的道德形象相联系的想象性道德情感体验。他们开始通过想象和联想，将抽象的道德规范与具体的道德形象相结合，形成更为生动和深刻的道德情感体验。最终，他们将达到第三级水平——意识到道德理论的伦理性道德情感体验，即能够理解和接受道德理论，并以此为指导来评价和规范自己的行为。

从内容上看，青少年道德感包括爱国主义情感、集体主义情感、荣誉感、责任感、友谊感、内疚感、同情感等多种形式。这些情感在青少年的日常生活中相互交织、相互影响，共同构成了他们丰富而复杂的道德情感世界。随着道德感的不断发展，青少年开始以内化、抽象的道德观念作为自己道德感体验的依据，他们能够更深入地理解和评价各种道德现象，也能够更自觉地用道德标准来指导自己的行为。

青少年道德感的发展不仅表现在内心世界的丰富与深化上，更体现在他们的外在行为中。他们开始乐于助人、拾金不昧、见义勇为，展现出良好的品行和道德风貌。这些行为不仅是他们道德感发展的外在体现，也是他们道德品质和人格魅力的具体展现。

青少年道德感的发展并非一帆风顺。在成长过程中，他们可能会面临各种道德困境和挑战，如个人利益与集体利益的冲突、道德理想与现实生活的矛盾等。这些困境和挑战可能会对他们的道德感产生负面影响，甚至导致道德感的扭曲和异化。因此，我们需要关注青少年的道德感发展，通过教育、引导等方式帮助他们树立正确的道德观念和价值观，培养他们的道德情感和道德行为能力。

（2）青少年理智感的发展。理智感作为智力活动中对事物认知和评价的情感体验，在青少年的成长过程中扮演着举足轻重的角色。它不仅是学习和探索活动的动力源泉，更是青少年塑造健全人格、形成独立思维的关键因素。深入探讨青少年理智感的发展，对于理解其认知与情感交织的内心世界，以及指导其健康成长具有重要意义。

在青少年时期，理智感的发展表现为求知欲的不断扩展和加深。随着年龄的增长和知识的积累，青少年对于未知世界的好奇心和探究欲望日益增强。他们渴望通过学习和实践，不断拓展自己的认知边界，探寻事物背后的本质和规律。这种强烈的求知欲驱使他们积极参与各种智力活动，从而体验到更为丰富和深刻的理智感。

中学时期是青少年理智感发展的关键阶段。在这一时期，由于求知欲的加强和认识活动的深化，青少年对于真理的追求变得更加执着和坚定。他们开始独立思考问题，不再满足于表面的答案，而是努力探索事物背后的深层次原因。这种对真理的渴望和追求，使得他们在面临困难和挑战时，能够保持冷静和理智，积极寻求解决问题的方法。

在理智感的发展过程中,青少年逐渐形成了独特的学习态度和习惯。他们能够自觉确立学习目标,并制订切实可行的学习计划。无论是短期目标还是长期目标,他们都能够持之以恒地努力追求,不断提升自己的学习能力和水平。同时,青少年在面对成功和失败时,也能够保持相对平稳和冷静的心态。他们不会因为一时的成功而沾沾自喜,也不会因为一时的失败而灰心丧气。相反,他们能够客观分析自己的优点和不足,及时总结经验教训,不断完善自己。

值得一提的是,青少年理智感的发展并非一蹴而就的过程。它需要经过长期的积累和实践,才能逐渐成熟和完善。因此,教育者应该注重培养青少年的理智感,为他们提供丰富的学习资源和探索机会;还应该关注青少年的情感需求,帮助他们建立积极健康的情感态度和价值观。

在培养青少年理智感的过程中,教育者可以通过引导青少年参与科学探究、社会实践等活动,激发他们的好奇心和求知欲。此外,还可以通过鼓励青少年进行自主学习和合作学习,培养他们的独立思考和解决问题的能力。同时,教育者还应该注重培养青少年的批判性思维和创新精神,帮助他们形成独立思考和判断的能力。

(3)青少年美感的发展。青少年美感的发展是一个复杂而丰富的心理过程,涉及审美观念的形成、对美的感知能力的提升以及对自我形象的认知和塑造等方面。在这一阶段,青少年的审美观念逐渐向更加深刻和多元的方向发展,他们开始能够欣赏具有一定内涵的事物,并逐渐形成对内在美的重视。同时,对外表美的追求也成为他们关注的焦点之一,力求外表美与内心美的和谐统一。

首先,随着青少年心智的成熟和认知水平的提高,他们开始能够对相对抽象的艺术品进行理解和欣赏。此时,他们的审美观念逐渐超越了表面的外貌和物质形态,转向对内涵和意义的追求。他们可能会对文学作品、音乐、绘画等艺术形式产生浓厚的兴趣,通过阅读、欣赏和参与文化活动,不断丰富和拓展自己的审美领域。这种审美的提升不仅能够丰富他们的精神世界，也有助于培养他们的批判性思维和创造性表达能力。

其次，青少年对自身外表的认知和重视也逐渐加强。青少年开始意识到外表形象对于社交和自我认同的重要性，因此他们常常会注重自己的穿着、仪表和举止。流行文化、社交媒体等因素的影响使得青少年对于时尚和美的追求更加热衷，他们常常以当下流行的歌星、影星等为榜样，努力模仿其服饰和行为方式，希望通过外在的美化来展现自己的个性和魅力。这种对外表美的关注也反映了青少年对自我形象的认知和塑造的重视，是他们迈向成熟和独立的一种表现。

青少年的审美观念和行为往往受到社会环境和文化背景的影响。在不同的文化和社会背景下，青少年对于美的理解和追求也会有所不同。因此，对于青少年美感的发展，除了个体内在因素外，社会文化环境的塑造和引导也起着重要的作用。学校教育、家庭环境、社会媒体等都是影响青少年审美观念和行为的重要因素，应该引导他们形成积极健康的审美观念，培养他们的独立思考和审美判断能力，从而更好地适应社会发展和文化变迁的要求。

（三）青少年情绪情感发展的特点

个体情绪情感的发展是逐步分化的，情绪情感体验也越来越复杂。"在这个社会急速推进、竞争日益激烈的特殊时期，青少年承担了来自社会、学校、家庭等多方面的期待和压力。"[①] 青少年在情绪情感体验及表达方式方面，随着学习和生活经验的不断增加而逐步改善。

---

① 吴建云. 浅述青少年情绪情感与自我意识的完善［J］. 佳木斯教育学院学报，2010（4）：87.

1. 由易感易变性向内隐装饰性转变

青少年的情绪情感表现具有一定的发展轨迹，从易感易变向内隐装饰的转变呈现出明显的特点。这种变化不仅受到生理和心理因素的影响，也受到社会化和自我意识增强的影响。

在青少年初期，情绪体验表现出易感易变的特点，主要受到生理和心理方面的影响。从生理方面来看，青少年的内分泌腺活动水平较高，特别是肾上腺素的分泌增加与情绪的兴奋性有直接关系，导致他们的情绪更易受到外界刺激的影响而波动剧烈。同时，大脑皮层神经兴奋过程强于抑制过程，刺激在神经中传导易引起泛化和扩散，使得青少年情绪更容易表现出易感与兴奋。从心理方面来看，青少年的情绪与他们的需要、评价、预期密切相关，而这三者此时正处于变化和不平衡状态，导致他们对外界刺激的情绪反应更为敏感。青少年的各种需要快速发展，与满足这些需要相关的事物往往引起强烈的反应，而各种因素的出现，如学习成绩、人际交往、对异性的感情等，也会导致他们情绪的波动。此外，青少年的自我意识增强，使得他们对外界事物的感受性增强，但由于经验不足和认知结构不完备，导致对事物的评价和预期与客观事实不一致，进而产生较强烈的情绪反应。

然而，随着学习和生活阅历的增长，青少年逐渐意识到情绪的任意表露和冲动并不总是符合社会期望，对自我控制和调节能力的需求逐渐增强。在进一步社会化的过程中，他们开始学会根据情境和目的适当地表达情绪，形成外部表情与内心体验的不一致，符合社会的要求。例如，明明内心高兴，却在公众面前表现出淡定的态度；明明对某人萌生爱慕之情，却选择掩饰自己的情感。这种内隐装饰的表达方式反映了青少年对于社会期望和自我形象的重视，表明他们已经开始懂得用意志力来控制自己的情绪情感，以符合社会的期待。

2. 情绪情感体验的内容更丰富多彩

青少年的情绪情感体验呈现出更加丰富多彩的特点，这种丰富性不仅来源于其身心发展的全面提升，还受到社会环境和个体经验的影响。

自然活动领域的扩展、生理的成熟以及社会环境的复杂，为青少年的情绪体验提供了丰富的来源。他们的知识结构完善、社会经验丰富，想象力也得到了发展。因此，他们的情绪体验日益深刻，内容日益广泛。在情绪体验中，道德感、理智感、美感等社会性情绪逐渐上升到主导地位，表现出更加复杂和深刻的特征。青少年在观赏自然景色和欣赏艺术作品时，会伴随着各种情绪体验，但这些情绪表现更多地与社会性需要相联系，而不仅仅是基本的生物性情绪。

随着青少年认知能力的发展，他们对具有社会性和抽象性的内容更加关注，进一步丰富了情绪体验的内容。青少年的智力品质和抽象逻辑思维能力得到提高，使得他们能够更深刻地体验情感。在友谊关系中，青少年之间的友谊更多地以相互了解、共同兴趣和价值观为基础，这种深刻性的情感使得友谊更加牢固，超越了时空的限制。此外，青少年的情感也变得更加细腻、敏感和微妙，他们对美感的体验更加丰富，能够区分出不同的境界，对未来充满憧憬和向往，这种向往不仅仅是对具体对象的向往，更是对未来的朦胧憧憬，使得他们的精神生活变得更加丰富多彩。

3. 情绪持续时间增长，出现心境化趋势

随着青少年的成长，其情绪体验表现出明显的变化，特别是持续时间的增长和心境化趋势的出现。这种变化不仅是外显情绪反应的延长，还包括内心情绪体验的持久性和稳定性的增强。

在儿童时期，情绪表现往往是爆发性的，持续时间短暂而频繁。即使是轻微的刺激也能引发强烈的情绪反应，但这种反应往往迅速消失，情绪的频率也较高。然而，随着年龄的增长，特别是到了青春期

后，情绪的爆发次数减少了，但情绪作为一种心境的持续时间却会延长。这种心境化趋势表现为情绪反应相对持久稳定，持续的时间明显延长。青少年在受到某些刺激后可能会持续几天的情绪低落或消沉，这种持续的情绪状态是一种心境化的体验。

　　青少年的情绪体验同时具有易激动、易兴奋等特点，与心境化特征并存。这似乎是一种矛盾，但实际上反映了情绪由不成熟向成熟发展的过程。随着青少年对情绪的自我控制能力逐渐增强，强烈的情绪反应得到一定的调节，转化为更为持久的心境状态。心境与情绪不同，它更与意识相联系，体验到的情感状态更为平静而持久。青少年能够沉浸于某种心境之中，尽管这种心境体验还不够稳定持久，但随着青少年的发展，心境体验逐渐趋于稳定和持久。

　　总的来说，青少年期的情绪体验向着稳定化、丰富化和深刻化的方向发展。这种发展不是一蹴而就的，而是一个逐步实现的过程。青少年期间的情绪情感发展虽然相对优于儿童，但仍存在着不够成熟的问题，直到成年期，情绪情感的发展使命才能基本完成。

二、青少年情绪情感的调适

　　"中学时代是一个小型的人生转折点，同时也是一个关键时期，在这个重要的时期，人的生理、心理都逐渐地向成熟发展。在心理方面，他们的独立意识和自我意识都不断增强。"[①]情绪情感是非常重要的非智力因素，发展的好坏会直接影响到青少年身心的健康发展。青少年正处在学习、成长的关键时期，也是一个可塑性较大的时期，教育者应对青少年容易出现的情绪情感问题进行调节与疏导。

---

① 张迪慧. 当代青少年情绪及情感探究［J］. 科技资讯，2016，14（4）：131.

（一）青少年情绪困扰的表现与成因

1. 自卑情绪的表现与成因

自卑是自我情绪体验的一种形式，是个体由于某种生理或心理上的缺陷或其他原因所产生的对自我认识的态度体验。

（1）自卑的表现。

第一，自我评价过低。自卑的青少年往往对自己的能力和品质持有过低的评价。无论是外貌、身材还是学习、交往能力，他们都倾向于认为自己不如他人。他们可能会觉得自己的外貌不够出众，学习成绩不如其他同学，甚至会怀疑自己的社交能力和人际关系。

第二，情绪扩散。有些青少年的自卑情绪会从某一方面扩散到其他方面。比如，遭受数学考试的挫折后，他们可能会认为自己在其他科目的学习上也不如别人。这种情绪扩散会加剧他们的自卑感，使他们对自己的整体能力产生怀疑和质疑。

第三，掩饰缺点。自卑的青少年常常会有意识地掩饰自己的缺点。他们可能会在内心深处过分夸大自己的缺点，同时对别人的负面评价变得极度敏感。为了避免别人的轻视和质疑，他们可能会采取回避与他人交往的方式，以防止别人发现自己的不足。这种行为会导致他们与他人的疏远，增加他们的孤独感和封闭性格。

（2）产生自卑的原因。自卑情绪的形成是一个复杂的过程，既受外部环境的影响，也受到个体内在心理过程的调节。以下是一些产生自卑情绪的常见原因：

第一，学习失败。青少年在学习中遇到困难或失败时，容易产生自卑情绪。例如，某个同学希望在期末考试中取得第一名，为此努力学习，但最终未能达到预期目标。这种失败会让他感到自己的学习能力不足，从而产生自卑情绪。

第二，自我意识发展和自我评价。随着青少年自我意识的发展，他们开始更加关注自己的外貌、能力、自我价值等方面，并根据别人的评价来对自己进行评价。当他人的评价与自己的期望不符时，会引发自卑情绪。例如，如果青少年希望得到同龄人的认可，但却频繁受到否定或忽视，就会导致自我价值感受到挑战，从而产生自卑情绪。

第三，自我同一性混乱和自我评价不良。青少年的理想自我和现实自我之间存在较大差异，即自我同一性不够统一。他们可能拥有很高的理想和期望，但由于现实的限制而无法实现，导致理想与现实之间的矛盾。这种矛盾会引发消极的自我意识，产生自卑情绪。另外，不合理的自我评价也会加剧自卑情绪的产生，如过分严苛地对待自己，对自己的缺点和不足过于放大，导致对自己的否定和贬低。

2. 抑郁情绪的表现与成因

抑郁是一种过度忧愁和伤感的情绪体验，一般表现为情绪低落、心境悲观、自卑，觉得不能胜任学习等。

（1）抑郁的表现。青少年抑郁是一种严重的心理疾病，其表现涵盖情绪、心境、思维、行为以及机体生理等多个方面。

第一，情绪和心境方面的表现。青少年抑郁的情绪和心境表现显著，通常表现为持续的情绪低落和沮丧。这些青少年可能缺乏对日常活动的兴趣和乐趣，感到消极和无望。此外，他们可能经常出现情绪波动，情绪不稳定，可能在不同情境下表现出愤怒、焦虑或敌意。自我负面评价也是其特征之一，他们可能经常自责、自怨自艾，对自己的能力和价值感到怀疑和否定。

第二，思维和行为方面的表现。青少年抑郁还表现在思维和行为方面。他们可能经常出现注意力集中困难，难以集中精力完成任务或活动。决策能力下降，对问题的解决能力也可能受到影响。在行为方面，青少年抑郁者可能表现出社交退缩，避免与他人交往，甚至孤独感加剧。他们可能对日常活动失去兴趣，可能变得不爱运动,睡眠模式可能受到影响,表现为失眠或过度睡眠。食欲改变也是常见的,可能出现食欲增加或减少的情况。

第三,机体的生理变化。除了情绪、心境、思维和行为方面的变化外,青少年抑郁还可能导致机体生理方面的变化。例如,他们可能出现体重波动,可能由于食欲改变或睡眠模式变化而导致体重增加或减少。抑郁还可能导致身体感觉疲乏、虚弱,可能出现慢性疼痛或不适感。患有抑郁症的青少年还可能表现出免疫功能下降,更容易患感冒或其他疾病。

(2)产生抑郁的原因。抑郁情绪在青少年群体中的普遍存在,其成因是一个复杂而多元的问题。

第一,生理因素。青少年期间,身体发生巨大的生理变化,包括荷尔蒙水平的波动、大脑结构和功能的重塑等。这些生理变化可能影响神经递质的释放和神经回路的功能,从而增加了患抑郁情绪的风险。遗传因素也可能在一定程度上影响了个体对抑郁情绪的易感性。

第二,心理因素。青少年面临着巨大的心理压力,如学业压力、社交压力、家庭关系问题等。这些压力可能导致青少年出现情绪波动、自我怀疑、焦虑等心理问题,最终发展成抑郁情绪。个体的性格特点、心理韧性以及应对压力的能力也会影响其对抑郁情绪的反应。

第三,社会环境因素。青少年生活在复杂多变的社会环境中,社会压力、经济困难、家庭不和、亲密关系问题等都可能成为导致抑郁情绪的触发因素。另外,社交媒体的普及也为青少年带来了新的挑战,过度使用社交媒体可能导致孤立感、自我负面评价等,进而加重抑郁情绪。

第四,生活事件和创伤。青少年可能面临各种生活事件和创伤,如亲人去世、父母离异、受到欺凌等,这些事件和创伤可能对其心理产生持续的负面影响,最终导致抑郁情绪的出现。

第五,生活方式因素。不良的生活方式也可能加剧青少年的抑郁情绪,如不健康的饮食习惯、缺乏运动、不规律的作息时间等。长期的不良生活方式可能导致身体和心理的不适,进而加重抑郁情绪。

3. 焦虑情绪的表现与成因

焦虑是一种复杂的综合性的负性情绪,是当个体预期到一些可怕的、可能会造成危险或需要付出努力的事物和情境将要来临,而又感到对此无法采取有效的措施加以预防和解决时,心理上产生的紧张的期待情绪。

(1)焦虑的表现。焦虑是一种常见的心理问题,其表现可以分为精神性焦虑和躯体性焦虑两个方面。

第一,精神性焦虑表现。精神性焦虑主要表现为内心的紧张不安、烦躁易怒、提心吊胆等情绪状态。患者经常感到一种无明显原因、无明确对象的担忧和恐惧,即使没有具体的危险事件或触发因素,也会感到预感不幸的情绪。这种焦虑状态导致患者长时间处于警觉状态,难以放松身心,最终可能导致身心疲惫、注意力难以集中、记忆力下降等问题,影响日常生活和工作学习效率。

第二,躯体性焦虑表现。躯体性焦虑表现主要体现在身体方面的不适感和自主神经系统的活动增加。患者可能出现心率加快、血压升高、皮肤出汗、唾液分泌减少等生理反应。呼吸加快、消化功能紊乱、睡眠质量下降也是常见的表现;肌肉紧张、坐立不安、来回走动、姿势频繁变换等行为也可能出现。

(2)产生焦虑的原因。一般认为,焦虑的产生既受到个人的性格特点的影响,也受到那些可能造成内心冲突和挫折的负性生活事件的影响。

第一,适应不良引起的焦虑。青少年的生理和心理发展不平衡可能导致他们难以适应新情况,从而产生焦虑反应。面对学校、社交或家庭中的变化和挑战时,他们可能感到不安、紧张和无力应对,进而产生焦虑情绪。这种适应不良可能是由于自我认知能力尚未完全发展、情绪调节能力不足等原因造成的。

第二，考试焦虑。考试焦虑是青少年常见的焦虑类型之一。他们可能由于对考试失败的担忧或对获得更好成绩的渴望而产生焦虑情绪。这种焦虑可能在考试前几天或几周就开始出现，并伴随着紧张、不安和恐惧的情绪。它可能影响到他们的学习效率和考试表现，甚至影响到他们的自尊心和学业发展。

第三，社交焦虑。青少年在社交场合中可能面临着巨大的压力和焦虑。他们可能担心自己的外貌、言行举止是否符合他人的期待，担心被拒绝或受到嘲笑。这种社交焦虑可能使他们避免社交活动，导致孤独感和自我孤立，进而加重焦虑情绪。

（二）青少年健康情绪情感的培养途径

1. 情绪教育与辅导

（1）情绪情感识别训练。帮助青少年认识并理解自己的情绪状态，学会用准确的词汇描述情感，提高情绪识别能力，可以通过情感图书、角色扮演、情绪日记等活动进行。情绪情感识别训练有助于青少年建立自我认知能力，了解自己的情感状态是什么，从而更好地应对和管理情绪。

（2）移情训练。鼓励青少年设身处地地体会他人的感受，培养同情心和共情能力。通过参与志愿活动、社区服务、关爱他人的行为等方式进行移情训练。移情训练有助于青少年建立良好的人际关系，增强团队合作意识，培养社会责任感。

（3）情绪沟通训练。教导青少年有效表达自己的情感，并倾听他人的情感表达。这包括学习积极的沟通技巧、解决冲突的方法等，以促进良好的人际关系。情绪沟通训练可以通过角色扮演、情境模拟、小组讨论等方式进行，帮助青少年学会与他人建立良好的沟通关系，增强情绪表达和倾听能力。

（4）情绪调节训练。指导青少年学会有效地管理和调节情绪，应对生活中的挑战和压力。这可以通过冥想、呼吸练习、运动、艺术创作等方式进行，帮助他们建立情绪调节的技能和策略。情绪调节训练有助于青少年提高心理抗压能力，增强自我控制能力，应对各种挑战和压力，保持心态平衡和情绪稳定。

2. 建立积极向上的校园文化

在青少年的成长过程中，健康情绪情感的培养是至关重要的。这不仅关系到他们的心理健康，更直接影响到他们的社会适应能力和未来的发展。而在众多培养途径中，建立积极向上的校园文化无疑是至关重要的一环。

积极向上的校园文化能够为青少年提供一个健康、和谐的成长环境。在这样的环境中，青少年能够感受到来自学校和同伴的关爱与支持，从而更容易形成积极向上的情绪情感。同时，校园文化也是青少年价值观形成的重要载体，通过参与校园文化活动，青少年能够逐渐培养出正确的价值观念和道德标准。

首先，学校应当注重营造和谐的人际关系。师生之间、同学之间应当相互尊重、理解和包容，形成和谐融洽的氛围。学校可以通过组织各种团队活动、合作任务等，增进师生之间的交流和互动，培养青少年的团队精神和协作能力。

其次，学校应当注重开展丰富多彩的文化活动。这些活动既可以包括学术竞赛、文艺演出等传统文化活动，也可以包括科技创新、社会实践等新兴文化活动。通过这些活动，青少年可以展示自己的才华和潜力，增强自信心和成就感，拓宽视野、增长见识。

此外，学校还应当注重培养青少年的社会责任感。通过组织志愿服务、社会实践等活动，让青少年深入了解社会、关注社会问题，培养他们的社会责任感和公民意识。这样不仅能够让青少年更加珍惜自己的生活和学习环境，也能够让他们在未来的生活中更好地为社会作出贡献。

在建立积极向上的校园文化过程中，学校还需要注重引导和教育。教育者应当以身作则，积极践行社会主义核心价值观，为青少年树立良好的榜样。同时，学校还可以通过开设心理健康课程、开展心理咨询等方式，帮助青少年更好地理解和处理自己的情绪情感问题。

当然，建立积极向上的校园文化并非一蹴而就的过程，需要学校、家庭、社会等多方面的共同努力。学校应当加强与家长的沟通与合作，共同关注青少年的成长需求，为他们提供全方位的支持和帮助。同时，学校还应当积极争取社会资源的支持，与社区、企业等建立良好的合作关系，为青少年提供更多的实践机会和成长平台。

3. 培养青少年进行情绪自我调适

在培养青少年进行情绪自我调适的过程中，可以采用多种方法。其中，合理情绪疗法和行为放松训练法是两个值得推荐的方法。

合理情绪疗法是一种有效的情绪调适方法。该方法强调通过改变不合理的信念和思维方式，来调整情绪状态。在青少年中，常常存在一些不合理的信念，如过度追求完美、对失败的过度恐惧等，这些信念会导致他们产生负面情绪。因此，我们可以引导青少年认识到这些不合理的信念，并帮助他们建立合理的信念和思维方式。通过合理情绪疗法，青少年能够学会在面对问题时，以更加积极、理性的态度去看待，从而减少负面情绪的产生。

行为放松训练法也是一种有效的情绪自我调适方法。该方法主要是通过一系列放松技巧和练习，帮助青少年缓解紧张情绪、减轻压力。在青少年中，由于学业压力、人际关系等问题的存在，他们常常感到焦虑、紧张。通过行为放松训练法，青少年可以学会通过深呼吸、渐进式肌肉松弛等方法来放松身心，缓解紧张情绪。同时，这些方法还可以帮助青少年在面对压力时，保持冷静、从容的态度，提高应对压力的能力。

在实施这两种方法时，要根据青少年的年龄、性格和情绪特点，选择合适的方法，确保方法的针对性和有效性。要注重方法的系统性和连贯性，帮助青少年逐步建立起自我调适的能力。此外，还要关注青少年的个体差异，对于情绪问题较为严重的青少年，要及时给予专业的心理支持和帮助。

第二节　青少年人际交往与关系的建立

一、青少年的人际交往

交往能力是现代人正常生活所必需的，通过人与人之间的接触，在相互联系中彼此传递信息以达到相互了解和产生相互影响，从而形成这样或那样的人际关系。青少年能否获得成功的人际交往，是促进他们健康成长与发展的重要方面。

（一）人际交往的功能

人际交往是指在共同活动中，个体之间彼此交流思想、感情、知识等信息的过程。人际交往主要是通过语言符号系统或非语言符号系统实现的。它不仅是群体成员共同活动的特殊形式，也是人们交流思想感情、传递信息的重要手段，更是人们表达情感、解除内心紧张、获得对方同情和理解的主要途径。"健康的交往心理是青少年构建和谐人际关系的基础与前提。"[①] 人际交往的功能主要表现在以下方面：

[①] 王红梅. 青少年交往心理问题及行为引导策略探析[J]. 统计与管理，2014（7）：99.

1. 发展的功能

在社会化的进程中,个体通过与他人的交往,获得知识、技能和文化,从而逐步成为社会生活的一员。这一过程不仅是个体成长的必经之路,更是其社会化的起点。个体无法独自完成社会化进程,必须依赖他人的合作与交流。事实上,个体与他人的交往不仅仅是信息的单向传递,更是一种双向学习的过程。通过人际交往,个体获得信息、机遇、扶助,有可能走上成功之路。特别是在当今科技高度发达的时代,群体的力量愈发凸显。在人际交往中,人们通过情感沟通和智力交流,促使某些工作出现质的飞跃,实现智力共振,进而推动工作的发展。

2. 协调整合的功能

由于个体之间存在各种差异,有时这些差异会导致激烈的矛盾和冲突。为了维护社会秩序和平衡,人们需要通过交流与协商,制定出相应的社会公约和团体规范。这些公约和规范的制定离不开人际交往的传递与共识。通过人际交往,社会信息能够传递给每个成员,促使个体的行为相互协调、保持一致。此外,人际交往还能够促进人们的联合与合作,形成一个整合的整体。在团体中,人们集中力量、统一步调、分工协作,共同实现团体目标。在这一过程中,人际交往不仅仅是一种信息的传递,更是一种相互理解与支持的互动,推动着团体向着共同的目标迈进。

3. 自我认识的功能

人际交往在其功能层面具备着重要的自我认识功能。人作为理性的动物,自我意识的出现标志着其开始以一定的价值观对自身进行评判。这种自我评价的过程不仅影响着个体的主观感受,更直接地塑造着个体的自信、自尊和自我稳定感,构建了个体所谓的自我价值感。

关于自我认识的建立和自我价值感的确立，人际交往起到了至关重要的作用。个体需要将自己置于社会背景之中，通过与他人的比较来获得对自己的评价。社会比较过程为个体提供了充分的信息，帮助个体相信自己是有价值的。因此，建立和保持与他人的人际关系是个体获得自我认识的重要途径之一。通过与他人的交流与互动，个体能够不断地获得社会反馈信息，了解自己的社会地位和价值，从而确立自我价值感。在这一过程中，个体需要不断地进行有意识或无意识的社会比较，以获取关于自身的信息，使自己的行为具有明确的方向，并重新确立自我价值感。

因此，人际交往在个体自我认识的形成和自我价值感的确立中发挥着重要的作用。通过与他人的交流与互动，个体不断地获取社会反馈信息，了解自己的价值，从而塑造自己的自我认知，并确立自我价值感。

4. 心理保健的功能

人际交往作为人类特有的需求，其深远意义远超简单的社交互动。在彼此的倾诉与倾听中，人们分享着各自的喜怒哀乐，这种情感的交流不仅加强了人与人之间的亲密感和安全感，更在其中汲取了力量，为心理健康的维护提供了不可或缺的滋养。

长期缺乏与他人的积极交往，以及稳定而良好的人际关系，往往会导致个体在性格层面出现明显的缺陷。这一现象在青少年心理咨询中尤为突出，许多青少年的心理危机都与缺乏正常的人际交往和良好的人际关系密切相关。这进一步证实了人际交往在心理健康维护中的关键作用。

健康的个性总是伴随着健康的人际交往，个体的心理健康水平越高，其与他人交往的积极性就越高，交往方式也更符合社会的期望，与他人的关系也就越深刻。这种深刻的关系不仅体现在日常生活的点滴互动中，更在个体面临挑战和困境时，为其提供了强大的心理支持。

心理健康水平高的人在与他人的交往以及人际关系的处理上都表现得非常出色。他们具备一系列有利于积极交往和建立良好人际关系的个性特点，如友好、可靠、善解人意、温厚、诚挚以及信任他人等。这些特点使得他们在与他人的交往中更加自如，也更容易获得他人的信任和尊重。

5. 产生幸福感的功能

人际交往作为社会生活中的重要组成部分，不仅具有促进个体发展和协调整合的功能，更承载着产生幸福感的重要使命。在当今社会，幸福感被认为是人们追求的一种重要目标，而人际交往恰恰是实现这一目标的重要途径之一。

（1）人际交往为个体提供了情感支持和社会联系的重要平台。通过与他人的交流与互动，个体能够建立起情感上的联系和支持系统，从而在面临挑战和困境时得到他人的安慰和支持。拥有良好的人际关系可以减轻压力、提升情绪稳定性，从而增强个体的幸福感。

（2）人际交往为个体提供了情感表达和分享的机会。人们在与他人交往的过程中，不仅能够表达自己的情感和情绪，还能够分享他人的喜怒哀乐。这种情感的表达和分享不仅能够增进个体之间的情感联系，更能够增强个体的幸福感，使其感受到被理解和被关爱的温暖。

（3）人际交往还为个体提供了社会认同和归属感的重要来源。在与他人交往的过程中，个体能够建立起自己的社会身份和地位，并获得他人的认同和尊重。这种社会认同和归属感能够增强个体的自尊心和自信心，从而提升其幸福感和生活满意度。

（二）青少年人际交往的特点

1. 交往对象的变化

青少年时期是人生中交往特点显著的阶段。在这一时期，青少年的交往对象发生了显著的变化。随着个人成长和社交圈的扩大，青少年会遇到各种不同背景、兴趣和性格的人，这使得他们的交往对象呈现多样化的特点。在儿童时期，交往主要集中在家庭和学校的同龄朋友之间。但是，随着进入青少年时期，他们开始接触更广泛的社会群体，包括来自不同学校、不同地区甚至不同国家的人。这种多样化的交往对象为青少年提供了更广阔的社交视野，帮助他们更好地了解不同文化、价值观和生活方式。

2. 交往方式的变化

与交往对象的变化相伴随的是交往方式的变化。青少年时期的交往更加倾向于通过电子平台进行，如社交媒体、手机应用等，而不仅仅是传统的面对面交往。这种变化部分源自科技的快速发展，使得青少年有更多的选择和机会与他人交往。通过社交媒体，青少年可以轻松地与朋友、同学甚至陌生人保持联系，分享生活点滴、交流感受、表达感情。然而，这种新型交往方式也带来了一些挑战，如一些青少年过分沉迷于虚拟世界、缺乏真实沟通技能等问题，需要引起家庭和学校的重视和管理。

3. 择友特征的阶段性变化

青少年时期的择友特征也呈现出阶段性变化。在初中阶段，青少年更多地关注与同学之间的友谊。他们更倾向于与身边的同学建立亲密的关系，因为他们共同度过了大部分时间，分享了相似的经历和生活环境。而到了高中阶段，青少年更加关注与共同兴趣和目标的朋友建立联系。高中生可能会选择加入某个社团或团体，与志同道合的同龄人一起追求共同的兴趣爱好或学术目标。这种阶段性变化反映了青少年在不同阶段对友谊和社交关系的不同需求和关注点。

（三）青少年人际交往的类型

1. 代际交往

代际交往是指青少年与不同年龄段的人之间的交往。这种交往类型通常包括与父母、祖父母、长辈以及其他家庭成员之间的交往。在代际交往中，青少年常常需要学会尊重长辈、倾听他们的意见，并在适当的时候表达自己的看法。这种交往类型有助于青少年建立起对家庭成员的信任和尊重，同时也有助于他们学会从长辈的经验中汲取智慧，促进自身的成长与发展。

2. 师生交往

师生交往是指青少年与教师或其他教育者之间的交往。在学校和其他教育环境中，师生之间的关系是非常重要的，它不仅影响着学生的学习成绩，还关系到他们的个人发展和成长。在师生交往中，教师不仅是知识的传授者，更是学生的引路人和榜样。而学生则需要尊重教师，积极参与学习，并在需要时向教师求助。通过师生交往，青少年可以获得良好的学习氛围和教育资源，促进个人学业的发展。

3. 朋辈交往

朋辈交往是指青少年与同龄人之间的交往。在青少年时期，朋辈关系对个人的成长和发展具有重要影响。通过与同龄人的交往，青少年可以学会合作、分享、沟通等社交技能，建立起深厚的友谊和信任。同时，朋辈交往也是青少年进行自我认同和社会适应的重要途径，通过与同龄人相互交流，他们可以更好地了解自己的兴趣爱好、价值观念等，并在群体中找到自己的定位。然而，朋辈交往也可能存在一些负面影响，如不良的行为模仿、群体压力等，因此在朋辈交往中，青少年需要学会自我保护和正确自我引导。

二、青少年良好人际关系的建立

（一）青少年建立良好人际关系的意义

1. 有利于青少年的身心健康

青少年时期是个体身心发展的关键阶段，良好的人际关系对其身心健康至关重要。通过与家人、朋友和教师等人建立良好的关系，青少年能够获得情感支持和认同感，有助于缓解压力、减轻焦虑和抑郁情绪。孤独和社交隔离对青少年的心理健康会产生负面影响，而积极的人际关系可以提高其自尊心和自信心，增强心理韧性，有助于应对挑战和困难，从而维护身心健康。

2. 有利于促进青少年的社会化进程

良好的人际关系是青少年社会化进程的重要组成部分。通过与不同背景、不同观念的人交往，青少年可以学会合作、分享、尊重和包容，培养社会交往技能和社会适应能力。这些技能和能力对于他们在社会中建立良好的人际关系、融入社会生活具有重要意义。同时，通过与他人交往，青少年还能够了解社会规范、价值观念和行为准则，有助于他们树立正确的人生观和价值观，更好地适应社会环境。

3. 有助于青少年个性的发展

人际关系对于个体的个性发展具有深远影响。通过与家人、朋友和教师的交往，青少年能够不断地认识自己、了解自己的兴趣爱好、优点和缺点，建立起自我认同感和自尊心。与不同背景、不同性格的人交往也能够拓展青少年的视野，培养其开放包容的心态，促进个性的全面发展。良好的人际关系能够为青少年提供一个积极的成长环境，激发其潜能，促进其个性的健康成长。

4. 有助于青少年的学习

良好的人际关系有助于提升青少年的学习效果和学习动力。与家人和教师之间的良好关系能够为青少年提供学习的支持和指导，激发他们的学习兴趣和学习动力，提高学习效率。与同学之间的良好关系不仅能够促进学习合作和知识分享，还能够提供学习情境和学习资源，丰富学习体验，拓展学习视野。因此，良好的人际关系不仅对青少年的学习成绩有积极影响，还有助于他们培养学习习惯和学习能力，为未来的学习和发展打下坚实基础。

（二）青少年建立良好人际关系的策略

青少年期是个体成长过程中至关重要的阶段，其人际关系的建立与发展直接影响到他们的情感健康、学业进步以及未来的社会适应能力。因此，探讨青少年如何建立良好人际关系的策略显得尤为重要。

1. 加强师生间的理解与互动

加强师生间的理解与互动是青少年建立良好人际关系的基石。师生关系是学校教育中最为基本和重要的一种人际关系，对于青少年的成长具有深远的影响。为了加强师生间的理解与互动，教师应积极转变教育观念，将学生视为平等的对话伙伴，而非单纯的知识接受者。在日常教学中，教师应注重倾听学生的心声，了解他们的需求和困惑，并给予积极的回应和指导。同时，教师还可以通过组织各种形式的班级活动，如座谈会、小组讨论等，增进师生之间的交流与互动，让学生感受到教师的关心和支持。

加强师生间的理解与互动有助于消除彼此之间的隔阂与误解，增进相互之间的信任与尊重。当教师能够真正理解学生的内心世界，关注他们的成长需求时，学生便会更加愿意向教师敞开心扉，接受教师的教导与帮助。这种良性的师生互动关系不仅能够促进学生的学业进步，还能够培养他们的自尊、自信和自强精神，为他们的未来发展奠定坚实的基础。

2. 创设和谐的班级氛围

创设和谐的班级氛围是青少年建立良好人际关系的另一重要策略。班级是青少年学习、生活的主要场所，其氛围的好坏直接影响到学生的人际交往体验。为了创设和谐的班级氛围，班主任应发挥核心作用，引导学生树立正确的价值观和人际交往观念。在班级管理中，班主任应注重培养学生的集体主义精神，让他们意识到每个人都是班级的一分子，应该为班级的和谐与进步贡献自己的力量。

班级成员之间应相互尊重、理解和包容，形成积极向上的班级文化。学生之间可以通过互帮互助、共同进步的方式增进友谊与信任，建立稳定而良好的人际关系。班级还可以定期开展各种文体活动，如运动会、文艺演出等，让学生在轻松愉快的氛围中增进彼此的了解与交流，增强班级的凝聚力和向心力。

创设和谐的班级氛围有助于营造一个温馨、和谐、积极向上的学习环境，让学生在轻松愉快的氛围中健康成长。在这种环境中，学生不仅能够享受到学习的乐趣，还能够学会如何与他人相处、如何建立和维护良好的人际关系。这对于他们的情感健康、人格完善以及未来的社会适应能力都具有重要的意义。

3. 培养青少年有效人际交往的能力

人际交往是日常生活中不可或缺的一部分，对于青少年来说，其重要性尤为突出。青少年正处于身心发展的关键时期，培养他们有效的人际交往能力，不仅有助于他们更好地适应社会环境，还能为未来的成长和发展奠定坚实的基础。

（1）树立交往自信是青少年进行有效人际交往的前提。自信是人际交往中的一张名片，它能让青少年在与人交往中展现出自己的魅力和风采。要培养青少年的交往自信，家长和教师应给予他们充分的肯定和鼓励，让他们认识到自己的优点和长处。同时，青少年自身也应积极参与各种社交活动，通过实践锻炼自己的交往能力，逐渐建立起自信心。

(2)学会控制不良情感是青少年进行有效人际交往的关键。在人际交往中,青少年难免会遇到一些挫折和困难,如受到他人的误解、冷落或嘲笑等。面对这些不良情感,青少年应学会保持冷静和理智,通过积极的方式化解负面情绪。例如,可以通过运动、听音乐、写日记等方式来宣泄情感,或者向亲朋好友寻求支持和帮助。只有学会控制不良情感,青少年才能在人际交往中保持平和的心态,更好地与他人相处。

(3)加强个性修养是青少年进行有效人际交往的基础。个性修养包括道德品质、文化素养、心理素质等多个方面。青少年应注重培养自己的道德品质,如诚实、守信、尊重他人等;还应提升自己的文化素养,通过阅读、学习等方式拓宽知识面,增加自己的内涵。此外,心理素质的培养也至关重要,青少年应学会调整自己的心态,保持积极向上的精神风貌。一个具有良好个性修养的青少年,在人际交往中往往更能赢得他人的尊重和喜爱。

(4)掌握交往技巧是青少年进行有效人际交往的保障。交往技巧包括语言表达、沟通技巧、倾听能力等多个方面。青少年应学会用恰当的语言表达自己的观点和情感,避免使用过于直接或冒犯性的言辞;还应注重沟通技巧的培养,如学会察言观色、适时回应等。此外,倾听能力也是人际交往中不可或缺的一部分,青少年应学会耐心倾听他人的意见和建议,尊重他人的观点和感受。通过掌握这些交往技巧,青少年在人际交往中将更加得心应手。

4. 指导青少年建立和谐的亲子关系

在青少年的成长过程中,人际关系的建立与维系对于他们的心理健康和未来发展具有深远的影响。其中,亲子关系作为最基础、最亲密的人际关系之一,其和谐与否直接关系到青少年的情绪稳定、性格形成以及社会适应能力。因此,指导青少年建立和谐的亲子关系,对于促进他们的全面发展具有重要意义。

（1）正确看待父母是建立和谐亲子关系的基础。青少年应该认识到，父母是他们成长过程中的重要支持者和引导者，他们的教诲和关爱是出于对孩子的关心和期望。青少年应该尊重父母的身份和角色，理解他们的辛劳和付出，避免因为年龄、阅历等方面的差异而对父母产生误解或偏见。青少年也应该保持独立性和自主性，不盲目顺从父母的意愿，而是要在尊重和理解的基础上，与父母进行平等的交流和沟通。

（2）学会理智地对待父母的态度和行为是建立和谐亲子关系的关键。在日常生活中，父母的态度和行为有时会引发青少年的不满或反感。此时，青少年应该保持冷静和理智，避免情绪化地回应父母。他们可以尝试换位思考，理解父母的立场和意图，从而以更加宽容和包容的态度对待父母的言行。青少年也应该学会表达自己的感受和需求，通过积极的沟通方式解决与父母之间的分歧和矛盾。

（3）与父母多沟通是建立和谐亲子关系的有效途径。沟通是建立良好人际关系的重要手段，也是增进亲子关系的重要途径。青少年应该主动与父母分享自己的生活和学习经历，让父母了解自己的成长和变化。他们也应该倾听父母的意见和建议，从中汲取经验和智慧。在沟通过程中，青少年应该保持真诚和坦诚，避免隐瞒或欺骗父母。通过多沟通，青少年与父母之间的情感联系将更加紧密，亲子关系也将更加和谐。

第三节　青少年自我意识的发展与完善

一、青少年自我意识的发展

自我意识作为个体对自身身心状态的全面认知和调控机制，具有极为复杂的结构和内涵。这一认知过程囊括了三个核心层次，每一层次均对个体的自我理解产生深远影响。

首先，自我意识的第一个层次涉及对个体生理状况的认知。这包括对自身身高、身材、容貌等物理属性的觉察和体验，这些生理特征作为个体存在的物质基础，在形成自我认同中发挥着不可或缺的作用。

其次，自我意识的第二个层次聚焦于对个体心理特征的认知。这涵盖了对自身能力、气质、性格、兴趣等内在特质的把握和理解。这些心理特征不仅是个体行为和心理活动的重要驱动力，也是构成个体独特性的关键因素。

最后，自我意识的第三个层次则是对个体人际关系的认知。这涉及个体在社交环境中对自我与他人关系的把握，包括人己关系、群己关系等。人际关系作为个体社会生活的核心组成部分，对自我意识的形成和发展具有重要影响。

（一）青少年自我意识的结构

1. 从内容上看

青少年自我意识的结构是一个复杂而多元的概念，其内容涵盖了生理、社会、心理和道德等方面。从内容上来看，青少年的自我意识可以划分为以下方面：

（1）生理自我。生理自我涉及个体对自身身体状况的认知，包括性别、年龄、外貌等方面。青少年对自身的外貌和生理特征尤为敏感，女孩可能关注自己的外貌是否吸引人，而男孩可能在意自己的身高体形等生理特征。

（2）社会自我。社会自我是指个体在社会关系中的角色、地位和名望等方面的认知。青少年在群体中扮演着不同的角色，他们关注自己在社会中的地位和影响力。他们期望得到同伴的认可和肯定，这对他们的自我认知和成长至关重要。

（3）心理自我。心理自我涉及个体对自己能力、性格、兴趣等方面的认知。青少年期间，他们逐渐意识到自己的独特性和个性特征，包括自我体验、性意识、成人感等方面。这些认知对他们的自我发展和心理成熟具有重要影响。

（4）道德自我。道德自我是指个体对自己的道德行为、思想品质等方面的认知和评价。青少年在成长过程中逐渐形成对道德规范和价值观的认知，包括对法纪、思想政治品质、生活作风等方面的自我评价。这些道德认知和评价对青少年的行为选择和社会适应能力具有重要影响。

2. 从形式上看

从形式上看，青少年的自我意识表现为认知的、情感的和意志的三种形式，分别称为自我认识、自我体验和自我调控。这三种形式在青少年的成长过程中扮演着不同的角色，共同构成了他们的自我认知和自我理解。

（1）自我认识。自我认识是自我意识的认知成分，是青少年对自己的认知和理解。自我认识包括了一系列对自身的感受、观察、分析、概念和评价等。在青少年期，他们开始逐渐意识到自己的独特性和个性特征，通过自我观察和分析来理解自己的内在和外在。自我认识的建立和发展对青少年的个人成长和社会适应至关重要。

（2）自我体验。自我体验是自我意识的情感成分，是伴随着自我认识产生的内在感受，反映为对自己的满意状况。青少年的自我体验受到诸多因素的影响，包括家庭环境、社会关系、学业压力等。他们的情感体验在成长过程中扮演着重要角色，影响着他们的自尊心、自信心和情绪调节能力。

（3）自我调控。自我调控是自我意识的意志成分，是青少年对自身心理和行为的主动支配和掌握能力。自我调控是指青少年能够不受外界因素的干扰，自觉地调节自己的情感冲动和行为表现。在青少年期，他们需要逐步培养自我调控能力，学会有效地应对挑战和压力，以实现个人发展和成长。

3. 从存在方式看

从存在方式来看，青少年的自我意识可分为现实自我、镜中自我和理想自我，这三种存在方式反映了他们对自我的认知和期待的不同层面。

（1）现实自我。现实自我是个体从自己的角度出发对当前总体实际状况的基本看法。青少年通过对自己的内在和外在进行客观分析，形成对自身的现实认知。这种自我认知基于个体的实际经验和观察，反映了他们对自己的现实状况的理解和接受程度。青少年的现实自我认知受到社会环境、家庭教育等因素的影响，对他们的行为选择和情绪调节产生重要影响。

（2）镜中自我。镜中自我指的是个体想象自己在他人心目中的形象或他人对自己的基本看法，也称为投射自我。青少年在与他人的交往中逐渐形成对自己的镜中自我认知，他们关注他人对自己的评价和看法，试图了解自己在社会中的地位和形象。镜中自我认知在青少年的社交和人际关系中发挥着重要作用，影响着他们的自尊心和自信心。

（3）理想自我。理想自我是个体想要达到的比较完美的形象，是指向未来的。青少年通过设定理想自我来激励和引导自己的行为，努力追求自己心中的理想目标和生活状态。理想自我对青少年的个人发展和成长起着重要的激励和指导作用，帮助他们树立正确的人生目标和价值观。

（二）青少年自我意识发展的作用

一个人的心理发展历程一般都要经历从幼稚到成熟的过程。形成正确的自我意识是心理成熟的标志，对心理健康起着重要作用。

1. 保持个体行为的一致性

在人的心理发展历程中，从幼稚到成熟的蜕变是一个循序渐进、复杂多变的过程。其中，形成正确的自我意识无疑是一个至关重要的里程碑，它标志着个体心理逐渐走向成熟，并对个体的心理健康产生着深远影响。尤其在青少年时期，自我意识的发展对于其成长至关重要，它不仅能够引导青少年保持行为的一致性，还有助于他们形成积极的自我认知，进而为未来的生活奠定坚实的基础。

（1）青少年自我意识在塑造个体行为一致性方面扮演着举足轻重的角色。自我意识的同一性特质使得青少年能够在不同的生活场景中，始终如一地展现出自己的行为特征。这意味着，青少年的行为并非仅仅受制于外部环境，而更多地受到其内心自我意识的影响和调控。他们通过深入理解和把握自己的内在特质、价值观以及人生目标，能够在不同的情境中保持行为的一致性。这种一致性不仅有助于青少年在社会交往中树立起一个稳定、可靠的形象，使他们更容易被他人理解和接受，而且也是他们人格成熟的重要标志。

（2）青少年自我意识的发展对于形成积极的自我认知具有不可估量的价值。一个拥有积极自我意识的青少年，往往能够对自己的行为和思维模式进行客观、深入的分析和解释。他们不仅能够清楚地认识到自己的优点和长处，也能够正视自己的不足和缺陷。这种积极的自我认知有助于青少年更好地理解自己的内心需求和情感状态，从而更加有效地应对生活中的各种挑战和压力。例如，当面对困难和挫折时,他们能够积极调整心态,从中汲取经验教训,以更加积极、乐观的态度去面对未来的生活。

(3)青少年自我意识的发展还对其社会适应能力和人际关系产生积极的影响。一个具备强烈自我意识的青少年,往往能够更好地理解他人的想法和感受,从而建立起更加和谐、融洽的人际关系。他们能够在与他人的交往中保持独立性和自主性,同时也能够尊重他人的权利和意见。这种良好的人际关系不仅能够为青少年提供情感上的支持和帮助,还有助于他们在未来的学习和工作中取得更好的成绩和发展。

2. 促进社会适应,和谐人际关系

在青少年成长的过程中,自我意识的发展不仅是维持个体行为一致性的关键,更是推动其社会适应、构建和谐人际关系的核心要素。社会适应和人际关系作为衡量个体心理健康与社会融入的重要标准,往往受到自我意识水平的影响。许多个体在社会适应与人际交往中遇到的困难,往往源于其自我意识的不健全或扭曲。

自我意识作为个体对自身生理、心理和社会特征的全面认知,对个体社会适应能力和人际关系的构建具有深远影响。当个体的自我认知与实际情况存在显著差距,尤其是在自我评价和自我概念上产生偏差时,其社会适应能力可能受损,人际关系也可能出现不和谐的现象。这种不和谐的状况进一步影响了青少年的心理健康,可能导致其出现焦虑、抑郁等心理问题。

正确的自我意识对于个体形成合理的自我评价和理想自我至关重要。通过深入了解和接纳自己的优点和不足,青少年能够建立起更为真实、客观的自我认知。这种自我认知不仅有助于他们更好地认识自己,也能够帮助他们在社会环境中找到适合自己的位置,从而更好地适应社会环境。

自我意识的发展还有助于青少年正确理解个体与他人之间的差异,以及个体与群体之间的互动关系。这种理解使得青少年能够在

人际交往中采取更为灵活的策略，更好地调节和处理人际关系。他们能够更好地理解他人的需求和期望，选择适当的行为方式，从而与他人建立起良好的沟通和合作关系。

正确的自我意识不仅有助于个体在社会中保持良好的适应能力，也是维护心理健康的关键所在。通过了解自己和他人，青少年能够更好地选择行为方式，主动寻求与他人的合作以达成共同的目标。这种积极的社会互动不仅促进了青少年的个人成长和发展，也为社会的和谐稳定作出了积极贡献。

因此，对于青少年自我意识的培养应当成为教育界和家庭共同关注的重点。教育者和家长应当通过有效的教育和引导，帮助青少年建立正确的自我认知，学会与他人建立良好的沟通和合作关系，以促进其全面健康地成长。这不仅是个体心理健康的重要保障，也是构建和谐社会关系的关键所在。通过培养青少年的自我意识，我们不仅能够塑造出更加健康、自信的个体，还能够为社会培养出更多具有社会责任感、能够积极参与社会建设的优秀青年。

3. 促进自我实现，发挥自身潜能

在青少年成长的过程中，自我意识的发展对于促进自我实现以及发挥自身潜能具有不可或缺的作用。自我实现作为心理健康和心理质量达到最优状态的标志，其实现过程离不开健全的自我意识的支撑和推动。

自我意识作为个体对自身特性、能力和价值的深刻认识，为青少年提供了清晰的自我画像。通过深入剖析自我，青少年能够精准把握自身的优势与劣势，明确自己的兴趣所在和价值取向。这种全面的自我认知不仅为青少年指明了前行的方向，更为他们实现个人目标、追求自我价值提供了坚实的基石。

自我体验作为自我意识的重要组成部分，对于青少年潜能的发挥具有至关重要的作用。积极的自我体验能够激发青少年的内在动力，促使他们不断挑战自我、超越自我。在自我体验的过程中，青

少年能够感受到自身能力的不断提升和潜力的无限可能，这种满足感和成就感将进一步推动他们向更高目标迈进。

自我意识的提升有助于青少年更好地调节和控制自身的情绪和行为。通过自我意识的训练，青少年能够更加敏锐地察觉自己的情绪波动，及时采取适当的应对策略，避免因情绪失控而影响个人目标的实现。这种自我调节和控制的能力，不仅有助于青少年保持心理健康，更能使他们在面对困难和挑战时保持冷静和理智，从而更有效地实现自我价值。

因此，青少年自我意识的培养不仅是其个体成长的重要环节，更是促进其自我实现和潜能发挥的关键所在。教育者和家长应高度重视青少年自我意识的发展，通过有效的教育和引导，帮助他们建立正确的自我认知，提升自我体验的质量，培养自我调节和控制的能力。同时，也应鼓励青少年勇敢地追求自己的梦想和目标，充分发挥自身潜能，实现个人价值和社会价值的统一。

二、青少年自我意识的完善

（一）指导青少年全面认识自我

1. 从他人对自己的评价中认识自我

"自我意识增强是青少年日渐成熟的标志，也是完成个体社会化过程的必经阶段，但同时也可能带来一系列问题。"[①]通过他人对自己的评价，青少年可以获得宝贵的反馈信息。这种评价不仅来自家人、朋友和教师，还包括同龄人以及社会环境中的各种角色。通过倾听他人的观点和意见，青少年可以了解到自己在他人眼中的形象和表现，发现自己的优点和缺点。例如，家人可能会提供关于个

[①] 张飞燕. 青少年自我意识发展的特点及其引导[J]. 世纪桥, 2013(14): 41.

人品质和行为习惯的评价,而同龄人则可能提供关于外貌、兴趣爱好等方面的反馈。通过接受这些评价,并加以思考和分析,青少年可以逐渐建立起对自己的客观认知,从而更好地认识自己的特点和定位。

2. 在与他人的比较中认识自我

与他人的比较也是认识自我不可或缺的途径之一。在与同龄人、身边的成功人士或者社会精英进行比较时,青少年常常会对自己的能力、成就和价值进行评估。这种比较既可以是积极的激励,激发个人的竞争意识和进取心,也可能带来负面影响,引发自我贬低和自卑情绪。然而,无论是积极还是消极的比较,都为青少年提供了审视自己的机会,促使他们更加深入地了解自己的内在需求和外部表现。

3. 通过反思反省认识自我

通过反思反省,青少年可以深入了解自己的内心世界和思维模式。这种反思可以包括对自己的行为、决策和情感反应进行审视,以及对过去的经历和未来的期望进行思考。例如,青少年可以反思自己在某种情境下的表现是否符合自己的价值观和目标,从而对自己的行为进行调整和改进。通过这种反思过程,青少年可以逐渐建立起对自己内在需求和外部环境的理解,形成更加成熟和自信的个人认知。

4. 通过参加实践活动认识自我

通过参加实践活动,青少年可以在实践中发现和认识自己的潜能和兴趣。实践活动包括参加课外俱乐部、社会志愿服务、实习实践等各种形式。在这些活动中,青少年将面对各种挑战和机遇,需要运用自己的知识、技能和态度去应对。在这个过程中,他们会发现自己的优势和不足,探索和发展自己的兴趣和能力。例如,通过参加社会志愿服务,青少年可以体验到帮助他人带来的成就感和满足感,从而认识到自己对社会的影响力和责任感。

（二）引导青少年积极悦纳自我

在青少年的成长过程中，悦纳自我成为一项至关重要的心理任务。这一过程的实现不仅涉及对自我生理特征的积极接纳，更包含对心理特征的深刻理解和悦纳。这种双重认同不仅有助于青少年建立健康的自我认知，更是他们实现自我价值、迈向成熟的关键所在。

1. 悦纳自己的生理特征

悦纳自己的生理特征是青少年积极自我认同的基石。生理特征作为个体存在的物质基础，包括身体形态、健康状况、性别特征等。在成长过程中，青少年可能会面临身体发育的不均衡、外貌特征的差异等挑战，这些都可能成为他们自我认同的障碍。因此，教育者和家长应引导青少年以积极、理性的态度看待自己的生理特征，帮助他们认识到每个个体都是独一无二的，拥有自己的独特之处。通过接受和悦纳自己的生理特征，青少年能够建立起坚实的自我认同基础，为后续的自我发展奠定基础。

2. 悦纳自己的心理特征

悦纳自己的心理特征是青少年积极自我认同的深化。心理特征包括性格、兴趣、价值观等方面，是构成个体独特性的重要元素。在青少年时期，个体的心理特征逐渐显现并趋于稳定，但也可能因为外界环境的影响而产生波动和变化。因此，引导青少年悦纳自己的心理特征，意味着帮助他们认识到自己的内在特质，并学会欣赏和接受这些特质。通过深入了解自己的性格、兴趣和价值观，青少年能够更好地理解自己的行为和情感，从而建立起更为全面和深入的自我认知。这种自我认知的深化有助于青少年在面对挑战和困难时保持自信和坚定，也能够让他们更好地与他人相处，建立良好的人际关系。

在引导青少年悦纳自我的过程中，教育者和家长的作用不可忽视。他们可以通过提供支持和鼓励，帮助青少年建立积极的自我认知；通过分享经验和故事，引导青少年理解并接受自己的生理和心理特征；通过提供资源和平台，让青少年有机会展示自己的独特之处，从而增强自我认同感和自信心。

悦纳自我并不意味着对自身的缺点和不足视而不见。相反，它要求青少年能够客观地看待自己，认识到自己的优点和不足，并努力改进和提升自己。这种积极的自我提升过程也是悦纳自我的重要组成部分，它有助于青少年不断完善自我，实现自我价值的最大化。

（三）激励青少年完善和超越自我

1. 塑造健全的人格

青少年时期是个人人格形成的关键时期。在这一阶段，激励青少年完善和超越自我的首要任务之一是塑造健全的人格。这包括培养正确的道德观念、积极的情感态度以及稳定的心理素质。通过家庭、学校和社会的积极引导，青少年可以建立起自信、坚韧和责任感，从而在成长过程中更好地应对各种挑战。

（1）家庭是塑造青少年健全人格的重要环境。父母是孩子最早的引导者和榜样，他们的言传身教对孩子的人格发展影响深远。父母应注重培养孩子的品德修养，教导他们正确的价值观和行为规范。同时，父母要给予孩子足够的爱与关怀，建立良好的亲子关系，使孩子在家庭中感受到安全和温暖，从而更加健康地成长。

（2）学校也扮演着重要角色。学校是青少年学习、交流和成长的场所，教师在学生心中具有权威地位，他们的言行举止对学生的人格塑造具有重要影响。因此，学校应该注重学生的综合素质培养，通过丰富多彩的课外活动和心理健康教育，帮助学生建立自信心、合作精神和情绪管理能力，培养他们积极向上的人生态度。

（3）社会环境也对青少年的人格形成产生着深远的影响。青少年常常受到社会舆论、媒体影响，因此社会应该创造积极健康的文化氛围，倡导正确的价值导向，引导青少年树立正确的世界观和人生观。同时，社会应该提供丰富多样的发展机会，让青少年能够充分发挥自己的才能和潜力，实现个性化的成长和发展。

2. 确立明确的行动目标

明确的目标有助于青少年明确自己的方向，激发他们的内在动力和积极性。这些目标可以是个人发展、学业进步、职业规划等方面的目标。通过制定切实可行的计划和持之以恒的努力，青少年可以逐步实现自己的目标，不断提升自我，实现个人成长和发展。

（1）个人发展目标是激励青少年完善和超越自我的重要动力。青少年应该认清自己的优势和劣势，明确自己的兴趣和爱好，根据自身特点确定个人发展目标。这些目标可以是提升自己的学术水平、发展自己的兴趣爱好、培养自己的专业技能等，通过不断努力和积累，实现个人发展和成长。

（2）学业进步目标是激励青少年完善和超越自我的重要途径。青少年是学习的主体，他们的学习成绩直接反映了他们的学习态度和能力水平。因此，青少年应该树立学习的正确观念，制定明确的学习目标，通过科学有效的学习方法和坚持不懈的努力，提高自己的学习成绩，为将来的发展奠定良好的基础。

（3）职业规划目标是激励青少年完善和超越自我的关键一步。青少年在职业规划方面应该认清自己的兴趣和能力，了解社会的需求和趋势，根据自身情况确定适合自己的职业方向和发展目标。通过实习、实践等途径，积累相关经验和技能，为未来的职业生涯做好准备，实现自我价值和社会贡献。

在激励青少年完善和超越自我的过程中，塑造健全的人格和确立明确的行动目标是密不可分的。一个健全的人格为青少年提供了强大的内在支持和指引，而明确的行动目标则为他们提供了明确的前进方向和努力的动力源泉。因此，家庭、学校和社会应共同努力，为青少年提供良好的成长环境和激励机制，引导他们不断完善自我，实现个人价值和做出社会贡献。

3. 制订完善的行动计划

（1）设立具体、可行的目标。青少年处于发展阶段，往往缺乏对未来的清晰规划和目标。因此，制定完善的行动计划至关重要。青少年需要设立具体、可行的目标，这些目标应当符合其个人兴趣和能力，同时具有一定的挑战性。例如，如果一个青少年对音乐感兴趣，他可以设立成为一名优秀音乐家的目标，并制订相应的学习和实践计划。

（2）制订具体的计划步骤。除了明确的目标外，青少年还需要制订具体的计划步骤，以实现这些目标。这包括确定所需的资源、制定时间表、分解任务等。通过将目标细化为具体的行动步骤，青少年可以更好地掌控自己的学习和发展进程，减少因迷茫和不确定性而产生的焦虑和压力。

（3）持续跟踪和调整计划。制订完善的行动计划不仅仅是一次性的任务，而且是一个持续跟踪和调整的过程。青少年应该定期检查自己的计划执行情况，评估目标达成的进度，并根据实际情况调整计划。这种持续的反馈和调整机制有助于青少年保持目标的清晰性和行动的连续性，从而更有效地实现自我完善和超越。

4. 培养良好的自控能力

（1）认识并控制情绪。自控能力是青少年完善和超越自我的重要组成部分。青少年需要认识并控制自己的情绪。在成长过程中，青少年常常面临各种挑战和压力，如果不能正确处理自己的情绪，就会影响到自己的学习和生活。因此，他们需要学会倾听自己的内心声音，理解自己的情绪变化，并采取有效的方式来调节和控制情绪，保持心理健康。

（2）培养自律的生活习惯。青少年还需要培养自律的生活习惯。自律是自控能力的重要体现，它包括遵守规则、按时完成任务、保持良好的生活习惯等。通过养成良好的自律习惯，青少年可以更好地管理自己的时间和精力，提高学习效率，实现自我管理和成长。

（3）发展应对诱惑和挑战的能力。此外，青少年还需要发展应对诱惑和挑战的能力。在成长过程中，他们可能会面临各种不良诱惑和困难，如网络依赖、学习压力等。因此，他们需要学会分辨是非、拒绝诱惑，保持理性和清醒的头脑，不被外界干扰和影响，保持自己的价值观和信念。

参考文献

[1] 陈建新，鲁婷.中小学生心理健康教育[M].武汉：华中科技大学出版社，2020.

[2] 师晓霞.中小学心理教育实务技能[M].北京：中国妇女出版社，2019.

[3] 弋文武.中小学心理健康教育知识技能导读与实践（基础版）[M].兰州：兰州大学出版社，2019.

[4] 李春艳，熊晓玲.健康管理与健康促进[M].武汉：武汉大学出版社，2020.

[5] 刘长欣.道德教育及其知识化路径[J].教育研究，2014，35（8）：25.

[6] 周围.道德教育的理念更新：论积极取向道德教育[J].现代教育管理，2012（12）：112.

[7] 贾楠.新时代青少年道德荣誉感培育路径研究[D].西安：西安理工大学，2022.

[8] 薛鑫.新时代青少年道德自觉意识培育研究[D].西安：西安理工大学，2022.

[9] 杨亚凡，王杰康.青少年道德教育中的教师权威重构[J].教学与管理（理论版），2015（1）：76-78.

[10] 李明，完颜华.家校联动的青少年道德教育机制探究[J].教学与管理（理论版），2014（7）：77-79.

[11] 朱琳，叶松庆.当代青少年道德教育的现状与对策研究[J].教育科学，2016，32（1）：20-26.

[12] 陶西平.我国青少年道德教育困境与出路选择[J].教育科学研究，2013（3）：30-33.

[13] 钱志刚，祝延.从"知性论"到"生活论"：当代青少年道德教育的转型[J].教育导刊（上半月），2013（1）：5-8.

[14] 陈延斌.试论中国近现代青少年道德教育宗旨的嬗变[J].道德与文明，2011（5）：86-90.

[15] 陈理宣，尹达.新时代青少年道德教育的困境和超越[J].课程·教材·教法，2018，38（4）：4-10.

[16] 冯永刚.网络文化时代青少年道德教育中的价值冲突及调适[J].山东师范大学学报（人文社会科学版），2012，57（6）：109-114.

[17] 杨亚凡，王杰康.社会转型中的青少年道德教育困境与反思[J].教学与管理（理论版），2013（9）：60-62.

[18] 李苏.谈传统文化对青少年道德教育的影响[J].大舞台，2010（8）：251.

[19] 何芳，高建凤，傅金兰.青少年道德"知行合一"的养成教育研究[J].教学与管理（理论版），2016（7）：67-69.

[20] 陈庆华.青少年心理学[M].合肥：合肥工业大学出版社，2011.

[21] 吴建云.浅述青少年情绪情感与自我意识的完善[J].佳木斯教育学院学报，2010（4）：87.

[22] 张迪慧.当代青少年情绪及情感探究[J].科技资讯，2016，14（4）：131.

[23] 王红梅.青少年交往心理问题及行为引导策略探析[J].统计与管理，2014（7）：99.

[24] 张飞燕. 青少年自我意识发展的特点及其引导 [J]. 世纪桥, 2013（14）: 41.

[25] 周月. 青少年人际交往技巧团体辅导方案设计 [J]. 现代交际, 2021（19）: 106-108.

[26] 石露, 颜军, 王子达. 体育锻炼对青少年人际交往能力的影响 [J]. 体育世界（学术版）, 2019（12）: 64-65.

[27] 孙祎. 青少年人际交往适应不良与自我效能感的干预研究 [J]. 心理月刊, 2019, 14（22）: 29.

[28] 杨欢. 浅析不良同伴关系对青少年发展的负面影响 [J]. 科教文汇（中旬刊）, 2018（23）: 174-175.

[29] 廖美暖. 新媒体时代青少年人际交往发展探究 [J]. 西部素质教育, 2016, 2（4）: 11-12+14.

[30] 汪金英, 陈小雨. 青少年人际交往问题及其心理疏导 [J]. 长沙大学学报, 2015, 29（1）: 116-118.

[31] 杜晓东. 浅析青少年如何培养坚强的意志品质 [J]. 课程教育研究, 2014（26）: 32.

[32] 唐寿东. 论当代青少年良好意志品质的培养 [J]. 江西青年职业学院学报, 2012, 22（2）: 21-22.

[33] 王更, 徐剑. 阅读提升青少年社会责任感的发展心理学机制探析 [J]. 出版发行研究, 2022（6）: 71-78.

[34] 刘映海, 郭燕兰. 锻炼心理学视角下青少年心理健康的身体活动研究进展 [J]. 湖南师范大学教育科学学报, 2022, 21（3）: 115-122.

[35] 辛刚. 积极心理学视角下的青少年心理健康教育研究 [J]. 生活教育, 2023（11）: 46-48.

[36] 凌睿哲. 基于积极心理学角度的青少年心理健康探讨 [J]. 当代教育实践与教学研究（电子刊）, 2024（5）: 45-48.

[37] 毛希妍，姚铮. 一场爱国主义教育法的主题探究之旅 [J]. 时事（初中），2023（3）：22.

[38] 肖松. 培养孩子科学精神 家长需有意识引导 [J]. 家长，2023（7）：6.

[39] 何云峰，李晓霞. 在青少年学生中有效培育劳动精神的路径探赜 [J]. 中国青年社会科学，2023，42（4）：48.

[40] 侯颖怡. 当前我国青少年爱国主义教育探析 [J]. 现代妇女（理论版），2014（11）：324.

[41] 靳闯. 弘扬中华民族精神 加强青少年爱国主义教育 [J]. 世纪桥，2011（15）：60-61.

[42] 刘长城. 论青少年科学精神的培养 [J]. 青少年研究（山东省团校学报），2010（5）：28-31.

[43] 刘淑蕊. 浅谈科学精神及其对青少年的培养 [J]. 科学与无神论，2004（5）：32-33.

[44] 陈妙姬. 青少年劳动精神培育的"四合"策略 [J]. 新课程研究（中旬-单），2022（2）：5-7.